CONNAÎTRE LES ÉMOTIONS HUMAINES

 *PSYCHOLOGIE ET SCIENCES HUMAINES*

Monique de Bonis

connaître les émotions humaines

MARDAGA

Cet ouvrage n'aurait pas pu être terminé sans le soutien qui m'a été apporté
par le Laboratoire de Psychopathologie, Professeur André Féline
à la Faculté Médecine-Paris Sud, Université Paris XI.
Qu'il trouve ici, ainsi que toute son équipe, l'expression de ma gratitude.

© 1996, Pierre Mardaga éditeur
Hayen 11 -B-4140 Sprimont
D. 1996-0024-17

Introduction

L'objectif de ce livre est de donner un aperçu des connaissances actuelles sur les émotions humaines. La psychologie des émotions est examinée à partir de trois directions principales qui constituent l'armature du livre : décrire, expliquer et se représenter les émotions. Même lorsqu'on limite le champ à ces trois points de vue, le domaine reste encore très vaste. Nous avons du nous résoudre à faire un certain nombre de choix, en particulier réduire l'exposé des théories aux théories de l'expérience, en laissant de côté les théories de l'expression. Ce choix est dicté à la fois par des raisons pratiques et par des raisons plus profondes. Il existe en effet de nombreux ouvrages consacrés aux réactions émotionnelles, à l'expression des émotions et à sa reconnaissance. En accentuant le versant «expérience», il nous a paru plus aisé de défendre un point de vue psychologique. Il eût été difficile de rendre compte de l'expression sans mettre au premier plan les mécanismes biologiques qui la sous-tendent, sans développer les fonctions que l'émotion assure dans le domaine social. Étudier l'expérience, c'est s'interroger sur les conditions de production d'un comportement émotionnel et sur les étapes de cette construction. Ce choix pour l'expérience ne va pas sans difficulté. Si, dans la psychologie scientifique, parler de l'expérience de la profondeur perceptive ou de la perception des couleurs va de soi, pendant la période dominée par le béhaviorisme, le sujet de l'expérience des émotions a été considéré comme tabou. Grâce à l'évolution de la psychologie contemporaine vers le cognitivisme, il semble qu'il n'y ait plus autant de scandale à imaginer que le sujet humain dispose de connaissances, que celles-ci soient explicites ou implicites, sur son expérience émotionnelle, et qu'il est capable d'organiser ces connaissances selon certaines règles ou procédures. Ainsi, bien que la distinction entre expression et expérience soit opportune, elle n'est pas toujours légitime. Il y a des cas où l'étude de l'expérience des émotions se confond avec celle de son expression. L'exploitation de comptes-rendus verbaux, matériel sur lequel repose une grande partie des travaux qui seront examinés, pourrait être considérée comme faisant partie de l'expression verbale.

La tentation est grande de subordonner tout travail sur l'émotion à une définition préalable de celle-ci. Bon nombre de manuels consacrés à l'émotion commencent par évoquer le problème de la définition, la plupart du temps pour déplorer qu'elle soit difficile voire impossible. Ils donnent ainsi un prétexte à ceux qui voudraient faire l'économie des émotions dans l'explication du comportement. Comment traiter d'un problème si on ne sait pas le définir ? L'idée qu'une définition permettrait de tracer des frontières entre ce qui relèverait de l'émotion et ce qui n'en relèverait pas est illusoire, moins parce que l'on ne sait pas ce qu'est une émotion, mais parce que l'on a du mal à se représenter le « non-émotionnel », question de degré sans doute ! En fait, L'émotion échappe à une définition du dictionnaire, ou plutôt, il y a dans le dictionnaire plusieurs entrées possibles qui évoquent des phénomènes parallèles. Si la psychologie normale consacre depuis Descartes l'usage du mot *émotion*, au détriment d'*humeur* ou de *passion* qui étaient jusqu'à une date très récente, considérés comme désuets, le terme d'*affect* est fréquemment utilisé en psychologie et toujours en psychanalyse. Pour des raisons euphoniques, c'est bien souvent l'adjectif *affectif* qui est employé à la place d'*émotionnel*, celui-ci étant considéré comme impropre par les académiciens qui d'ailleurs préconisent « émouvant » dont le sens est très différent. Le mot *humeur* serait réservé à une conception psychobiologique, mais il décrit aussi des états transitoires, des émotions brèves. Dans le langage psychiatrique, il alterne quelquefois avec celui de *thymie* qui désigne une émotion plus durable. On a décrit avec le « stress », (mot anglais dont l'origine possible viendrait du vieux français *estress* qui signifie étroitesse et oppression), aussi bien des agents déstabilisateurs que les effets de ces agents qui ressemblent à s'y méprendre à ceux de l'émotion lorsqu'on ne la considère que dans ses aspects intensifs. Nous utiliserons d'ailleurs indifféremment les termes, *émotion*, *affect*, voire même *humeur*.

Nous n'avons pas cédé à la tentation de commencer par définir. En psychologie, la définition se déduit davantage des théories qu'elle n'est un préalable à l'élaboration d'une théorie. Les définitions sont alors des définitions de travail, opératoires et quelquefois opérationnelles. Mais même dans ce cas, la définition des émotions offre des résistances particulières. Prenons par exemple la définition de travail suivante : l'émotion correspond à un moment de rupture dans le déroulement d'un processus. Cette définition convient peu aux émotions positives, la joie ne se définit pas en termes de rupture. Ainsi toutes les émotions ne peuvent pas être rapportées à un seule et même définition et on doit envisager plusieurs définitions plus ou moins opératoires selon les émotions considérées.

La question de la définition sera abordée néanmoins mais sous un tout autre angle, celui de la délimitation d'un domaine conceptuel. La première partie de cet ouvrage sera consacrée à tracer les contours de ce domaine d'investigation ou, pour prendre une autre image, à dresser une cartographie des émotions. Décrire la carte des émotions n'est pas expliquer la formation d'une expérience émotionnelle. Une seconde partie portera sur les théories explicatives. Elles doivent beaucoup, n'en déplaise à ses détracteurs, à l'œuvre de William James, qui reste pour l'étude de l'expérience des émotions, ce que Charles Darwin est pour les théories de l'expression. On montrera comment la thèse de James selon laquelle l'acte perceptif est constitutif de l'expérience des émotions, s'est renouvelée, qu'elle se prolonge et se diversifie dans des héritages directs et indirects, l'intérêt pour les processus perceptifs cédant le pas aux processus d'évaluation puis aux processus d'attribution.

Avant d'aborder la dernière partie consacrée aux modèles représentationnels et computationnels, nous avons inséré deux chapitres, l'un sur l'anxiété, l'autre sur la dépression. Dans ces deux chapitres, une large place est accordée à la pathologie mentale. Les références à la pathologie ne sont cependant pas limitées à ces deux chapitres, elle sont présentes dans toutes les parties de l'ouvrage.

Il paraît en effet difficile de traiter des émotions humaines sans intégrer les faits psychopathologiques. Les rapports entre émotions et psychopathologie présentent par rapport aux autres domaines de la psychologie générale une spécificité. L'interpénétration du psychologique et du pathologique y trouve un terrain d'élection. Ce n'est pas pour autant que le transfert des interprétations de la clinique au laboratoire et vice-versa ne rencontre aucun obstacle. S'il est certain que le faits pathologiques permettent d'éclairer certaines lois du fonctionnement affectif du sujet normal, l'intégration des faits pathologiques dans les théories de l'émotion réclame une certaine prudence. Il faut être capable de naviguer entre deux écueils, deux redoutables métaphores, celle de l'émotion comme « syndrome » ou « folie temporaire »[1] et celle de l'émotion pathologique comme « loupe » ou caricature de l'émotion courante. La première métaphore réduit l'émotion à une désorganisation de la conduite, la seconde réduit la psychopathologie à une méthode, à un outil. L'idée que les émotions correspondent à des dysfonctionnements et à une désorganisation du comportement est simplificatrice. Comme on le verra dans le dernier chapitre, certaines émotions possèdent des structures fortement organisées et organisatrices qui nous permettent d'effectuer des choix dans un environnement dont les changements sont plus ou moins prévisibles. L'autre métaphore, celle de la loupe, en vertu de laquelle la pathologie offrirait un grossissement du phénomène, est elle aussi sinon à écarter, du moins à considérer avec réserves. Ainsi, l'idée que le pathologique pourrait offrir un meilleur « point de vue » sur les faits émotionnels ne correspond plus tout à fait à une conception moderne des rapports entre normal et pathologique.

La psychologie des émotions ne peut tirer des bénéfices d'une incursion sur le terrain de la maladie qu'en dépassant l'idée que les perturbations des conduites émotionnelles se résument à des déficits ou à des excès ; « elle rend manifestes des faits nouveaux »[2] ou émergents.

La structuration de l'expérience émotionnelle se fait selon des modalités inattendues, souvent imprévisibles et quelquefois énigmatiques. On peut citer à titre d'exemples, des « phénomènes paradoxaux » comme le « Syndrome de Stockholm » ou la manie du deuil[3]. La psychologie normale nous apprend que des situations d'agression sont génératrices d'émotions telles que la peur, la colère, la haine ou la tristesse. Elle ne nous laisse pas imaginer que des réponses d'attachement à l'agresseur, voire de liens affectifs étroits puissent se nouer entre une victime et son agresseur. De même, la psychologie nous dit que des événements tristes sont les « causes » d'affects tristes, la pathologie nous montre que ce n'est pas tout à fait vrai dans la manie du deuil. On pourra dire qu'il s'agit là d'exceptions ou de « curiosités » psychiatriques. Cela n'est pas tout à fait vrai et le chapitre sur la dépression nous montrera que certaines études de psychologie expérimentale réalisées sur des malades déprimés et en rémission nous interrogent sur les modèles utilisés en psychologie dans le domaine de la mémoire. La psychologie devra un jour ou l'autre rendre compte de tels phénomènes.

Le dernier chapitre est entièrement consacré à l'apport de la psychologie cognitive et de façon plus générale la science cognitive à la compréhension des émotions. Il ouvre une fenêtre sur le futur des recherches sur la psychologie de l'expérience émotionnelle et sur les connaissances qui nous permettront de reconstruire cette expérience.

NOTES

[1] Averill (1982).
[2] Delay (1946), p. 13.
[3] Décrit en 1980 par Eitinger et Weisaeth à la suite d'une prise d'otages à Stockholm, ce type de comportement paradoxal est défini par l'apparition de sentiments positifs de la part de la victime envers son ravisseur (et parfois réciproquement) ainsi que de sentiments négatifs envers les autorités publiques (voir Bigot et Bornstein (1988), p. 196).

Premier chapitre
Décrire, classer
et catégoriser les émotions

L'émotion constitue un domaine de la psychologie et correspond à un concept. En tant que tel, il renvoie à un ensemble de phénomènes psychologiques. Définir cet ensemble, c'est commencer par en cerner les limites. Une tradition ancienne aborde la définition de l'émotion non pas à partir de la question du « Qu'est-ce ? » mais de celle du « Combien ? » Cette tradition, que l'on peut faire remonter à Aristote, mais qui dans l'ère de la psychologie scientifique est marquée par les travaux de Wundt (1903) s'attache à établir un inventaire des termes de la langue courante qui traduisent les émotions et à examiner les relations qui relient ces termes entre eux. De l'étude de l'émotion, on passe à celle des émotions et du lexique, on en vient aux taxonomies.

On pourrait penser que l'intérêt pour cette botanique a comme origine l'impossibilité de parvenir à une définition acceptable de l'émotion. Faute de pouvoir expliquer on s'attacherait à décrire. En fait, l'idée qu'une définition des émotions est un pré requis à toute approche scientifique est loin d'être partagée. Une célèbre anecdote en témoigne. Un professeur confia à l'un de ses assistants intelligent mais peu expérimenté le soin de faire le cours d'introduction à la psychologie à sa place ; l'assistant souhaita commencer par définir brièvement le sujet. Quand le professeur revint deux semaines après, il trouva son assistant se débattant toujours avec la définition de la psychologie (Miller (1962), p. 15). Il est fort probable que la même mésaventure pourrait arriver à propos de l'émotion. Quoi qu'il en soit, les auteurs d'ouvrages consacrés aux émotions commencent tous par déplorer ou par s'excuser de devoir traiter un sujet qui semblerait échapper à toute définition consensuelle. Il est vrai que, comparé à d'autres domaines de la psychologie, le domaine des émotions offre une résistance particulière. Comme le souligne Plutchick (1980) : « Certains auteurs ont proposé des théories des émotions sans fournir des définitions explicites du mot « émotion », alors que d'autres auteurs ont proposé des définitions sans fournir de théories » (p. 80). L'échantillon de 28 définitions proposées dans la littérature psychologique et psychiatrique entre 1884 et 1977 recueilli par Plutchick donne l'impression d'un manque de consensus et surtout d'une absence de communauté entre les définitions classiques et les définitions modernes. La compilation de 92 définitions proposées entre 1971 et 1981 ne fait en réalité que refléter les grands courants de la psychologie elle-même, fonctionnaliste, béhavioriste, mentaliste, cognitiviste et physiologique (Kleinginna et Kleinginna, 1981). On y trouve les définitions qui mettent l'accent sur le continuum hédonique, celles qui soulignent les effets adaptatifs ou désadaptatifs, celles qui délimitent les situations déclenchantes et les réponses associées, celles qui accentuent le rôle des processus d'appréciation et d'étiquetage ou celles qui décrivent le cortège des réactions physiologiques parallèles, sans compter les définitions des « sceptiques » qui remettent en question la légitimité du concept lui-même.

L'attitude descriptive qui offre une alternative constructive vis-à-vis d'une définition impossible a eu elle aussi, dès les origines de la psychologie scientifique, ses détracteurs. Dès 1884, W. James déplorait que la littérature actuelle de l'émotion soit purement descriptive. « En ce qui concerne la « psychologie scientifique », il se peut, [dit-il], que je sois saturé à force d'avoir lu des travaux classiques sur ce sujet, mais je dois avouer que j'aimerais autant lire des descriptions prolixes de la forme des rochers du New Hampshire que de prendre la peine de relire ces travaux. Nulle part vous n'y trouvez de point de vue central, un principe de déduction ou un principe générateur. On y distingue, on y subtilise, on y spécifie à l'infini dans jamais creuser au dessous de ces subtilités (James, p. 57, traduction G. Dumas (1906), p. 17). Pour James, *« il n'y a pas de limite au nombre des différentes émotions qui peuvent exister, et c'est pourquoi les émotions des différents individus peuvent varier indéfiniment à la fois quant à leur constitution et quant aux objets qui les engendrent, car il n'y a rien de fixe de toute éternité dans l'action réflexe »* (p. 68, traduction Dumas). Ce point de vue se retrouve chez un certain nombre de spécialistes contemporains de l'émotion (Mandler, 1984; Frijda, 1986).

La description des émotions a connu récemment une explosion de recherches et subi un profonde évolution. La finalité de la description a changé. De décrire pour décrire, on a décrit pour classer et catégoriser. Le développement récent des recherches de psychologie cognitive permet aujourd'hui de faire un pas de plus : les taxonomies des émotions sont destinées à fournir une représentation du domaine. A l'image des recherches sur la représentation des objets naturels, les taxonomies des émotions sont des moyens pour accéder à l'architecture du système émotionnel, une étape vers l'architecture de l'esprit lui-même.

On est ainsi passé progressivement des lexiques et des dictionnaires (Davitz, 1969 ; Hunt et Hodge, 1971) aux atlas (Averill, 1975) pour dresser finalement une cartographie cognitive des émotions.

Plusieurs modèles ont tenté de rendre compte de l'organisation interne du domaine des émotions. Comme dans toute approche classificatoire, ces modèles diffèrent du point de vue des ensembles de variables qu'ils retiennent et du point de vue de la formalisation qu'ils adoptent. La plupart utilise des lexiques mais puisent leurs critères dans des théories plus générales que des théories psychologiques *stricto sensu* comme les théories de l'évolution, les théories de la cognition ou encore les théories du langage. On peut dire que l'approche taxonomique des émotions s'est peu a peu transformée pour devenir une théorie du système émotionnel. Ainsi la description des émotions a ouvert de nouvelles perspectives de recherche dans lesquelles on a quelquefois du mal à séparer de façon tranchée la description de l'explication. Cela est vrai surtout pour les taxonomies fondées sur l'analyse sémantique des mots-émotions. A la base des différentes taxonomies, il existe des systèmes d'explication plus ou moins implicites. On aurait du mal aujourd'hui à montrer que ces démarches classificatoires sont a-théoriques. On peut y découvrir, contrairement à ce que déclarait W. James il y a presque un siècle, un point de vue central et un principe de déduction.

Le lexique des émotions peut-il nous apprendre quelque chose sur les différences et les ressemblances entre émotions ?
La métaphore de la couleur

A l'origine des démarches taxonomiques, on trouve de façon récurrente une puissante métaphore, celle de la couleur et un raisonnement analogique. De la même façon que l'on s'est efforcé de faire l'inventaire des couleurs, on tente d'établir un dictionnaire des émotions qui permettrait, sur la base d'émotions fondamentales, de dériver les différentes nuances de l'expérience émotionnelle. Comme il y a des couleurs primaires et des nuances de ces couleurs qui varient en saturation et en intensité et constituent le spectre des couleurs, il y aurait des émotions primaires, des nuances qui varieraient en intensité, des combinaisons possibles entre certaines émotions de base. A une science de la colorimétrie, on pourrait faire correspondre «une science de l'émotionométrie» (Plutchick, 1980). On verra que l'un des aspects de l'analogie, la distinction entre émotions fondamentales et émotions «dérivées», constitue un principe d'organisation dans les approches taxonomiques et ceci quels que soient les fondements psychologiques, biologiques ou anthropologiques de ces taxonomies. Cette métaphore de la couleur comporte des limites. On s'interroge encore aujourd'hui sur la façon dont les émotions fondamentales pourraient se combiner pour former des «émotions dérivées». Pour reprendre l'expression d'Averill (1982), l'alchimie des émotions reste encore bien mystérieuse et l'existence d'émotions «pures» ou de base ne cesse d'être remise en question (Ortony et Turner, 1990; Panksepp, 1992).

La puissance de cette métaphore a cependant contribué à illustrer deux problèmes centraux dans la compréhension du système émotionnel : celui de la combinatoire entre les émotions fondamentales et les émotions complexes, celui du caractère universel ou non des émotions (Wierzbicka, 1990).

UN MODÈLE DESCRIPTIF BIDIMENSIONNEL : LE CIRCUMPLEX

Pour Plutchick, qui a poussé le plus loin la métaphore, la structure du système émotionnel s'appuie sur la prise en considération de trois propriétés : l'intensité, la similarité et la bipolarité. La structure du système s'apparente à celle d'un volume comportant surface et profondeur.

Le modèle du circumplex

Les émotions sont dérivées des grandes fonctions adaptatives dont la plupart sont communes au monde vivant, certaines sont propres à l'espèce humaine. Huit fonctions suffiraient à rendre compte de l'adaptation : la protection, la destruction, la reproduction, la réintégration, l'incorporation ou affiliation, le rejet, l'exploration et l'orientation. A ces huit fonctions correspondent des modes de comportement. Ces fonctions préfigurent les émotions, elles ne sont pas elles-mêmes des émotions. Ainsi pour la protection, il y aurait le retrait et la fuite, pour la réintégration l'appel à l'aide. Aux descriptions de surface seront adjointes des dimensions comportementales et fonctionnelles. Ces trois facettes : désignation, comportement et fonctions correspondent à trois « langages » distincts. Mise à part la désignation qui est proprement humaine, les deux autres facettes peuvent être dérivées de l'observation du comportement animal.

A ces huit modes correspondent des émotions fondamentales. L'analyse du lexique et du dictionnaire des émotions constitue un outil privilégié pour étudier comment les différentes émotions sont agencées entre elles, pour analyser les différences et les ressemblances entre les mots du lexique. Il est alors possible d'extraire, en s'appuyant sur une méthodologie psychologique : la méthode des comparaisons par paires, les évaluations sur des échelles numériques et sur un formalisme mathématique : les méthodes multidimensionnelles, en particulier les méthodes d'échelonnement *« multidimensional scaling »*, on rend compte de la structure géométrique de l'espace formé par l'ensemble aussi exhaustif que possible des mots du lexique.

Les propriétés géométriques

La structure de ce lexique est représentée par un solide de forme ovoïde dans lequel « les huit dimensions des émotions fondamentales sont disposées en quelque sorte comme une orange coupée en deux, avec au sommet les termes qui désignent chaque émotion à son intensité maximale. La dimension verticale représente l'intensité, ou le niveau d'éveil ; les émotions s'ordonnent du sommet à la base suivant un état d'excitation maximal à un état de profond sommeil (Plutchick (1980), p. 157-158). Comme on peut le voir sur la figure 1, la coupe horizontale rend compte des émotions intenses : la rage, la vigilance, l'extase, l'adoration, la terreur, l'étonnement, le chagrin et l'aversion. Sur l'axe vertical chaque émotion fondamentale se subdivise en trois émotions dérivées qui varient en fonction de leur intensité. Ainsi par exemple, on passe de la rage à la colère puis à la contrariété, ou de la terreur à la peur et à l'appréhension. Si l'on regarde les différentes coupes de ce solide, on constate que plus on s'oriente vers le bas et plus les différentes nuances sont difficiles à discriminer. Dans la coupe intermédiaire la distinction entre colère et dégoût est moins difficile que son équivalent à l'étage inférieur : la contrariété et l'ennui, l'ennui et la songerie.

Cette représentation géométrique synthétise les résultats d'une série de recherches. A l'origine, le recours au dictionnaire des synonymes permet de recueillir une liste de mots voisins. Chaque élément de la liste fera l'objet d'évaluation en termes d'intensité. Des étudiants en psychologie seront invités à se prononcer sur une échelle d'évaluation en 11 points sur le pouvoir d'évocation de l'émotion exprimé par tel ou tel mot. On

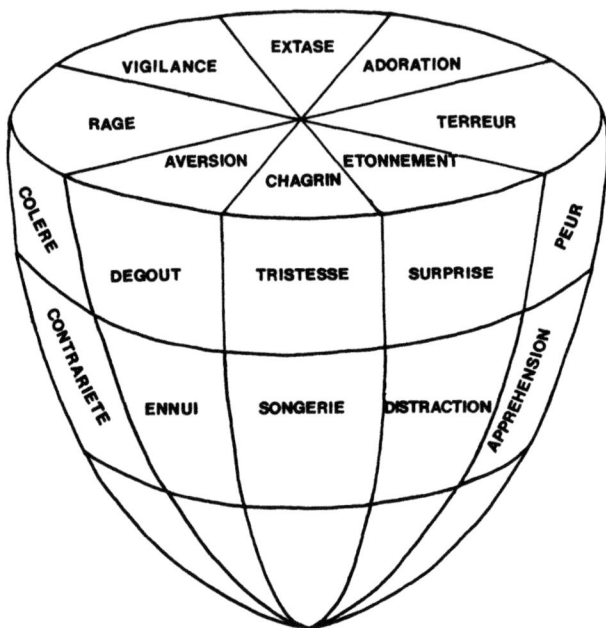

Fig. 1 – Le modèle du Circumplex (d'après Plutchik, 1980).
Les mots indiqués dans chaque cadran n'ont qu'une valeur indicative. Ce sont des traductions du dictionnaire, pour lesquelles aucune analyse statistique n'a été faite.

obtiendra ainsi pour le mot «terreur» une série ordonnée par ordre décroissant d'autres mots comme (panique, effroi, peur, appréhension consternation, circonspection et timidité) qui diffèrent selon ce pouvoir d'évocation du mot terreur.

L'existence de proximités d'ordre un, deux ou trois, mises en évidence à l'aide des procédures de jugement précédentes révèle une structure particulière des émotions, structure caractérisée par la continuité des éléments qui la composent. Le modèle du circumplex, initialement décrit par Guttman (1950), fournit une représentation de cette continuité. Lorsqu'on analyse les relations de similarités (ou de proximité) entre des éléments d'une matrice de corrélation, il peut arriver que l'on observe que les relations sont ordonnées de façon telle qu'elles suivent un gradient décroissant. Avec un circumplex, les éléments adjacents dans une matrice réordonnée sont plus corrélés entre eux que les éléments non adjacents et l'étroitesse d'une corrélation entre deux éléments est fonction de leur distance sur le cercle ainsi formé. L'application de l'analyse factorielle à une telle matrice de ressemblances conduit en général à extraire deux facteurs sur lesquels les éléments sont ordonnés. Lorsqu'un ordre seulement partiel résume l'ensemble de ces relations de similitudes, le scalogramme, matrice réordonnée des éléments, est représenté graphiquement par une parabole. Lorsque l'ordre est parfait, la représentation graphique prend la forme d'un circumplex. Les éléments seront dans ce cas ordonnés sur deux axes bipolaires et s'inscriront autour de la circonférence d'un cercle.

Utilisant la méthode des triades, comparaison de deux éléments à un troisième, les auteurs font évaluer 142 mots-émotions par six juges. Ils doivent indiquer sur une échelle en 11 points le degré de similarité ou de dissimilarité de chaque mot par rapport à trois mots-cible : accommodant, coléreux et triste. Le choix de ces mots-cible n'est pas totalement arbitraire puisque ces mots correspondraient d'après des études préliminaires à des émotions bien distinctes. Les indices de similarité sont ensuite transformés en valeurs vectorielles. Les mots peuvent alors être positionnés sur la circonférence. Lorsque deux mots sont considérés par l'ensemble des juges comme totalement différents, ils sont situés à l'opposé l'un de l'autre, lorsqu'ils sont considérés comme très voisins, ils occupent des positions adjacentes sur le cercle. Cette nouvelle représentation concorde assez bien avec la représentation tridimensionnelle, on y retrouve les émotions fondamentales et les émotions mixtes. L'application de la méthode du différenciateur sémantique à un sous-ensemble de 40 mots, extraits des 142 initiaux, mots que 5 juges doivent évaluer sur des échelles en 20 points, confirme cet ordonnancement. La factorisation de ces données fournit bien une organisation circulaire de type circumplex.

Asymétrie des sous-ensembles émotions positives et négatives

Plusieurs phénomènes intéressants sont ainsi mis en lumière. Les mots correspondant aux émotions négatives apparaissent sujets à des discriminations plus fines que ceux qui correspondent aux émotions positives. Plutchick ne doute pas que la richesse du langage soit le reflet de la finesse des discriminations et que cette richesse marque l'existence d'une réalité expérientielle plus complexe. L'hypothèse de bipolarité du système émotionnel doit être complétée par ce caractère asymétrique des pôles positif et négatif. La question de l'asymétrie des valences positive et négative a fait l'objet de nombreux développements depuis les célèbres travaux de Miller (1944) sur les pentes des gradients d'approche et d'évitement; les premiers seraient moins abrupts que les seconds, jusqu'à l'asymétrie dans les jugements évaluatifs (Jordan, 1965).

La combinatoire des émotions dans le modèle du circumplex

Ainsi, pour Plutchick, le système émotionnel est organisé de façon parfaitement continue. Le système des besoins et des motivations qui lui préexiste est lui, en revanche, composé de modules parfaitement disjoints pour lesquels aucune combinatoire ne peut être spécifiée du fait même que ce système est organisé de façon discontinue. La complexité d'une émotion est définie par son caractère mixte ou composite. A partir des éléments adjacents on peut ainsi former des composés primaires, binaires ou ternaires. Mais les émotions ne s'associent pas n'importe comment, leur combinatoire répond à des règles assez précises, des procédures de validation expérimentale fondées sur la méthode des dyades et des triades permettent de confirmer l'existence de ces règles de combinaison.

Continuités et discontinuités

En effet, même au niveau de la première tranche du circumplex, en coupe horizontale, la représentation géométrique conduit à envisager l'hypothèse selon laquelle deux émotions fondamentales qui sont adjacentes, comme par exemple la peur et la surprise, peuvent se combiner pour former des émotions mixtes de la même façon que « deux couleurs adjacentes sur le cercle des couleurs forment une nuance intermédiaire » (Plutchick (1980), p. 161).

Pour rendre compte de cette combinatoire, Plutchick envisag un système à trois niveaux et distingue des couples primaires, secondaires et tertiaires. Les combinaisons ne sont pas le fruit d'un arbitraire, elles sont dégagées d'une analyse empirique. La procédure expérimentale utilisée pour définir ces couples consiste à proposer une longue liste d'émotions et à demander à des sujets de choisir deux ou trois émotions, parmi les huit émotions fondamentales qui sont contenues dans chaque mot de la liste. On obtient ainsi, pour la plupart des émotions fondamentales, des couples ou dyades primaires formées par la combinaison de deux émotions adjacentes, des dyades secondaires formées par la combinaison d'émotions proches à une émotion près, ou encore des dyades tertiaires formées par la combinaison d'émotions voisines à deux émotions près. Ainsi, pour prendre quelques exemples, deux émotions adjacentes : la peur et la surprise, forment un composé primaire : l'alerte. Un composé secondaire sera formé de la peur et de la tristesse, composé qui aboutira au désespoir, et un composé tertiaire l'association de la peur au dégoût, qui mène à la honte. De la même façon on peut construire la gêne ou la déception en combinant les deux éléments adjacents suivants : surprise et tristesse. Si l'on saute un élément et que l'on combine la peur et la tristesse, on obtiendra le désespoir, et enfin si l'on saute deux éléments adjacents, au lieu d'un seul comme dans le cas précédent, on obtiendra le pessimisme par la combinaison de la tristesse et de l'anticipation.

Des combinaisons impossibles, des reconstructions manquantes

Il y a beaucoup de combinaisons logiquement possibles. Rappelons que le lexique de base utilisé par Plutchick contient plus de cent mots. Il y a des combinaisons qui apparaissent impossibles, voire invraisemblables. Ainsi, il n'y a pas de terme qui corresponde (entendons pour lesquels les sujets s'accordent dans leurs jugements) à l'association entre surprise et dégoût, et des associations entre la joie et le dégoût conduisent à des combinaisons désignées comme «conjecturales» peu plausibles, telles que la morbidité. Ces associations «contre nature» sont rejetées dans le champ du pathologique.

Certaines combinaisons inattendues résulteraient d'une dynamique particulière entre les propriétés des émotions. A propos de certaines d'entre elles, on invoque des effets de neutralisation ou de conflit entre les propriétés des éléments qui entrent dans la composition. C'est le cas en particulier des combinaisons du type «dyades tertiaires» comme «tristesse et anticipation». La métaphore de l'alchimie est encore à l'œuvre, mais l'analogie s'essouffle et aucune vérification expérimentale n'est explorée. On dote ainsi les mots de propriétés dynamiques qui sont empruntées aux expériences émotionnelles, sans analyser ces expériences.

Extension du modèle du circumplex à l'étude du profil émotionnel dans les troubles affectifs

Dans quelle mesure cette organisation du système émotionnel pourrait-elle nous permettre de classer les troubles psychiatriques?

Dans une série de recherches, Plutchick (1967) tente de réaliser une mise en correspondance des émotions et des diagnostics psychiatriques. Pour ce faire, des cliniciens expérimentés sont invités à décrire le «profil émotionnel» qui correspondrait le mieux à tel ou tel trouble psychiatrique. On leur demande ainsi d'indiquer si un malade paranoïaque pourrait être caractérisé par des émotions telles que la joie, la colère, le dégoût ou la tristesse. L'appariement entre 22 mots-émotions et 24 diagnostics aboutit à une classification conjointe des diagnostics et des émotions qui épouse la forme du circumplex (Shaefer et Plutchick, 1966). Dans une autre recherche, on étudie les profils émotionnels associés à la dépression et la manie, deux états supposés être des équivalents pathologiques des émotions de tristesse et de joie. Les malades, des maniaco-dépressifs sont suivis pendant plus de deux ans. L'instrument utilisé, l'index du profil des émotions (EPI, *emotions index profile*) comporte 12 termes : 8 caractérisent les émotions de base, les autres termes renvoient davantage à des traits de personnalité comme affectueux, soumis ou obéissant. On s'aperçoit que les profils émotionnels caractérisant la dépression et la manie sont loin d'être exemplaires de la tristesse (pure) ou de la joie (pure). Une description correcte de ces deux états affectifs pathologiques doit s'appuyer sur des combinaisons entre plusieurs émotions comme la colère et le dégoût. Les profils des malades sont représentés graphiquement sous forme d'un quadrant comportant les 8 émotions qui fait apparaître une concordance très satisfaisante entre les estimations des malades et celles de leurs psychiatres.

Remarques

Cette taxonomie fondée sur l'exploitation du lexique des émotions se caractérise par un principe d'organisation continu. A cet égard elle donne une représentation assez différente des classifications fondées sur certains critères neurobiologiques. Elle se distingue notamment de la classification de type cruciforme proposée par Panksepp (1982). Pour ce dernier en effet, il existerait quatre modules correspondant à quatre émotions différentes qui sont l'intérêt (*expectancy*), la peur, la rage et la panique. Ces quatre émotions correspondraient à des circuits neuronaux distincts, ayant chacun un fonctionnement autonome. A chaque module-émotion correspondrait une ou plusieurs configurations comportementales. On pourrait définir pour chaque espèce vivante des patrons spécifiques comme par exemple le chant pour l'oiseau, l'oscillation des vibrisses pour le rat, le battement de la queue pour le chien, etc. Grâce à des méthodes de stimulation ou de destruction des circuits neuronaux impliqués, il serait facile de mettre en évidence des correspondances entre modules neuronaux et émotions modulaires. Chez l'homme, l'hyper ou l'hypo fonctionnement de ces systèmes permettrait de dériver huit catégories de troubles psychiatriques sur la base des quatre émotions fondamentales (*cf.* graphique 2). Cette conception modulaire semble incompatible à la fois avec la représentation parfaitement continue du circumplex et la représentation en termes de prototypes que nous allons maintenant examiner.

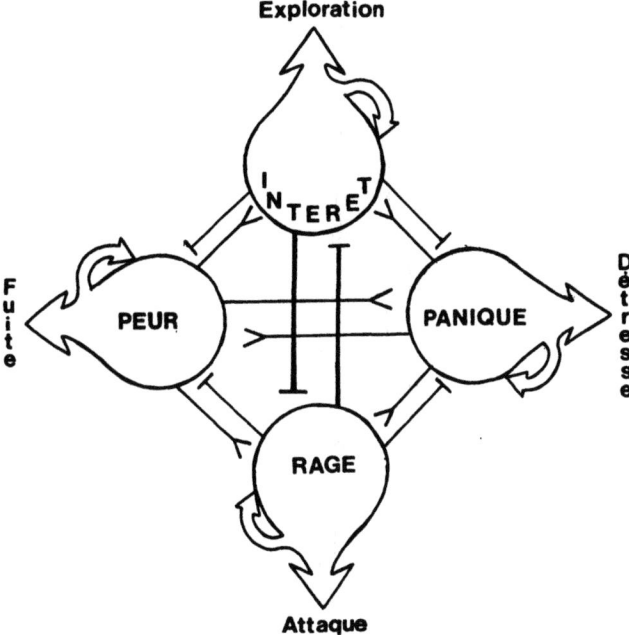

Fig. 2 – Le modèle cruciforme (d'après Panksepp, 1982).
Le schéma a été simplifié. Les indications à l'extérieur des bulles correspondent à des unités de comportement caractéristiques, chez l'animal, des quatres émotions considérées.

CATÉGORISATION DES ÉMOTIONS ET THÉORIE DES PROTOTYPES

L'hypothèse de prototypicalité des émotions à l'épreuve des faits

L'idée d'appliquer à l'émotion le modèle des prototypes a été proposée pour la première fois par Russell et Bullock (1986). Elle correspond à un réel changement de paradigme dans l'exploitation du lexique des émotions. Convaincu de la possibilité de distinguer les émotions indépendamment des événements susceptibles d'engendrer une expérience émotionnelle, Russell suggère que les émotions ne peuvent être classées selon un système fondé sur l'existence de classes disjointes. De la même façon que la perspective des prototypes a fourni une conceptualisation plus satisfaisante des actes comportementaux (Buss et Craik, 1983), des traits de personnalité (Cantor et Mischel, 1979) ou encore des diagnostics psychiatriques (Cantor et al., 1980), une analyse en termes de prototypes est adéquate pour rendre compte du concept d'émotion. Il s'agit là d'une extension du modèle des prototypes des objets naturels, à d'autres objets, les émotions.

Rappelons brièvement le principe du modèle de la typicalité (Rosch, 1978; Dubois, 1991; Pacherie, 1993). Ce modèle présuppose que les concepts ou les catégories peuvent être représentés sous la forme d'une structure dans laquelle les éléments sont organisés selon certaines propriétés. Une telle organisation est de nature prototypique lorsque certains éléments qui la composent apparaissent comme de meilleurs exemplaires de la catégorie que d'autres éléments. Ainsi, dans les catégories dites «naturelles» qui s'opposent aux catégories «artificielles», comme par exemple la catégorie «oiseaux», le moineau figure comme un meilleur exemplaire que l'autruche. Il faut pouvoir énoncer les éléments qui en font partie, des exemplaires qui sont, en fait, des unités lexicales. L'appartenance y est définie de façon graduelle et non dichotomique (appartenir à la catégorie ou ne pas en faire partie). Parmi les exemplaires, certains ont une représentativité plus élevée que d'autres, ce sont des prototypes. Une catégorie doit posséder une structure qui a pour sommet le terme catégoriel et dont dérivent des sous classes. Cette perspective en termes de prototypes se distingue du modèle classique de catégorisation des concepts. Selon la perspective classique, on présuppose que pour connaître un concept, il faut être capable d'en définir un ensemble de traits nécessaires et suffisants, qui appartiendraient ou non à ce concept. Tous les membres posséderaient les mêmes propriétés et en conséquence, aucun d'entre eux ne pourrait être considéré comme le meilleur exemplaire de la catégorie.

L'épreuve expérimentale principale qui permet d'établir l'architecture d'un concept et d'accéder à sa structure interne consiste généralement à faire générer, sous des contraintes temporelles précises, les éléments qui appartiennent à une catégorie ou à un concept donné. Il existe de nombreuses procédures pour vérifier que les éléments ainsi générés n'ont pas le même statut dans la hiérarchie, c'est-à-dire sont plus ou moins prototypiques (évaluations directe du degré d'exemplarité, temps de réaction, ordre d'apprentissage pour n'en citer que quelques unes).

Procédures expérimentales, bons et mauvais exemplaires

Fehr et Russell (1984) présentent une série de sept recherches, réalisées sur des étudiants en psychologie canadiens, recherches dont l'objectif principal est d'analyser la structure hiérarchique du concept d'émotion, avec au sommet l'émotion, au niveau intermédiaire des émotions prototypiques; au-dessous des émotions moins prototypiques et enfin pour chaque niveau intermédiaire des subdivisions propres à chaque classe. On pourrait ainsi concevoir que le niveau intermédiaire contienne des émotions communes comme la colère ou la peur, avec au-dessous des émotions moins prototypiques comme l'orgueil et l'envie, et qu'à chaque niveau intermédiaire, des subdivisions puissent être faites comme par exemple pour la colère, le courroux, le chagrin, la rage et la fureur.

Le lexique des émotions comme outil d'analyse

Les sept études ont trois objectifs principaux qui suivent assez fidèlement le modèle de Rosch dans l'une de ses formulations les plus élaborées.

Le premier consiste, comme dans toutes les autres recherches, à faire générer ou décliner les noms communs qui correspondent à la catégorie « émotion ». Le second à analyser la structure interne de l'ensemble des éléments ainsi recueillis ou d'un sous-ensemble plus restreint de façon à vérifier, par des jugements directs de prototypicalité et par d'autres procédures, que les différents éléments lexicaux s'organisent de façon hiérarchique. Le troisième objectif vise à apprécier le caractère plus ou moins flou des limites et à préciser les relations d'appartenance ou « d'air de famille » entre les divers éléments de l'ensemble.

Les résultats de ces sept études méritent d'être examinés en détails car ils fournissent des arguments nuancés dont la plupart sont en faveur de l'hypothèse générale. Ces résultats montrent qu'à la catégorie « émotion » correspond non pas un seul prototype mais plusieurs. Si l'on définit le prototype en termes de fréquence d'évocation d'un exemplaire, aucun exemplaire n'est donné par tous les sujets, mais il y a quatre éléments lexicaux qui sont fournis par les trois quarts (proportion le plus souvent retenue dans les études similaires) de la population interrogée. Il s'agit du bonheur (la joie n'arrive qu'à des rangs plus éloignés), de la colère, de la tristesse et de l'amour. Ces données sont dérivées de la procédure classique qui consiste à écrire les mots qui font partie de la catégorie « émotion » en un temps déterminé (ici une minute). On notera que sur les 383 exemplaires évoqués, la moitié environ n'est évoquée que par un seul sujet. La catégorie « émotion » ne serait pas « dense » mais plutôt « dispersée », comparée aux catégories d'objets « naturels » ou « artificiels » qui ont été étudiées.

Les sujets sont loin d'être unanimes pour considérer que tel mot appartient à la catégorie « émotion » lorsqu'on leur demande de le faire. Parmi les vingt mots-émotions les plus représentatifs d'après un premier échantillonnage, les pourcentages d'accord sont de l'ordre de 50 % à 60 % pour amour, tristesse et haine qui sont les exemplaires les plus représentatifs de la catégorie « émotion ». De plus, au lieu de générer spontanément le terme catégoriel attendu, une proportion importante de sujets choisissent non pas « émotion » mais « sentiments » (*feelings*) ou encore « états ». Ces résultats sont embarrassants.

Il existe, néanmoins, un degré d'accord élevé dans les jugements directs de prototypicalité. Ce sont bien les quatre termes « amour » « haine » « colère » « tristesse » qui arrivent en tête des émotions les plus exemplaires, dans un ordre un peu différent certes et avec une composition légèrement différente de celle obtenue avec l'expérience classique puisque « haine » ne figurait pas dans l'échantillon initial des quatre meilleurs exemplaires. Cet écart par rapport au résultat attendu reflète l'incapacité de la théorie des prototypes à fournir un critère numérique strict de mesure des relations de similitude. L'extraction des prototypes ne repose pas sur un modèle mathématique.

L'épreuve de substitution d'un de ces exemplaires (parmi les 20 mots-émotions) à la catégorie (i.e. émotion), autre technique expérimentale du test de la théorie des prototypes, fait apparaître un ordre encore assez différent de celui obtenu avec les techniques précédemment évoquées. En effet, lorsqu'ils sont invités à substituer dans une phrase un exemplaire au mot émotion, ce sont des exemplaires tels que « intérêt », « peur » « colère » ou encore « anxiété » qui sont le plus souvent choisis ; or, ni « intérêt », ni « peur », ni « anxiété » ne figurent dans les premiers rangs des meilleurs substituts. Il existe des désaccords pour considérer que certains exemplaires, pourtant choisis comme exprimant bien la catégorie, comme par exemple « la dépression », « la honte », ou encore « la gêne » (confusion), sont rejetés à l'extérieur de cette catégorie par une certaine proportion de sujets.

Pour ces auteurs, il y aurait de fortes présomptions pour que l'émotion constitue bien une catégorie dont il serait illusoire de donner une définition stricte répondant à un ensemble de conditions nécessaires et suffisantes. L'intérêt d'une approche en termes de prototypes serait d'asseoir les connaissances scientifiques sur ces connaissances de sens commun (sous réserves que les étudiants en psychologie soient considérés comme les dépositaires d'un tel savoir). Rien n'est dit en effet des différences éventuelles que l'on pourrait trouver en interrogeant non plus des étudiants en psychologie, mais un échantillon représentatif de la population générale.

Toutes les procédures expérimentales qui permettent d'extraire les exemplaires de chaque catégorie devraient en principe aboutir à une structure hiérarchique voisine. Or ceci est loin d'être toujours le cas, ce qui n'est pas sans mettre en cause les limites des méthodes expérimentales utilisées dans ce domaine. Pour prendre un seul exemple, «l'anxiété» qui est loin d'apparaître comme un bon exemplaire de la catégorie «Peur» avec les épreuves classiques d'extraction des exemplaires, obtient un score supérieur au terme catégoriel «émotion» dans l'épreuve de substitution. Ce qui signifierait que le terme «anxiété» correspond non pas à une partie de la catégorie mais au concept lui-même. Ce dernier résultat est source d'ambiguïté, une ambiguïté entretenue par l'absence de critères numériques et statistiques.

Le lexique des émotions : un ensemble flou ou hiérarchisé ?

Ce type d'approche nous renseigne en fait davantage sur la façon dont le lexique des mots se rapportant aux émotions est organisé, que sur les émotions elles-mêmes. Selon le modèle choisi pour rendre compte de la structure du lexique, il est possible de mettre en évidence certaines différences dans la classification. Ainsi Shaver *et al.* (1987), utilisant un modèle d'analyse hiérarchique n'obtiennent pas exactement la même structure. Dans cette étude, des étudiants sont invités à évaluer par la méthode des comparaisons par paires, les ressemblances entre les mots d'un lexique constitué de 135 mots. Ces jugements de similarité traités par l'analyse en «clusters» aboutissent à identifier des classes hiérarchiques. La représentation sous forme d'un arbre permet d'isoler un premier embranchement formé par les émotions positives et les émotions négatives qui se subdivise en cinq classes : l'amour, la joie, la colère, la tristesse et la peur ou six, si l'on ajoute la surprise. Ces cinq ou six classes sont loin d'être homogènes du point de vue du lexique. La joie et la tristesse constituent des classes très richement représentées, alors que la surprise forme une classe très pauvre, à tel point que l'on peut légitimement s'interroger sur l'appartenance de cet élément au domaine des émotions. Cette question a d'ailleurs été largement débattue par la suite. Le fait que la surprise ne soit ni négative, ni positive a conduit à l'exclure du domaine conceptuel des émotions.

La structure hiérarchique du lexique des émotions

Le schéma suivant illustre une représentation hiérarchique à plusieurs niveaux du domaine des émotions (ce schéma résulte d'une analyse des

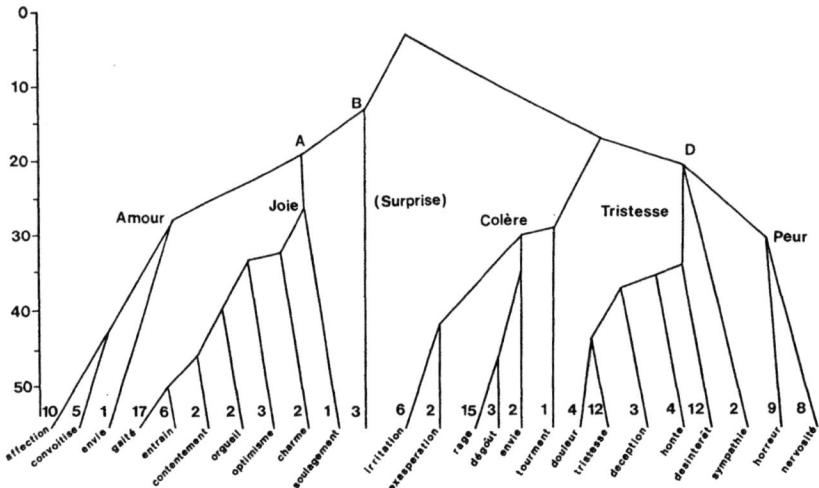

Fig. 3 – Le domaine conceptuel des émotions (d'après Shaver et al., 1986).
L'arborescence fait apparaître plusieurs niveaux de la hiérarchie. Les chiffres indiqués à la base de la figure correspondent au nombre de mots différents qui appartiennent à chaque sous-catégorie.

similarités entre les 135 termes extraits du lexique des émotions, jugés par cent sujets du point de vue de leurs ressemblances).

Ce schéma appelle un certain nombre de remarques.

1) Un *premier niveau* de la hiérarchie sépare les émotions positives des émotions négatives. Les premières se subdivisent *grosso-modo* entre l'amour et la joie, les secondes entre la colère, la peur et tristesse. On constate une importante *dissymétrie* entre les émotions positives et négatives.

2) La surprise occupe dans cette hiérarchie une position ambiguë du fait qu'elle est moins marquée par une polarité négative ou positive. Les mots du lexique y sont très pauvrement représentés. Il n'y a pas vraiment de mots qui seraient de meilleurs exemplaires de cette catégorie.

3) A la base de cette hiérarchie sont représentées les unités lexicales dérivées de chacune des cinq (ou six) catégories d'émotions (nous n'avons indiqué ici que les mots les plus prototypiques, ceux qui seraient évoqués le plus rapidement pour définir les émotions respectives). Les chiffres entre parenthèses correspondent aux nombres de mots dans chaque cluster.

4) Cette représentation n'est pas fondamentalement différente de celles fournies par des représentations lexicales d'un réseau sémantique. Elle en

possède les mêmes caractères comme l'existence de niveaux, on parle de nœuds associatifs à propos d'un réseau sémantique.

L'une des principales implications de ce modèle, étayé par des faits empiriques, est que plus l'on descend dans la hiérarchie, plus les regroupements que l'on obtient forment des ensembles dont les limites sont relativement floues. Ce qui signifie que les mots de la base appartiennent à des catégories moins distinctes que les catégories super-ordonnées. La structure cognitive des représentations des émotions se décrit dans un espace de profondeur variable.

Autrement dit, selon le niveau de profondeur auquel on se situe, les catégories ou les sous-catégories, les similitudes et les différences ne peuvent être vues sous le même jour. Autant la distinction entre joie et colère apparaît claire, autant, lorsqu'on descend dans la hiérarchie, l'appartenance d'un élément à une classe, d'un mot à une sous-catégorie est plus difficile à déterminer. Il est en effet difficile de décider si le mot Tourment (*torment*) appartient plutôt à la colère qu'à la tristesse. On ne peut se prononcer en termes de vrai et de faux, d'appartenance ou de non appartenance. Selon que nous focalisons sur les différents niveaux nous adoptons des modes de raisonnement différents. On passe d'une logique du vrai et du faux à une logique plus floue. La prise en compte de niveaux de profondeur cognitive ne nous permet plus de concevoir les catégories d'émotion comme des catégories distinctes, comme le voudrait la conception classique ou aristotélicienne.

TAXONOMIE, LEXIQUE ET SÉMANTIQUE DES ÉMOTIONS

L'analyse du lexique des émotions du point de vue de la sémantique possède de nombreux points communs avec les approches en termes de prototypes. Cependant, elle s'en distingue assez radicalement par ses fondements méthodologiques. Alors que l'analyse lexicale prenait appui sur un modèle mathématique et sur des procédures expérimentales de mesure de similarités entre les mots du lexique, les taxonomies sémantiques se fondent essentiellement sur des règles de réécriture des mots du langage des émotions, en dehors de tout formalisme mathématique.

Au sein même des approches sémantiques, on peut distinguer trois types de démarches. La première, représentée par les travaux de Ortony *et al.* (1988) s'attache à inventorier les termes qui désignent des émotions et ce qui ne les désignent pas, en les divisant en deux classes distinctes. La seconde démarche représentée par les travaux de Johnson-Laird et

Oatley (1989) intègre la perspective sémantique dans une théorie psychologique des émotions, celles-ci sont considérées comme des états mentaux. La distinction entre émotions de base et émotions complexes est adoptée (Oatley et Johnson-Laird, 1987). La troisième approche représentée par Wierzbicka (1990) correspond davantage à une analyse de type sémiotique qu'à une analyse sémantique.

La dichotomie entre mots-émotion et mots-non émotion à l'épreuve des tests linguistiques : le test du «*to feel*» et «*to be*»

Il n'est pas possible de donner une définition satisfaisante des émotions sans distinguer émotion et non-émotion. Pour Ortony *et al.* (1988), un grand nombre de mots qui ont été inclus dans les différents lexiques ne correspondent pas à des émotions. Une des principales erreurs de cette sur-inclusion vient du fait que l'on a tenu compte d'aspects non essentiels. Les émotions sont des états spécifiques qui doivent être définis en dehors des contingences situationnelles. Une définition stricte consistera à écarter du lexique de base les états contingents à des situations occasionnelles. Des termes tels que «abandonné» ou «coupable», qui sont quelquefois inclus dans les lexiques, renvoient à des circonstances et non aux états émotionnels proprement dits. La condition nécessaire pour qu'un terme de la langue soit considéré comme un bon candidat à l'appartenance au domaine des émotions se fonde ici sur des arguments linguistiques.

Le critère permettant d'établir une telle séparation correspond à la différence entre se «sentir» (*to feel*) et «être» (*to be*). Ainsi, un terme du lexique sera considéré comme faisant partie des émotions s'il est possible d'utiliser les deux verbes, mais pas si l'un des deux seulement s'applique. L'exemple classique est illustré par l'adjectif heureux (*happy*) qui peut être utilisé aussi bien dans les deux expressions : «je me sens heureux» (*I feel happy*) ou «je suis heureux» (*I am happy*) et l'adjectif «ignoré» qui n'est pas considéré comme une émotion lorsqu'il est utilisé dans l'expression «je suis ignoré», alors qu'il l'est dans l'expression «je me sens ignoré». Pour ces auteurs, les émotions sont de l'ordre de l'être ; ne seront considérés comme états émotionnels que des mots qui peuvent entrer dans des expressions du type «Je suis...» *et* «je me sens». Toute expression dans laquelle «se sentir» ne pourrait être associée de façon strictement nécessaire à «être» ne devrait pas faire partie du lexique des émotions. Ainsi, on peut «être abandonné» sans «se sentir abandonné», en revanche on ne peut pas «se sentir en colère» sans «être» nécessairement en colère. Dans un cas, il y a une dissociation possible entre la situation factuelle ou circonstancielle et l'état psychologique, dans l'autre cas cette dissociation est impossible. Ce n'est que lorsque la dissociation est impossible que l'on aurait affaire à un véritable état émotionnel. Une telle règle permettrait d'identifier seulement 22 émotions distinctes.

Les bases empiriques du test «feel and be»

Les preuves de l'appartenance au domaine conceptuel des émotions se fondent sur une procédure qui consiste à demander à des sujets d'indiquer parmi un lexique de 600 mots «candidats» dans quelle mesure une expression verbale, selon qu'elle est mise sous la forme linguistique de : «Je suis X» ou : «Je me sens X», appartient au domaine des émotions. Les sujets doivent donner leurs estimations sous la forme d'une échelle de certitude. On s'aperçoit que pour certains mots, les sujets sont sûrs qu'il s'agit d'une émotion quelle que soit la forme phrastique dans laquelle le mot est employé, tandis que pour d'autres mots, il existe un décalage entre les scores de certitude selon la forme phrastique. Plus la différence est grande entre les deux formes «être» et «se sentir» et moins il y a de chances que ce mot fasse partie du domaine des émotions. Ainsi par exemple, les sujets considèrent que «Je suis effrayé» et «Je me sens effrayé» sont des émotions, les scores moyens sont de l'ordre de 3,7 et de 3,3 pour les deux formes linguistiques, tandis que l'écart entre les deux formes est plus grand pour «coupable» qui est considéré comme émotion avec un score moyen de 3,7 sous la forme de : «Je me sens» mais seulement à 2,4 pour la forme «Je suis». L'écart entre ces moyennes mesure l'appartenance au domaine. Il n'y a pas, dans ce modèle, des émotions de base et des émotions dérivées (Clore et Ortony, 1991).

Le modèle d'Oatley et Johnson-Laird

Emotions de base et émotions complexes

Le modèle taxonomique proposé par Oatley et Johnson-Laird (1987) est fondé sur une théorie générale des émotions, elles-mêmes conçues comme des états mentaux, théorie qui sera examinée ultérieurement. Selon ce modèle, il existerait une séparation entre des émotions de base ou «modes émotionnels» et des émotions complexes. Les modes émotionnels se résumeraient au bonheur, à la peur, à la colère et au dégoût. Ils seraient communs aux espèces humaine et animale. Lorsque les émotions de base sont modulées par un contenu propositionnel, elles deviennent des émotions complexes; seule l'espèce humaine serait susceptible d'éprouver des émotions complexes.

L'architecture des émotions constitue un cas particulier de l'architecture mentale qui consiste en une hiérarchie de processeurs ou modules séparés. Ces processeurs traitent en parallèle des «computations». Une émotion peut être déclenchée quand une évaluation cognitive survient à quelque niveau que ce soit de cette hiérarchie. L'évaluation déclenche les modules de traitement à partir d'un petit nombre de modes émotionnels. Ces modes constituent les éléments fondamentaux à partir desquels les expériences subjectives sont construites. Les émotions complexes possèdent des propriétés émergentes qui apparaissent dans le cadre d'un contexte communicationnel.

Si ces hypothèses sont justes, on doit pouvoir retrouver dans le langage des structures sémantiques propres aux émotions complexes et les distinguer des émotions de base. C'est la présence d'une structure propositionnelle qui permettra de distinguer une émotion de base d'une émotion complexe. Le caractère propositionnel est lui-même ancré au niveau lexical. Les émotions complexes dérivent nécessairement des émotions de base, certaines propriétés des émotions complexes sont héritées des émotions de base, en particulier leur polarité positive ou négative ; d'autres propriétés ne sont pas héritées mais construites à partir de représentations mentales.

Les critères d'appartenance à la classe des émotions de base : la question des «primitives sémantiques»

Les émotions de base correspondent à des «primitives sémantiques», les émotions complexes à des composées. Deux «tests» permettant de valider cette distinction sont proposés. Ils se fondent sur des opérations reliant logique et langage.

Ainsi, toute expression verbale issue du lexique initial sera considérée comme une émotion de base distincte si elle n'est pas réductible à une autre émotion de base. Pour le savoir, il suffirait d'examiner si la négation de l'une est compatible ou non avec l'affirmation de l'autre. Dans le cas d'une compatibilité, les deux mots posséderaient des éléments communs et l'un serait substituable à l'autre ; dans le cas contraire on aurait à faire à des catégories d'émotions irréductibles, donc à des éléments primitifs. C'est le test du «mais» qui permettrait de détecter les émotions de base. La seconde opération qui permettrait de spécifier les émotions complexes repose sur le principe que nous désignerons de la justification, plutôt que de la cause. Toute unité lexicale pour laquelle, il serait possible d'indiquer «une raison» serait, par définition, une émotion complexe puisqu'elle posséderait une structure propositionnelle. Le caractère inacceptable de la signification d'une phrase du type : «Je suis dans un état X, mais je ne sais pas pourquoi» conduirait à reconnaître que l'on a bien affaire à une émotion complexe.

Le test du «Mais» et les émotions de base

Ces critères étant définis, il reste à trouver des «tests» qui permettent de décider pour chacun des 590 mots du lexique initial s'il possède ou non ces critères. Pour détecter l'appartenance d'un mot à l'une des cinq ou six émotions fondamentales, le nombre varie en fonction des publications c'est le test du «mais» qui va être employé. Si deux mots n'ont rien de commun, la négation de l'un et l'affirmation de l'autre entraînent des combinaisons acceptables, comme par exemple «Il était fatigué mais heureux», ou «il était fatigué mais pas heureux», alors que les combinaisons sont étranges lorsque les deux mots ont quelque chose en commun comme par exemple dans les expressions : «Il était craintif mais pas pétrifié» et «Il était pétrifié mais pas craintif». Du sens improbable ou incorrect de cet énoncé on déduit que «pétrifié» et «craintif» ont quelque chose en commun qui dérive de leur appartenance à la même catégorie d'émotion fondamentale.

Une autre façon opératoire de définir les émotions de base consiste à les décrire, en quelque sorte par défaut, comme des états émotionnels dépourvus de contenu propositionnel. Sur le versant psychologique, ce caractère basique serait déduit de l'existence de «primitives sémantiques» et «d'universaux culturels». Les émotions de base sont relatives à des énoncés pour lesquels il n'y aurait aucune justification. Pour Johnson-Laird et Oatley, les émotions de base sont des états mentaux auxquels le sujet ne peut rattacher ni cause, ni raison, ni aucune autre représentation de quelque nature que ce soit. Dans ce sens, elles seraient les équivalents des «atomes», des particules élémentaires des physiciens, des «qualia» des philosophes.

Les exemples suivants, extraits d'une vaste étude sémantique, donne un aperçu des termes du lexique qui peuvent être utilisés sans référence nécessaire à un quelconque contenu propositionnel. Ce sont des termes qui ne peuvent être décomposés en parties. Dans la mesure où ils sont dépourvus des représentations mentales accessibles à partir du langage, les méthodes verbales ne peuvent en donner aucune description correcte. Il est clair que de telles émotions n'intéressent pas la psychologie cognitive, parce que la psychologie cognitive ne peut rien en dire.

Ainsi pour les deux «modes émotionnels», la tristesse et la peur, ces mots seraient :

— pour la tristesse : désir vague, lugubre, triste, mélancolique, déprimé, misérable ;

— pour la peur : timide, tendu, anxieux, effrayé, paniqué, lâche[1].

Les émotions complexes : des émotions dotées d'un contenu propositionnel

Les émotions sont appelées complexes lorsqu'elles dérivent d'unités plus simples, les émotions de base, et lorsqu'elles possèdent des propriétés qui émergent de certaines catégories de représentations.

Autrement dit, les émotions complexes ne sont pas complexes seulement parce qu'elles sont composées à partir d'unités plus simples qu'elles-mêmes, mais parce qu'elles s'appuient sur des éléments qui ne sont pas eux-mêmes des émotions. Elles sont construites à propos de quelque chose et ce «quelque chose» peut être explicité par le sujet comme étant à l'origine d'une expérience personnelle. Ainsi, il existerait dans le lexique des mots-émotion qui ne peuvent être expliqués qu'en référence à autre chose. La liste de «ces autres choses» est assez longue mais on peut la résumer *grosso-modo* à quelques catégories principales de représentations mentales : les représentations de causes, les représentations de soi, les représentations de situations, et viendraient s'ajouter les représentations d'action. La notion de représentations mentales est utilisée ici dans le sens de représentations propositionnelles, c'est à dire «de symboles abstraits, a-modaux, *«language-like»*, c'est à dire assimilables à un langage... Un mentalais universel, le code de base dans lequel toutes les activités cognitives peuvent être effectuées» (Keane, *in* Eysenck (1990), p. 293).

Le contenu propositionnel et les règles de réécriture des unités lexicales Quelques exemples

Ces représentations de nature propositionnelle sont elles-mêmes inscrites et ancrées dans le lexique ; il existe des règles de réécriture ou d'explicitation des mots qui permettent d'extraire ou de retrouver le sens caché de ces représentations contenues dans les émotions complexes.

Ainsi, à coté de certains mots comme «triste» (mot du lexique des émotions de base) qui peut signifier un état émotionnel dont la raison n'est pas connue, et donc sans structure propositionnelle, certaines expressions verbales relatives à la tristesse ou à la dépression comme : «Je suis désespéré, j'ai du chagrin ou je suis découragé» ne peuvent être comprises ni expliquées qu'en référence au concept de soi ou à une situation qui est tenue pour les justifier.

Il est donc possible de faire émerger cette structure propositionnelle dans des règles de réécriture.

Pour la tristesse, on aurait : abattu, chagriné, cœur-brisé, inconsolable, désolé. Pour le mot « chagrin » qui signifie une tristesse liée à quelque chose qui s'est produit, les auteurs font remarquer que si l'on peut dire « Je suis triste mais je ne sais pas pourquoi »; la phrase « J'éprouve du chagrin mais je ne sais pas pourquoi » n'est pas sémantiquement acceptable.

La liste des représentations de nature propositionnelle est longue, on peut se demander si elle n'est pas infinie. On se contentera ici de donner quelques exemples :

– « désespéré » signifie : « une tristesse intense et un manque d'espoir résultant d'une incapacité à réaliser certains buts ». Voici un mot-émotion qui renvoie à une représentation d'action.

– « j'ai des remords » signifie tristesse comme conséquence d'une situation dans laquelle le sujet évalue sa performance passée comme erronée ». Voici un mot qui ne peut être expliqué qu'en référence à un événement.

– « Je me sens pitoyable » (*forlorn*) renvoie à une tristesse liée à une évaluation de soi en relation avec les autres.

D'autres mots relatifs à la tristesse ne peuvent être expliqués sans référence à la situation qui les a motivés.

C'est le cas pour : « Vaincu » (*defeated*) signifiant déprimé en raison d'une évaluation de soi comme incapable de faire face ; « Abattu » (*dejected*) : dépression pour une raison connue ; « Désappointé » : une tristesse causée par l'échec à réaliser un certain but.

En résumé, l'ensemble de ces critères permet de se représenter le champ sémantique du vocabulaire des émotions comme composé de plusieurs familles. Les émotions complexes constituent une famille dérivée des émotions de base. Il n'y a pas d'émotion complexe qui ne dérive pas d'une émotion de base. Ces relations qui régissent ces deux familles d'émotions sont fondées sur la règle de l'implication telle qu'elle peut être exprimée par l'exemple suivant : « *Si* l'on éprouve du remords (émotion complexe) *alors* on doit être triste (émotion simple) ». Une émotion complexe est nécessairement formée par une émotion de base, mais en plus elle renvoie à autre chose qu'elle-même. Un mot désignant une émotion complexe implique toujours l'existence d'une émotion de base, alors que les mots qui désignent des émotions de base peuvent ou non renvoyer à une émotion complexe.

Les limites de la taxonomie sémantique

On verra plus loin la valeur heuristique du modèle initial de la taxonomie des émotions proposé par Oatley et Johnson-Laird ; celle-ci tient principalement au fait que les émotions complexes sont considérées comme des états mentaux dotés d'une structure propositionnelle. Ce modèle taxonomique proprement dit a cependant fait l'objet de nombreuses critiques. Ces critiques portent sur deux points principaux : la question des émotions de base et leur définition opérationnelle à partir de tests linguistiques d'acceptabilité des propositions.

La critique méthodologique des tests linguistiques

Pour Clore et Ortony (1987), ni le test du «mais», ni le test «des justifications» (entendons l'extraction du contenu propositionnel) ne peuvent permettre de distinguer les émotions de base des émotions complexes qui leur sont dérivées. Des énoncés tels que «j'éprouve de la gêne (confusion) mais je ne sais pas pourquoi» leur apparaissent tout à fait acceptables, alors que l'émotion de «gêne» est considérée comme une émotion complexe parce que le sens logique de cette phrase serait «inacceptable». De même des propositions telles que «Il était fatigué mais n'était pas malheureux» ne leur apparaissent pas aussi inacceptables que les auteurs veulent bien le dire. Si tel est le cas, être fatigué et ne pas être heureux possèdent une composante commune (le fait de se rapporter à des impressions subjectives de type négatif), et en conséquence, l'expression «être heureux» correspond déjà à quelque chose de complexe. En conséquence intégrer le bonheur, la joie ou encore le plaisir, (selon les traductions que l'on voudra bien donner à «*happiness*») dans l'ensemble des émotions de base n'a pas de sens.

L'illusion cognitiviste, les émotions de base ne correspondent pas à des primitives sémantiques : la critique de Wierzbicka

Wierzbicka, porte-parole de l'anthropologie linguistique des émotions, a développé une série de critiques vis-à-vis de l'assimilation des émotions de bases à des primitives sémantiques (Wierzbicka, 1972, 1988, 1990a et b). Ces critiques dépassent largement la question de la taxonomie des émotions proposée. Elles reposent sur des oppositions entre une théorie des émotions qui serait bâtie sur une psychologie du langage à une théorie des émotions qui se fonderait sur une philosophie du langage. On se contentera d'indiquer dans ce chapitre trois objections techniques adressées par Wierzbicka à Johnson-Laird. Elles portent : 1) sur son point de vue ethnocentrique et/ou anglo-centrique ; 2) sur les preuves apportées par les comparaisons inter-langues et inter-cultures ; 3) sur le caractère fallacieux de l'analogie entre structure du langage et structure de l'émotion.

Pour Wierzbicka, il n'y a pas de mots-émotion correspondant à des primitives sémantiques parce que les mots correspondant aux émotions de base ne se retrouvent pas dans toutes les cultures. L'hypothèse selon laquelle les émotions fondamentales correspondraient à des émotions génériques ou matricielles serait le fruit d'une erreur de centration sur une langue. Même au sein des cultures européennes, les équivalences entre les mots correspondant aux émotions de base ne seraient pas si fortes : un bon exemple est fourni par « *happiness* » qui peut correspondre soit à « joie », soit à « bonheur » en français.

Ces unités lexicales ne permettent pas de nous révéler des « universaux culturels ». Il est vrai que certains mots n'ont pas leur équivalent dans des langues différentes. L'argumentation s'appuie sur la métaphore de la couleur (Wierzbicka, 1990). A la différence des taxonomistes qui ont exploité cette métaphore pour démontrer la formation des émotions complexes sur la base d'émotions simples, Wierzbicka rejette cette analogie pour des motifs différents. Pour elle, il n'y a pas plus de primitives sémantiques qu'il n'y a de couleurs fondamentales. Les émotions de base n'empruntent pas leur structure au langage mais à la description du monde extérieur. De la même façon, la désignation des couleurs fondamentales emprunte à l'expérience du ciel, de la terre et du feu.

Pour cet auteur en effet, le recours au langage dans le domaine des émotions est *a priori* d'un intérêt mineur dans la mesure où le monde des émotions, à la différence du monde des pensées et des cognitions, ne peut être saisi à partir des mots, mais seulement à partir des situations externes dans lesquelles les émotions surgissent.

L'erreur du psycholinguiste est d'imaginer que des universaux puissent être dérivés du lexique des émotions, les seuls vrais universaux appartenant à des catégories de l'esprit qui sont celles du vouloir, du penser, du savoir, du dire, du bon et du mauvais. Décrire les émotions en termes de sémantiques primitives consistera donc à réécrire la définition en utilisant les véritables marqueurs des catégories de l'esprit qui, elles, sont universelles en utilisant un méta-langage, plus abstrait que le langage ordinaire. Les règles de réécriture des mots suggérées par Johnson-Laird doivent être remplacées par des règles d'écriture de scénarios (on reviendra sur cette notion dans la suite de l'ouvrage à propos de l'école de Chicago).

Soit l'exemple de la colère :

Etre en colère, c'est :

— « X éprouve quelque chose
quelquefois les gens pensent quelque chose qui est comme ça (de quelqu'un)

— Je ne *veux* pas cela
à cause de cela, je *veux* faire quelque chose

— Je *voudrais* faire quelque chose de *mal* à cette personne
à cause de cela, ils se sentent *mal*

— X *pense* quelque chose de cette nature
à cause de cela, X éprouve quelque chose de cette nature » (véritables primitives sémantiques selon Wierzbicka, soulignées par nous).

Si l'on adopte ces vrais marqueurs des primitives sémantiques, on peut montrer qu'il n'y a pas de correspondance étroite entre différentes cultures à propos des émotions de base. La critique s'exprime ainsi.

Prenons le mot le plus voisin de la colère (*Liget*) dans une autre culture, celle des Ilongots étudiés par Rosaldo (1980).

Si l'on utilise des règles de réécriture on observe que les catégories du penser, vouloir ne s'appliquent pas de la même façon.

Le concept de «*Liget*» se réécrit ainsi :

— « X éprouve quelque chose
quelquefois les gens *pensent* quelque chose de cette nature :
les autres *peuvent faire* quelque chose
ils peuvent *penser* que je peux le faire

— Je ne *veux* pas cela
à cause de cela, je *veux* faire quelque chose

— Je peux le faire
à cause de cela, ils éprouvent quelque chose

— X éprouve quelque chose de cette nature. »

Ainsi, le concept de colère dans culture Ilongot est fondé sur le fait que le mot «*liget*» contient une notion de «*compétition*» entre ce que les autres peuvent faire, ce qu'ils pensent que X peut faire, ce que X pense qu'il peut faire et ce que X veut faire. Le concept de colère dans les cultures européennes ne contient pas cette idée de compétition. Le vouloir faire, le pouvoir faire, autant de vrais témoins de primitives sémantiques, ne sont pas de même nature dans les deux cultures. L'idée de comparaison entre les attentes d'autrui et les intentions de l'acteur, n'existe pas dans le concept européen de colère (on reviendra sur ce point avec l'exposé des travaux d'Averill, 1982a).

Pour prendre un autre exemple, celui de la tristesse, cette émotion ne peut être considérée comme une unité non décomposable (une sémantique primitive universelle) dans la mesure où contrairement à ce qui a été affirmé par de nombreux auteurs, il n'y a pas non plus de correspondance étroite entre l'émotion tristesse dans différentes cultures. D'une part certaines cultures ignoreraient cette émotion, en particulier le tahitien; d'autre part l'appariement du mot triste (en anglais «*sad*») avec des mots voisins comme «*twatjilpa*» dans une autre langue : celle des aborigènes d'Australie (les Pintupi), n'est pas exact. Le terme le plus voisin de cette langue désigne en réalité une tristesse tout à fait particulière : celle qui est liée au mal du pays («*homesick*»). Loin d'être générique, cette notion est circonstancielle. Ceci illustre le point selon lequel nous ne pourrions décrire les émotions qu'à partir de certains scénarios qui leur sont attachés et que ces scénarios peuvent varier en fonction des cultures.

Les émotions de base ne sont en fait basiques qu'à l'intérieur d'un seul et même lexique; il s'agirait «*d'artefacts*» de la langue anglaise et de ce fait, ils seraient bien loin d'avoir le statut «d'universaux» ou de «primitives sémantiques».

Des taxonomies aux théories des émotions

Les catégories d'émotions correspondent-elles à la structure de langage ou à la structure des observations d'autrui?

On pourrait penser que les règles de réécriture proposées par Wierzbicka, pour réfuter le caractère universel des émotions de base, sont fondées sur le langage et exclusivement sur une théorie sémantique. En fait, il y a bien davantage. En effet, pour Wierzbicka, les émotions ne peuvent être définies autrement qu'en référence à une situation, un contexte dans lequel figurent au moins deux protagonistes. On verra que les arguments pour étayer ou plutôt éclairer ce point de vue ne sont plus d'ordre strictement linguistique, ni d'ordre strictement sémantique, mais qu'ils s'appuient sur l'écriture, la littérature et les récits et rejoignent certains points de vue de la philosophie des émotions (De Sousa, 1980).

La structure du langage des émotions serait par essence de nature comparative, «... les émotions ne peuvent être définies autrement qu'en référence à une situation standard : X éprouve Z = X se sent comme quelqu'un qui fait quelque chose quand...» (Wierzbicka (1992), p. 292). La représentation sémantique des émotions est fournie par l'observation du comportement d'autrui dans son contexte culturel. Si l'on adopte un tel point de vue, il n'est pas surprenant d'observer d'importantes variations inter-culturelles.

Ces critiques, adressées par Wierzbicka, n'entament pas la thèse d'Oatley et Johnson-Laird, dans la mesure où ces derniers font intervenir justement des représentations de situations pour expliquer les émotions complexes.

Mais l'analyse de telles représentations ne semble pas pouvoir être maîtrisée à partir des seules unités lexicales; elle réclame, comme on le verra plus loin, des unités langagières plus complexes que les mots comme par exemple les expressions verbales, métaphores et proverbes, et l'analyse de la structure de récits.

Au-delà des unités lexicales et sémantiques : la taxonomie des récits d'expériences émotionnelles

Bien que nous parlions d'une émotion comme d'une chose, nous sommes capables de la décrire par une série d'événements qui se déroulent dans le temps et qui suivent une certaine chronologie. Ainsi, savoir ce qu'est une émotion, c'est avoir une idée de la séquence d'action qui lui correspond, des conditions antécédentes et conséquentes. De façon plus générale, nous pouvons associer à des catégories ou sous-catégories d'émotions un ensemble de représentations. Ces représentations s'organisent-elles d'une façon cohérente à l'intérieur de chaque catégorie? Quelles sont les ressemblances et les différences que l'on peut extraire de telles représentations. De quelle façon pouvons-nous catégoriser la structure de ces représentations de récits d'expériences émotionnelles?

Pour Shaver *et al.* (1987), les procédures de catégorisation ne s'appliquent pas seulement à l'analyse du lexique, mais elles peuvent aussi être appliquées à des représentations plus complexes : les récits d'expériences émotionnelles. S'il existe des catégories et des sous-catégories d'émotion, on doit pouvoir en fournir une description à partir de tels comptes-rendus verbaux.

Cependant, la méthode d'extraction de ces prototypes ne peut se satisfaire des procédures expérimentales utilisées pour les unités lexicales, elle doit être associée à des méthodes d'analyse typologique qui extrairont et prendront en compte une pluralité de critères descriptifs pour les combiner selon des règles imposées par le modèle mathématique choisi.

C'est dans ces conditions expérimentales, qu'ont été recueillis auprès d'étudiants en psychologie des échantillons d'expériences émotionnelles correspondant à ce qu'ils considèrent comme les catégories suivantes : la peur, la tristesse, la colère, la joie et l'amour. Des analyses voisines étaient déjà disponibles pour la colère (Averill, 1982).

De façon à obtenir des comptes-rendus structurés, Shaver *et al.* (*op. cit.*) ont interrogé cent vingt étudiants en les invitant à rapporter par écrit des expériences émotionnelles vécues, en leur demandant de préciser non seulement la cause de l'émotion mais aussi les pensées, les impressions subjectives, les expressions verbales, les signes physiques, leur durée et les actes consécutifs à de telles expériences. Les sujets devaient non seulement rapporter une expérience personnelle de chaque émotion, mais ils devaient en plus donner un compte-rendu de ce qu'ils considéraient comme une expérience typique de chacune d'entre-elles. Pour chaque émotion, un imposant *corpus* de descriptions (120 x 2) a ainsi été obtenu, la moitié correspondant aux expériences réellement vécues, l'autre moitié aux expériences typiques.

Un système de codage de ces récits a été mis en place et des juges ont évalué indépendamment ces récits sur la base d'un certain nombre de critères prédéfinis parmi lesquels figuraient les conditions antécédentes, les sentiments éprouvés, les réactions physiologiques et les comportements. L'accord inter-juges étant satisfaisant, ils ont retenu les caractères «distinctifs» (i.e. apparaissant au moins dans 20 % des récits). L'évaluation systématique de ces caractères sur des échelles d'évaluation en cinq points a permis d'obtenir pour chaque émotion de base une représentation «typique». Les mesures de similarité entre ces récits, ont été obtenues à l'aide de la méthode des comparaisons par paires. Les matrices de similarité ont été traitées par des programmes de classification hiérarchique. Le terme de prototype ne correspond pas ici exactement aux produits des procédures expérimentales précédemment évoquées, mais à un «type» spécifié à partir d'un formalisme mathématique et d'un modèle particulier : l'analyse en cluster. A noter que les prototypes d'une même catégorie d'émotion diffèrent dans l'esprit du sujet selon que le récit porte sur une expérience réellement vécue par le sujet ou présumée telle, et une expérience «idéale» ou imaginée. Cela signifierait que les éléments déterminants des prototypes personnels ne sont pas exactement les mêmes que ceux qui déterminent la structure de représentations plus abstraites, celles-ci réclamant un plus petit nombre de critères pour construire la représentation prototypique.

Des implications intéressantes peuvent être dérivées de cette gigantesque étude. Les descriptions empiriques des émotions possèdent une structure interne. Elles ne s'organisent pas comme des entités indépendantes les unes des autres, mais partagent des propriétés communes. Elles possèdent un «air de famille». Certaines émotions sont plus proches que d'autres sur certains critères, mais plus éloignées sur d'autres critères de représentation.

Ainsi par exemple la peur est plus proche de la tristesse que de la colère. Ce qui rapproche la peur de la tristesse ce sont certaines conditions antécédentes, ce qui les distingue ce sont les états émotionnels qui leur sont associés en dehors bien sûr de l'émotion de base qu'ils représentent.

Tableau 1 – Les prototypes de la peur et de la tristesse
Un abrégé (d'après Shaver *et al.*, 1987).

Peur	*Tristesse*
Peur du rejet social, éventualité de perte ou d'échec, perte du contrôle et de la compétence.	Issue indésirable, avoir ce que l'on n'a pas voulu, surprise négative, perte d'un ami, séparation, rejet, exclusion, désapprobation, ne pas avoir ce que l'on a voulu. Réalité différente des espérances, etc.
Peur du danger ou de la mort.	Perte de pouvoir, abandon, déréliction.
Se trouver dans une situation nouvelle, non familière, être seul, être dans l'obscurité.	Empathie à propos de quelqu'un qui est triste, blessé, etc.

Note : Ce tableau fournit un extrait du recouvrement entre la peur et la tristesse. Chaque case correspond à des groupements de variables qui sont définies par des coefficients d'association. A l'intérieur de chaque case, les variables sont ordonnées de façon hiérarchique en fonction de la valeur numérique de ces coéfficients. On n'a figuré ici que le «cluster» correspondant aux conditions antécédentes. Les autres «clusters», construits sur le même principe, se rapportent notamment : aux impressions corporelles, aux réactions psychophysiologiques, aux conséquences et aux comportements manifestes. Le voisinage entre ces deux émotions est particulièrement marqué dans la première case qui correspond justement aux propriétés les plus représentatives du «cluster» conditions antécédentes, causes ou raisons de ces deux émotions.

Ainsi, les conditions antécédentes de la tristesse comme celles de la peur contiennent des situations de perte. Tandis que dans le cas de la peur, ce type de situation est redouté mais non réalisé, dans le cas de la tristesse, ce type de situation est redouté parce qu'il s'est «effectivement» produit. L'émotion tristesse serait donc une conséquence d'un type d'événement connu, la peur serait liée à des événement attendus. Ainsi, la peur et la tristesse seraient des états émotionnels engendrés par des situations voisines (et non semblables) mais qui différeraient suffisamment pour engendrer des réponses hautement dissemblables sur le plan comportemental puisque dans le premier cas, il y a augmentation de l'activité, dans l'autre diminution.

Ce type d'analyse nous apprend comment des conditions antécédentes assez voisines peuvent générer des comportements distincts.

L'analyse empirique des conditions antécédentes des quatre émotions de « base » étudiées par Shaver *et al.* rejoint, comme on le verra dans la dernière partie de ce livre, les idées développées dans les modèles représentationnels des émotions.

Extension de la théorie des prototypes à la taxonomie des troubles dépressifs

De la même façon que les émotions normales peuvent être catégorisées en termes de typicalité, l'organisation des états affectifs pathologiques répond-elle à de telles règles d'agencement ? Les symptômes décrits dans la catégorie nosologique : « Troubles affectifs » correspondent-ils à des combinaisons d'émotions ou bien à une émotion de base ?

Dans une série d'études, Horowitz *et al.* (1981) ont demandé à des experts en psychiatrie d'énoncer les propriétés caractéristiques de malades correspondant à trois entités psychiatriques dont la dépression. Les experts devaient indiquer de façon aussi précise que possible les sentiments, les pensées et les comportements caractérisant un adolescent déprimé.

Les observations ont été intégralement retranscrites et les descriptions ainsi recueillies ont été à leur tour évaluées par des juges, eux-aussi spécialistes en psychiatrie. Ce matériel composé d'un nombre limité d'éléments descriptifs a été utilisé dans des jugements de similarité. Les juges devaient indiquer quels étaient les éléments qui allaient ensemble. Les résultats présentées sous la forme d'une matrice de similarité ont été traités par des méthodes d'analyse en cluster. On a pu observer que le prototype de la dépression contenait plusieurs émotions de base, en particulier la tristesse et la colère. La plupart des termes utilisés pour construire ce prototype, comme par exemple, rejeté, non aimé, peu confiant, sentiment d'inadéquation, d'abandon, renvoient à des mots-émotion pourvus d'un caractère propositionnel dans le sens que lui a donné Johnson-Laird. On notera que dans les différentes versions du *Manuel diagnosti-*

que et statistique de classification psychiatrique (DSM-III, DSM-IV), les critères retenus pour classer et distinguer les différentes variétés de troubles affectifs contiennent des émotions complexes, c'est-à-dire des émotions constituées par des représentations.

NOTE

[1] Ces termes ne sont que des traductions approximatives de l'anglais.

Deuxième chapitre
Expliquer l'expérience des émotions

> « *Il faut une grande tolérance à la frustration et peut-être une tendance à l'autodestruction pour s'engager dans l'étude des états expérientiels. Je partage avec commisération la douleur de ceux qui travaillent dans ce domaine... et je suggère aussi que les enseignants et les chercheurs non titulaires n'entreprennent pas de recherches dans cette direction.* »
> (Wiener (1980), p. 112)

On peut raisonnablement affirmer que l'œuvre de James (1884) est à l'étude de l'expérience émotionnelle, ce que l'œuvre de Darwin (1872) est à celle de l'expression des émotions. Pour reprendre une distinction commode (Zajonc et Markus, 1984), l'héritage de Darwin se marque dans les développements contemporains des théories « somatiques » et des travaux sur l'expression faciale des émotions (Ekman et Freisen, 1975 ; Izard, 1977) ; celui de James est à rechercher dans les théories « cognitives » des émotions et l'analyse des représentations mentales qui y sont associées. Bien que la distinction entre expression et expérience soulève des questions épistémologiques importantes (Lang, 1978), il y a de bonnes raisons de la retenir. L'une des raisons majeures tient au fait que l'expression et l'expérience ne sont pas toujours strictement superposables. L'existence de discordances, intentionnelles ou non, constitue un argument de poids dans la légitimité de cette distinction (Bonis, 1986).

ACTUALISATION DE LA THÉORIE DE WILLIAM JAMES

L'expérience de l'émotion se construit sur la perception de changements corporels

On sait que la théorie des émotions de W. James s'est développée en réaction vis-à-vis des approches descriptives et des taxonomies. Ces approches descriptives étaient considérées par lui comme l'une des parties « les plus ennuyeuses de la psychologie ». En abordant la question de la « cause » des émotions, et en traitant des causes spécifiquement psychologiques, James a fait entrer les conduites émotionnelles dans le cadre d'une psychologie scientifique, les extrayant ainsi de l'emprise d'une psychologie subjective. Comme le rappellent Laird et Breisler (1990) « ... pendant longtemps nombre de psychologues ont pensé [que cette théorie] était l'exemple même des erreurs que les pionniers de la psychologie avaient pu faire » (p. 637). D'autres auteurs, comme Fraisse (1980), la considèrent à l'origine du développement des recherches psychophysiologiques. La postérité montre combien ces points de vue sont inexacts. La masse considérable de travaux qui ont été engendrés par l'idée générale selon laquelle les attitudes, les comportements perceptifs, évaluatifs, interprétatifs et aussi les actes instrumentaux pouvaient être à la source des expériences, l'atteste. Sa conception de la perception comme « acte de connaissance à propos d'un fait » (James, 1890, vol. 2, p. 2) rejoint, comme on le verra plus loin, les formulations cognitivistes les plus modernes des émotions avec l'idée que des événements internes ponctuent le déroulement de la vie mentale.

Cela ne signifie pas évidemment que l'on puisse aujourd'hui accepter dans son entier cette conception. D'une part on ne peut ignorer les objections formulées dans le premier quart du XXe siècle (Cannon, 1927) ; d'autre part, il faut prendre en compte les découvertes neurophysiologiques de la moitié du XXe siècle, en particulier la théorie de l'activation (Lindlsey, 1951).

La théorie de James peut être résumée en une seule phrase : « le sentiment des changements corporels immédiatement consécutifs à la perception d'un fait excitant est constitutif de l'émotion » et en une seule formule : « je pleure, donc je suis ému » et non : « je suis ému et je pleure ». Cette théorie offrait, au moment où elle a été énoncée, un point de vue radicalement nouveau. La thèse de James s'opposait aux théories de sens commun qui voyaient dans la perception d'un fait la cause du sentiment subjectif et le sentiment subjectif comme source des changements corporels. La théorie de James va immédiatement susciter des réactions Dumas (1906). Cannon (1927) et Bard (1934) vont suggérer une autre séquence : la perception comme déclencheur d'une activation centrale (localisée dans l'hypothalamus), l'activation centrale déclenchant en retour des modifications corporelles associées à des impressions émotionnelles subjectives. Elle est voisine de celle de Lange (1885) qui lui est contemporaine ; les deux versions ne diffèrent que dans l'importance privilégiée accordée par le premier au système moteur, par le second au système neurovégétatif et vasomoteur.

Cette conception révolutionnaire à l'époque propose d'expliquer la formation de l'expérience émotionnelle par des causes psychologiques ; on l'a qualifiée de mentaliste, elle se veut en fait non matérialiste. Ce sont bien des phénomènes psychologiques : la sensation ou la perception de changements corporels et non l'action directe de structures centrales qui déterminent l'impression subjective de l'émotion. Elle n'est pas pour autant non réductionniste. En effet, James postule l'existence d'une «cause unique» de l'émotion. Elle se donne comme scientifique puisqu'elle cherche à s'appuyer sur des «preuves». Son pouvoir heuristique est tel qu'elle va susciter pendant presque un siècle une série d'interrogations sur le caractère nécessaire ou suffisant de la perception des modifications internes, sur la nature consciente ou non de cette forme de perception. Sa validité repose sur un postulat qui n'est pas explicité : l'existence de modifications corporelles distinctes en fonction d'émotions distinctes. Si la peur, la colère ou la joie sont des conséquences directes de la perception de changements corporels, ces changements corporels doivent différer d'une émotion à l'autre, sinon il n'y aurait aucune possibilité de distinguer l'expérience de la colère de celle de la joie. Ce point va faire l'objet d'une série de controverses entre ceux qui, se positionnant par rapport à Darwin, soutiendront le caractère inné des expressions et l'existence de configurations fixes d'unités comportementales et ceux qui défendront une conception plus dialectique des rapports entre expression et expérience.

Une théorie réfutable ?

La suppression des informations périphériques s'accompagne-t-elle d'une suppression de l'émotion ?

Déjà Dumas, s'interrogeait : «Comment prouver qu'elle est fausse ?» Près de cinquante ans après, le neurophysiologiste Lindlsey (1951) affirmait que les émotions étant du domaine privé, la thèse de l'action périphérique était une «idée philosophique» et que par conséquent, elle n'était pas «testable». Ce n'était pas l'opinion de James au moment où il proposait sa théorie.

Les arguments apportés par l'observation de cas neurologiques et psychiatriques

Ces preuves sont tirées de l'observation de cas neurologiques et psychiatriques. «Nous obtiendrons une preuve positive de la théorie si nous pouvions trouver un sujet absolument anesthésié, intérieurement et extérieurement, mais non pas paralytique, de telle sorte que les objets capables de provoquer l'émotion puissent susciter de sa part les expériences ordinaires et qui, interrogé, affirmerait qu'il n'a ressenti aucune affection émotionnelle subjective» (p. 20). Au moment où James propose ce test, les observations systématiques de tel cas neurologiques sont extrêmement rares. James n'en signale que trois. Parmi ces trois, l'un d'entre eux au moins éprouverait des émotions, c'est la malade de Strumpel qui aurait manifesté de la surprise, de la peur et de la colère. Quant aux cas psychiatriques, il ne peut s'appuyer que sur les symptômes d'anesthésie présentés par les hystériques, cas décrits par Janet dans *l'Automatisme Psychologique* (p. 214-215). L'une de ses malades, en particulier, déclarait après qu'on l'eût piquée «mon sang coule... je dois souffrir beaucoup», tout en n'éprouvant aucune émotion réelle. Ce symptôme est désigné depuis «indifférence affective de l'hystérique». Il correspond à «cet état de neutralité affective dans lequel le sujet n'éprouve plus aucun sentiment au contact du monde extérieur et ne manifeste plus aucune réaction émotionnelle» (Pringuey *in* : Porot (1984), p. 346). James l'intègre à l'administration de la preuve que l'anesthésie entraîne la perte de l'expérience de l'émotion.

Depuis les observations parcellaires évoquées par James, deux observations systématiques ont été apportées. Il s'agit de l'étude de Dana (1921) sur l'observation longitudinale d'une malade quadriplégique ayant une lésion au niveau de la quatrième vertèbre cervicale. Les seuls muscles qu'elle pouvait contrôler étaient limités au niveau du crâne, de la partie cervicale haute; le système vagal et le système parasympathique fonctionnaient, mais pas le système sympathique. Dana, qui a observé cette malade pendant plus d'un an, a remarqué qu'elle manifestait du chagrin, de la joie, du déplaisir et de l'affection. Plus récemment, les observations recueillies à l'aide d'une interview semi-structurée par Hohman (1966) sur des malades paraplégiques porteurs de lésions situées à différents niveaux de la moelle épinière font en revanche apparaître une diminution des expériences émotionnelles d'autant plus prononcée que la lésion se situe anatomiquement à un niveau plus élevé. Cette diminution se marque sur des émotions comme la colère, la peur ou l'éveil sexuel. Une étude de Jasnos et Hakmiller (1975) sur l'influence de telles lésions sur l'éveil sexuel suscité par la présentation de diapositives érotiques, confirme que la localisation de la lésion joue un rôle : les paraplégiques avec lésion au niveau cervical semblent indifférents tandis que ceux dont la lésion est plus basse réagissent davantage à la présentation de photos de nus que de photos neutres. La persistance d'expériences émotionnelles rapportées en dépit de l'existence de lésions médullaires affectant les commandes de l'activité musculaire a été signalée d'ailleurs par Chwalisz *et al.* (1988). Hohman notait déjà que des manifestations émotionnelles continuaient d'être observées même s'il était difficile d'affirmer qu'elles étaient effectivement éprouvées. Près de 25 ans plus tard, la réplique de l'étude de Hohman (1966) par Bermond *et al.* (1991) dans des conditions soigneusement contrôlées aboutit à des résultats assez différents. Ces auteurs montrent qu'en fait, les malades porteurs de lésions médullaires présenteraient non pas une diminution mais une augmentation de l'éveil émotionnel : «leur excitabilité émotionnelle serait accrue et non amoindrie du fait de leur handicap, au moins pour des émotions comme la peur ou la colère». Si les faits observés dans cette étude qui satisfait à des exigences méthodologiques sévères sont en contradiction avec les observations initiales d'Hohman, il n'est cependant pas possible d'en déduire que la perception des réponses périphériques ne joue pas le rôle qui lui a été attribué. La situation va se révéler bien plus complexe, car on va découvrir qu'en dépit de certaines lésions, il peut encore exister dans certains cas des perceptions. En effet, les auteurs soulignent que les patients qu'ils ont observés rapportaient des impressions subjectives dans des parties de leur corps où les lésions qu'ils présentaient, auraient dû les priver de toute sensation. Pour expliquer la présence de sensations et perceptions en dépit des lésions, ils rapprochent ces phénomènes paradoxaux de la notion du symptôme de «membre fantôme» ou «illusion des amputés». Selon cette pathologie du schéma corporel «... certains amputés croient percevoir encore la présence et les mouvements de leur membre absent...» Les conditions nécessaires et suffisantes de ce phénomène sont d'une part, l'intégrité du cortex pariétal, d'autre part, la suppression de toute afférence sensitive provenant d'un membre : dès lors que la portion correspondante de l'image du corps n'est plus modelée et dirigée par ses constituants habituels, elle se reforme néanmoins, mais à l'aide de souvenirs, d'habitudes, d'intuitions inconsciemment ajustées à l'ensemble de la situation» (Porot et Sutter (1984), 6e édition). De la même façon, on peut imaginer que la présence de lésions médullaires ne supprime pas entièrement toute sensation subjective, juste ou erronée.

On peut souligner que les observations recueillies, à l'initiative même de James, n'infirment pas de façon radicale sa thèse. L'administration de la «preuve» par la lésion se révèle en réalité beaucoup plus complexe qu'il n'y paraissait. Cette question n'est d'ailleurs pas particulière au domaine de l'émotion, elle constitue l'une des difficultés principales de l'explication des phénomènes psychologiques par la méthode neurologique. Les connaissances acquises sur l'influence de lésions médullaires sur les perceptions sensorielles, la reconnaissance de phénomènes de suppléance et de rétroactions nous permettent de considérer aujourd'hui que ce test de la validité de la théorie est limité. C'est pourquoi on ne peut considérer que ces résultats ambigus invalident la théorie. Ils seraient davantage propres à y apporter des amendements. En effet, ce qui ressort des différentes études sur la suppression des informations perceptives est que celle-ci n'entraîne pas de façon systématique la suppression de l'émotion ressentie. James concevait le facteur «perception» comme une cause unique et une condition nécessaire, régie par un principe de contiguïté. Les cas neurologiques étudiés offrent la possibilité de mesurer le rôle de la perception des réponses neurovégétatives, ils ne permettent pas d'apprécier celui des modifications motrices, en particulier de la motricité faciale. L'idée que la formation d'une émotion puisse emprunter un parcours différent, substitutif en quelque sorte, lorsque les voies «normales» de son expression sont affectées est tout à fait plausible. La séquence «perception-réaction corporelle-sentiment subjectif» peut être alors remplacée par une autre séquence. Dans cette éventualité, les facteurs perceptifs pourraient être conçus comme suffisants mais pas nécessaires; le principe de simple contiguïté pourrait subir des aménagements, il serait possible d'envisager des mécanismes cognitifs, des transformations cognitives qui prendraient place dans la séquence. Les héritages directs ou indirects de la thèse Jamesenienne vont justement consister à introduire dans la séquence primitive un certain nombre d'éléments.

Les arguments apportés par l'étude des effets des bêtabloquants

On pourrait penser que l'un des moyens les plus convaincants pour apprécier l'importance des modifications corporelles, consiste à évaluer l'influence émotionnelle de la suppression par des agents pharmacologiques de ces modifications. Avec la découverte des bêtabloquants, substances qui réduisent les réactions périphériques, la théorie de James allait recevoir une nouvelle tentative de vérification expérimentale (Tyrer, 1976). On verra que ce test de validité n'est pas plus décisif que le précédent.

On sait qu'il existe deux types de récepteurs bêta 1 et bêta 2. Les bêta 1 interviennent surtout dans l'activité cardio-vasculaire. A condition que l'on puisse montrer que ce type de bêtabloquant exerce une action directe sur les réponses périphériques (c'est à dire non médiatisée par une commande centrale, ce qui est loin d'être admis), cette hypothèse périphérique pourrait être étayée. Dans une série de travaux, Lader et Tyrer (1972) se proposent d'offrir une nouvelle tentative de validation de la théorie de James. Utilisant un plan expérimental longitudinal, ils mesurent un ensemble de réponses psychophysiologiques caractéristiques des émotions (anxiété généralisée) sur des sujets normaux auxquels on a administré soit un bêtabloquant (propanolol ou solatol selon les cas), soit un placebo. Ils recueillent parallèlement, sur des échelles d'adjectifs, les impressions subjectives de ces sujets. Les résultats se révèlent ambigus. Certains indicateurs, comme le rythme cardiaque, diminuent, mais d'autres, comme la conductance palmaire et le tremblement des doigts, ne sont pas affectés par le produit actif. Du point de vue subjectif, les bêtabloquants semblent entraîner une plus grande somnolence et une plus grande confusion, plutôt qu'une réelle diminution des réactions émotionnelles. Dans les situations expérimentales utilisées, les sujets soumis au produit apparaissent quelquefois plus perturbés (comme le montrent leurs évaluations sur la sous-échelle d'adjectif : troublé-tranquille), que ceux qui ont reçu le placebo. Dans une autre étude comparative placebo-solatol, seuls les observateurs entraînés (des psychiatres) sont capables de faire la différence entre les manifestations des deux groupes. Les sujets eux-mêmes n'en sont pas capables. Ils ne se déclarent pas moins anxieux lorsqu'ils ont absorbé le produit actif, qui modifie cependant l'importance de leurs réactions périphériques, que ceux qui ont reçu le placebo. Ainsi, la suppression des réactions périphériques n'induit pas les effets prédits par la théorie périphérique. Il existe cependant des exceptions. Dans des situations naturelles, comme le montrent les études sur les musiciens instrumentistes (James *et al.*, 1973) ou sur des orateurs (Taggart et Carruther, 1972), l'administration de bêtabloquants réduit effectivement le « trac » et améliore la performance.

Le fait que les bêtabloquants sont supposés agir non seulement au niveau périphérique, mais aussi au niveau central, puisque certains tout au moins passeraient la barrière centrale, rend ces tentatives de validation ou d'invalidation de la théorie périphérique de James par la pharmacologie bien hasardeuses. Les biais d'interprétation de la situation expérimentale en fonction des attentes du sujet et des explications qu'il peut donner a posteriori ne sont pas à exclure. Ils ont été d'ailleurs largement étudiés, comme on le verra plus loin, dans le contexte des théories de l'attribution (Nisbett et Schachter, 1966) et dans l'analyse de l'effet placebo (Rickels *et al.*, 1966).

Importance de la perception et importance des facteurs périphériques : une hypothèse réfutée ?

Certains auteurs classiques ou contemporains, postulant «qu'il n'y a rien de plus biologique que l'émotion» (Delay, 1946; Lang, 1978) considèrent que la thèse périphérique de James n'est plus acceptable dans sa formulation paradoxale et que finalement la conception adverse, thèse centrale soutenue par Cannon (1927) selon laquelle l'expérience émotionnelle est engendrée, non pas par des phénomènes périphériques comme la perception des modifications corporelles, mais par l'activation de systèmes centraux spécifiques, qu'il s'agisse des structures thalamiques et hypothalamiques, d'un circuit plus complexe comportant le cortex cingulaire (Papez, 1937) ou le système limbique (Mac Lean, 1970) rend mieux compte des émotions.

On sait que les objections de Cannon se ramenaient à cinq principales, qui sont : 1) la séparation des viscères et du système nerveux central n'altère pas le comportement émotionnel, 2) les mêmes changements viscéraux apparaissent aussi bien dans des états émotionnels ou non émotionnels, 3) les viscères sont des structures dépourvues de sensibilité, 4) les changements viscéraux sont trop lents pour être source d'émotions, et l'induction artificielle de changements viscéraux typiques de fortes émotions n'entraînent pas nécessairement la production d'une émotion mais seulement un simulacre d'émotion (notion de *«sham-rage»* introduite par Marañon (1924). Presque tous ces arguments remettent davantage en question la version «Lange» que la version «James» de la théorie James-Lange puisqu'en effet, les cinq objections portent sur des phénomènes vasomoteurs et non strictement moteurs.

Les controverses suscitées en psychophysiologie par la théorie de James, font quelquefois oublier la nouveauté, le caractère prophétique des idées de James selon lesquelles des «objets mentaux», comme les perceptions, pouvaient avoir des conséquences biologiques directes. Les comportements émotionnels devaient être étudiés non pas comme des événements ponctuels, mais comme les résultats de processus se déroulant dans le temps, impliquant une succession et comportant une séquence. En introduisant la question de la séquence en décrivant l'émotion dans le «courant de la conscience», James ouvrait la voie à des interrogations sur les rapports entre émotion, cognition et conscience. Le pouvoir heuristique de cette théorie peut se mesurer au regard de sa descendance directe ou indirecte. On examinera selon un ordre logique et chronologique les aménagements réalisés dans les théories de l'expérience émotionnelle qui se réclament de façon plus ou moins directe de

James : les théories de l'auto-perception (« *self-perception* »), celles de l'étiquetage (« *labelling* »), de l'appréciation subjective (*appraisal*) des composants cognitifs, celles de l'interruption et enfin les théories de l'attribution.

L'HÉRITAGE DE JAMES : LA DIVERSITÉ D'UNE DESCENDANCE

Les héritages directs

Laird et la théorie de l'auto-perception (self-perception)

Le rôle de l'expression volontaire ou involontaire de changements corporels : les mimiques entraînent-t-elles des changements dans l'intensité ou la nature des émotions éprouvées ?

La théorie de l'auto-perception (« *self-perception* ») se propose de rendre compte elle aussi de l'expérience émotionnelle. Dans la ligne directe de James, Laird postule que cette expérience se construit sur la base de « certaines connaissances » qui sont acquises au moyen d'activités perceptives. La perception dont il est question ici porte sur des « objets » particuliers qui sont : a) l'expression volontaire ou non des mimiques et de la motricité faciale, b) la réalisation d'actes moteurs, unités plus intégrées dans la communication interpersonnelle, comme par exemple le fait de simuler des actions ou de regarder un partenaire comme si on en était amoureux, et leur incidence sur les sentiments effectivement rapportés sur ce partenaire. Ainsi l'expérience émotionnelle se fonderait sur l'existence de patrons distincts d'actions, principalement ceux qui mettent en jeu des attitudes de préparation des actes moteurs. Le concept d'auto-perception est emprunté à la psychologie sociale expérimentale, celle de Bem (1972) selon lequel nos comportements ne peuvent pas être entièrement expliqués par l'observation de certains comportements manifestes des autres, mais sont influencés aussi par notre activité propre. Nous ne connaissons pas toujours les causes de nos comportements, ceux-ci sont sous-tendus par des perceptions qui ne sont pas toujours accessibles à la conscience; ces comportements peuvent néanmoins avoir une incidence directe sur ce que nous ressentons, et ceci, parfois même à notre insu. Le concept de préparation à l'action (« *action readiness* ») sera par ailleurs largement exploré par Frijda (1986).

Les effets de la perception sur l'expérience sont-ils médiatisés par la prise de conscience de modifications corporelles ? La métaphore de la perception de la profondeur

On peut établir une analogie entre la construction de l'expérience émotionnelle dans le domaine privé et la construction de l'expérience de la profondeur dans le domaine physique. Les verbalisations que les sujets fournissent dans les expériences de psychophysique auxquelles ils sont soumis lorsqu'on tente d'évaluer leur acuité dans la perception de la profondeur ne traduisent pas tous les aspects de l'expérience de la profondeur. « Quand on montre à des sujets un cube de Necker et qu'ils disent voir un volume à trois dimensions, nous comprenons qu'il y a une différence entre ce qu'ils voient et ce qu'ils disent. En tant que psychologues nous nous intéressons à ce qu'ils voient et nous utilisons leurs descriptions comme un indicateur de la perception. En même temps, nous savons qu'il y a plus dans l'expérience de « cubitude » que dans ce qui a été décrit par les sujets. De la même façon, quand des sujets disent qu'ils se sentent heureux ou malheureux, ils décrivent des expériences qui possèdent plusieurs attributs et plusieurs dimensions » (Laird et Bresler (1990), p. 215). Il faut concevoir l'auto-perception comme une phénomène constitutif fondé sur une relation de la partie au tout et non sur une relation de causalité.

En accord avec la théorie de James, trois types d'expériences perceptives peuvent intervenir dans la formation d'une émotion. Il s'agit d'une part des comportements expressifs et de la motricité faciale, les modifications engendrées par le système autonome et enfin, la perception d'actes moteurs ou de comportements verbaux. La preuve que les changements corporels sont suffisants pour induire une expérience émotionnelle est apportée par une série d'études montrant qu'il suffirait d'adopter une expression faciale émotionnelle pour faire naître chez soi-même l'émotion correspondante. Ainsi froncer les sourcils entraîne généralement des impressions subjectives de colère tandis qu'écarter les coins de ses lèvres conduit à « éprouver » des sentiments de joie. Aux objections qui peuvent être avancées, comme par exemple le facteur suggestibilité engendré par la consigne et la situation de laboratoire, s'ajoute l'effet de l'expérimentateur, Laird et ses collaborateurs ont répondu de façon expérimentale. Ainsi, plutôt que d'inciter le sujet à sourire pour observer ensuite les effets directs de ce changement de la motricité faciale sur l'émotion joie, les expérimentateurs ont utilisé plusieurs subterfuges, comme le fait de tenir un crayon entre ses dents, ce qui simule d'un point de vue expressif un sourire et ceci à l'insu du sujet. Dans ce cas le sujet ne sait pas qu'il adopte une expression motrice identique à celle d'un sourire. De la même façon, on observe que le simple fait d'essayer de prononcer le phonème allemand «u», qui entraîne une moue comparable à celle du dégoût, fait que les sujets déclarent davantage d'impressions déplaisantes que s'ils prononcent d'autres phonèmes.

Mimiques, expression faciale des émotions et mémorisation

L'influence directe de la mimique faciale ne se limite pas à ces rapports subjectifs dont on a largement suspecté l'authenticité (Nisbett et Wilson, 1977). Dans une importante série de recherches Laird *et al.* (1981, 1991) démontrent l'existence d'une relation étroite entre la nature de la mimique faciale adoptée et le rappel de souvenirs personnels. Dans leur démonstration, ils empruntent le modèle Bower (1981). L'idée centrale de ce modèle est qu'à chaque tonalité émotionnelle correspondrait un traitement sélectif des informations fondé sur le principe de compatibilité (ou de congruence). On a pensé que ce modèle permettrait de prédire deux effets : le phénomène de dépendance lié à l'état émotionnel et le phénomène de congruence lié à l'humeur. Selon le premier effet, on s'attend à un meilleur rappel dans le cas où c'est le même état émotionnel qui est éprouvé en phase d'apprentissage et en phase de rappel. Il est imputable à la similitude des «contextes émotionnels». Le second effet prévoit que lorsque les informations sont congruentes avec l'humeur du moment, elles sont plus facilement traitées et mémorisées (des sujets tristes mémoriseront mieux des mots à valence négative que d'autres mots). Le premier effet n'a pas reçu de confirmation expérimentale satisfaisante (Bower et Mayer, 1985 ; Teasdale et Barnard, 1993). Le second effet, celui de congruence, est en revanche plus robuste. Laird montre que cet effet de congruence est confirmé pour certaines expressions mimiques. Lorsque le sujet adopte une expression de joie ou de colère, il a tendance à évoquer des souvenirs personnels heureux ou à se souvenir de scénarios de colère dont il a été l'acteur. Cependant, le rôle de la mimique n'est pas confirmé pour d'autres émotions (Laird *et al.*, 1991) L'adoption d'une mimique émotionnelle n'a pas les effets attendus sur les souvenirs dans le cas de la tristesse, de la peur, de l'intérêt, de la surprise, ni de la honte.

On a pu observer, dans des situations expérimentales ou des états émotionnels ont été induits de façon artificielle (hypnose, présentation de films, etc., voir Bazin (1991), pour une revue), des effets pour certaines émotions mais ils ne sont pas systématiques. Plusieurs interprétations peuvent être données. Il est possible que le modèle de Bower ne s'applique pas à l'émotion «tristesse». Il a été démontré qu'il ne permettait pas de rendre compte de façon satisfaisante de l'ensemble des émotions (Teasdale et Barnard, 1993). Ces travaux mettent en cause la thèse de la rétro-action faciale, thèse selon laquelle il existerait une relation directe entre expression et expérience.

Les limites la thèse de la rétroaction faciale
Les expressions du visage ne sont pas des conditions déterminantes

Dans une expérience bien planifiée, dont l'objectif principal consistait à remettre en cause l'hypothèse d'un câblage direct entre expressions faciales des émotions et expériences émotionnelles, Tourangeau et Ellsworth (1979) précisent les limites de cette thèse. Pour montrer que ce câblage n'est ni aussi rigide, ni suffisant pour produire l'expérience, ils présentent trois courtes séquences filmiques inductrices de peur, de tristesse et des séquences neutres. Des réponses physiologiques (rythme cardiaque, activité électrodermale et respiration) sont mesurées pour confirmer l'efficacité des films. L'expression faciale des sujets soumis à ces projections est soigneusement codée par deux observateurs entraînés. Certains sujets sont invités à maintenir une expression de peur, de tristesse, d'effort ou une expression neutre. Des instructions précises sont données aux sujets pour que la mimique soit en conformité avec les critères définis dans le manuel de codage des expressions faciales (*Facial Action Coding System*, FACS, Ekman et Friesen, 1978). Parmi d'autres résultats, Tourangeau et Ellsworth trouvent que le fait d'adopter telle ou telle mimique ne détermine pas nécessairement l'émotion correspondante. La situation objective contribue dans une large mesure à l'expérience des émotions. Ainsi, les sujets qui voient un film neutre alors qu'on leur a demandé d'adopter une expression triste ou apeurée ne rapportent pas verbalement de la tristesse ou de la peur. Ils ne manifestent d'ailleurs pas non plus de réactions physiologiques correspondant à ces deux émotions, ce qui pose un autre problème, celui du lien entre expressions psycho-physiologiques et expérience des émotions. Les sujets qui adoptent une expression neutre alors qu'ils visionnent un film triste, n'en sont pas moins attristés par le film. Dans ces situations truquées, il semblerait que c'est plutôt le fait de dissimuler une expression, plutôt que d'en adopter une, qui engendrerait des états particuliers. La procédure expérimentale introduit des effets nouveaux. Ce résultat est d'ailleurs en accord avec les travaux de Chiba (1985) (voir Bonis (1988) pour une discussion plus détaillée sur ce point).

Il y a en réalité deux questions assez différentes qui sont posées dans cette étude. La première question, qui nous intéresse principalement dans ce chapitre, est : « Les mimiques sont-elles des éléments nécessaires et suffisants pour déclencher une expérience émotionnelle ? » La réponse à cette question est claire, l'expérience de l'émotion n'est pas aussi directement déterminée par la mimique que la théorie de l'auto-perception le prétend, lorsque la mimique n'est pas congruente avec la situation réelle. La seconde question porte sur les interactions entre mimiques et réactions psychophysiologiques. La réponse donnée ici est que, s'il existe bien des configurations faciales différenciées en fonction des émotions, il n'est pas possible d'objectiver des configurations aussi distinctes au niveau expressif des réponses psychophysiologiques. Ainsi, un observateur peut différencier des émotions distinctes sur la base de l'expression du visage, mais il n'est pas sûr que le sujet qui les exprime soit aussi perspicace que l'observateur averti. Un sujet peut éprouver des émotions différentes, mais le codage, correspondant en terme des modifications physiologiques n'est pas assez précis pour permettre un bon ajustement entre expression et expérience des émotions. En fait, la réponse à cette seconde question réclamerait un examen approfondi des mécanismes biologiques qui régulent l'expression de l'émotion et son éventuelle organisation hiérarchique et les lois qui régissent ces systèmes. On pourra se reporter aux travaux de Lacey et Lacey (1958), Zajonc (1985) et Bonis (1986) pour plus de détails sur cette deuxième question.

Le problème posé par ces manipulations expérimentales de la mimique montre qu'elles sont assez fugitives, elles durent le temps de l'expérience de laboratoire et les impressions subjectives rapportées s'effectuent dans des conditions très artificielles (Laird, 1984). Mais on peut rencontrer les mêmes problèmes dans des situations concrètes comme dans l'art dramatique.

On sait que ce débat entre expression et expérience continue de nourrir, depuis la parution du «*Paradoxe sur le Comédien*» de Diderot, d'importantes polémiques (Santibanez *et al.*, 1986; Gosselin *et al.*, 1995).

On trouvait déjà chez Diderot une solution à la question de savoir s'il fallait éprouver pour exprimer ou s'il suffisait d'exprimer pour communiquer. L'idée qu'il pouvait exister des variations interindividuelles importantes dans l'aptitude à exprimer sans ou avec expérience est bien illustrée par Diderot. Celui-ci opposait l'art de la «Clairon» qui consistait à n'éprouver aucune «sensibilité» au moment où elle en exprimait le plus, à celui plus imprévisible de la «Dumesnil» qui pouvait bien ou mal exprimer des émotions selon que ces émotions coïncidaient de façon plus ou moins étroite aux émotions personnelles que l'actrice pouvait éprouver le jour même de la représentation.

Ces remarques trop brèves, à propos d'un sujet qui mériterait d'être développé plus amplement, soulignent les limites de la légitimité de la distinction entre expression et expérience.

Des actes moteurs élémentaires aux actes instrumentaux.
Les effets rétroactifs de l'attitude motrice et de l'action
sur les impressions subjectives
Nos postures et nos actions déterminent-elles nos émotions ?

Le point de vue selon lequel la posture peut modifier la qualité d'une expérience émotionnelle est déjà esquissé dans les écrits de James. Delay (1948) prendra pour cible la théorie de James et la tournera en dérision en soulignant que les gestes de la ferveur ne «font qu'incliner l'automate» et que si les attitudes motrices participent à la formation de l'affect, elles sont loin d'en être les véritables causes. Quelques recherches expérimentales semblent cependant montrer que l'adoption de certaines attitudes modifie nos impressions subjectives.

Des attitudes motrices, comme le fait de se présenter aux autres de façon avantageuse, entraînent des évaluations plus positives à l'égard de soi-même (Kellerman *et al.*, 1982); le fait de se comporter avec un partenaire comme si on l'aimait, entraîne des sentiments plus positifs à l'égard de ce partenaire (Mc Allistair, 1980). Dans deux études, Kellerman *et al.* (1989), on incite des étudiants à fixer un partenaire non familier de sexe opposé pendant plus de deux minutes en leur demandant de porter leurs regards sur les mains ou sur les yeux de ce partenaire. La condition contrôle consistait à compter le nombre de clignements d'yeux de ce partenaire. On observe que les regards mutuels entre les deux partenaires ont pour effet d'augmenter les sentiments d'affection rapportés. La taille de cet effet n'est pas très importante et il est clair que de multiples facteurs interviennent dans ces phénomènes d'attraction interpersonnelle. Néanmoins, les données apportent des arguments en faveur de la thèse de l'auto-perception.

Importance des variations interindividuelles

Cet effet de l'attitude ne semble confirmé que chez les sujets qui sont sensibles aux indices qu'ils produisent eux-mêmes. Il ne peut être mis en évidence chez les sujets qui sont eux plus sensibles aux indicateurs fournis par la situation qu'aux indicateurs dont ils sont personnellement responsables.

Ces phénomènes auto-perçus présentent d'importantes variations individuelles. Les individus se distinguent en effet par l'attention qu'ils portent à des informations tirées de leur propres perceptions en comparaison avec celles qu'ils peuvent tirer d'indices extérieurs. Il n'existe pas à l'heure actuelle d'instruments d'évaluation, ni de questionnaires permettant de mesurer ces différences individuelles. Pour l'instant elles sont appréhendées à travers des situations expérimentales. Selon que les sujets se disent plus ou moins gais ou tristes, quand ils adoptent une mimique gaie ou triste, ils seront ou non considérés comme des sujets dépendants d'indices auto-perçus («*self-produced cue group*») (Laird, 1994). On ne manquera pas de noter que ces problèmes, abordés à propos de l'émotion, débouchent sur une question beaucoup plus générale celle des rapports entre représentation et action, question qui constitue un thème privilégié de la psychologie d'aujourd'hui.

Schachter et l'étiquetage de l'expérience émotionnelle

L'éveil périphérique est une condition de l'expérience émotionnelle, l'identification d'une émotion particulière repose sur des facteurs contextuels

Il ne fait pas de doute que la thèse de l'étiquetage (*labelling*) est en filiation directe de celle de James. Cette filiation a même été reconnue par l'auteur. Elle a peut-être été surestimée par ses commentateurs. Cette thèse se présente comme une approche intégratrice des événements psychophysiologiques, cognitifs et sociaux qui contribuent à l'élaboration d'une expérience émotionnelle. A la différence de James, Schachter ne postule pas implicitement que la différenciation des émotions préexiste dans l'expression corporelle. Bien au contraire, pour lui cette différenciation ne peut s'établir que sur la base de facteurs cognitifs et contextuels. Les facteurs périphériques sont exprimés en termes d'éveil («*arousal*», Malmo, 1959), conséquence de l'activation centrale. Cette thèse repose sur un paradigme expérimental complexe (Schachter et Singer, 1962) qui emprunte à la psychologie sociale et à la psychophysiologie ses procédures, avec notamment l'utilisation de compères, véritables complices de l'expérimentateur qui sont postés dans le laboratoire pour donner à l'expérimentation l'apparence de situation naturelle.

Il s'agit de montrer que l'éveil physiologique est un constituant nécessaire mais non suffisant pour déterminer la qualité de l'émotion ressentie. Pour que cet étiquetage («*labelling*») soit effectué, il est nécessaire que le sujet intègre un certain nombre d'éléments de la situation à des éléments cognitifs, mais aussi sociaux, dans la mesure où les émotions sont dans l'esprit de Schachter intimement liées à un contexte social.

Les modifications corporelles ou internes, ne sont pas porteuses de significations spécifiques, ce sont donc des conditions nécessaires mais non suffisantes pour que l'attribution d'une dénomination émotionnelle et l'attribution d'un sens se réalisent. Pour Schachter, un même état d'activation physiologique, des manifestations corporelles identiques peuvent être interprétées comme de la joie, de la fureur ou de la jalousie selon l'élaboration socio-cognitive de la situation qui sera faite. L'expérience émotionnelle repose en définitive sur l'interprétation verbale de l'éveil physiologique.

Le paradigme expérimental

Le principe de l'expérience consiste à induire artificiellement un éveil physiologique par l'injection de substances telles que l'adrénaline, l'isoprénaline, l'éphédrine ou les amphétamines. Chaque condition est généralement comparée à l'injection d'un placebo. On fait varier les informations fournies au sujet sur les effets du produit, soit en le prévenant qu'il va ou non percevoir certaines modifications physiologiques (condition d'éveil expliqué), soit en ne le prévenant pas (condition d'éveil non expliqué), soit encore en lui fournissant des indications erronées.

L'injection du produit est suivie d'une situation d'interaction sociale dans laquelle un compère, de même sexe que le sujet, adopte des attitudes gaies (condition euphorie) ou agressives (condition colère).

Ainsi pour un même éveil (il faut évidemment admettre que la même injection produit les mêmes effets, un facteur non contrôlé dans l'expérience), on évaluera à l'aide d'échelles subjectives appropriées la correspondance entre la condition imposée (euphorie ou colère) et le rapport verbal.

Il est important de souligner que les évaluations subjectives sont exprimées en termes de jugements comparatifs sur des échelles bipolaires du type « très en colère » - « peu en colère ». On tient compte du rapport entre les deux nuances émotionnelles (euphorie-colère). L'intensité de base de l'émotion rapportée reste inconnue et le lecteur qui n'ignore pas qu'une même différence en valeur relative peut correspondre à des niveaux d'intensité émotionnelle différents en valeur absolue est en droit de se demander si un tel facteur intensif ne devrait pas être pris en compte.

Plusieurs hypothèses sont formulées, toutes ne sont pas testées. Les principales sont les suivantes : si l'éveil physiologique est une condition nécessaire, les sujets qui ont reçu un placebo (ils ne devraient pas en principe présenter un éveil accru) ne seront pas influencés par le contexte induit (colère-euphorie); si les facteurs cognitifs se combinent bien de façon multiplicative avec l'état physiologique, les sujets ayant reçu le produit actif devraient être plus en colère dans la situation de colère induite et plus euphoriques dans la situation d'euphorie induite. De plus, les sujets informés de l'effet de l'injection devraient en principe rester insensibles à l'induction de colère ou d'euphorie. En effet, dans ce cas, les explications que le sujet attribuera aux modifications de son état physiologique doivent intervenir ; or ces modifications ayant des causes non émotionnelles ne devraient pas entraîner d'interprétation émotionnelle.

Les résultats de ces expériences restent assez minces. Certes, les sujets non informés des effets du produit ont tendance à s'évaluer plus en colère ou plus euphoriques, comparés à ceux qui ont été informés de l'effet du produit. Mais les sujets qui ont reçu un placebo ne demeurent pas totalement indifférents aux inductions, et, de plus, les sujets informés de l'effet du produit actif, sont néanmoins influencés dans leurs estimations subjectives, bien qu'ils sachent que leurs réactions sont en fait, les conséquences directes du produit.

Somme toute, l'artifice expérimental utilisé par Schachter et Singer révèle bien l'existence d'interactions entre modifications physiologiques et manipulations contextuelles. Ceci prouve que les liaisons entre modifications corporelles ne sont pas aussi automatiques que le prétendait James et qu'il reste une place à l'interprétation individuelle (un aspect qui est largement exploité dans les théories de l'appréciation).

Les limites de la théorie de l'étiquetage

Bien que de nombreux psychophysiologistes considèrent que cette théorie est tout à fait déroutante (Lang, 1971), voire qu'elle a eu une influence néfaste sur le développement des recherches, elle a fourni les fondements de certaines approches thérapeutiques, notamment de pratiques de réduction de stress. Cela ne signifie pas bien sûr qu'elle soit juste. La validité des résultats expérimentaux a été mise en échec sur trois points principaux : l'effet de la condition «placebo», l'existence d'un biais négatif dans le cas où le sujet ne dispose d'aucune explication et enfin la négligence du rôle de l'expérience antérieure et des facteurs de personnalité.

L'effet placebo

On a vu que les sujets affectés à la condition placebo, comparés à ceux qui avaient reçu de l'adrénaline, rapportaient cependant des expériences émotionnelles et ceci, même lorsqu'ils étaient informés de l'inefficacité du produit. On peut penser que la condition placebo n'est pas aussi neutre que les auteurs veulent bien le dire et que l'absence de mesure objective de l'éveil rend ce résultat ininterprétable. De plus il semblerait que l'injection du produit actif n'entraîne pas plus d'augmentation de l'éveil qu'un placebo.

L'effet de l'absence d'explication

Le fait que les sujets mis dans des conditions d'éveil inexpliqué (on ne leur fournit pas d'informations sur les effets de l'injection) se différencient aussi peu des «placebo» réclame une interprétation. Mashlach (1979) en a fourni une qui paraît plausible. Lorsqu'il ne parvient pas à interpréter la cause de l'augmentation de son propre éveil, le sujet éprouverait un sentiment désagréable, empreint d'incertitude et d'anxiété flottante. On voit alors qu'il n'est pas possible de relier de façon directe modifications physiologiques et expériences émotionnelles sans passer par des opérations cognitives d'interprétation et sans faire intervenir le rôle de l'expérience passée. L'erreur de Schachter aurait été de considérer que le sujet arrive vierge de toute expérience antérieure dans le laboratoire.

En manipulant grâce à l'amnésie hypnotique la condition «éveil inexpliqué» tout en reproduisant strictement le protocole de Schachter et Singer, Maslach démontre que, quelle que soit, l'attitude du compère, les sujets soumis à la condition d'éveil inexpliqué rapportent des expériences subjectives négatives faisant part de leurs sentiments subjectifs de tristesse que Maslach interprète comme un échec de la recherche d'explication qui reste infructueuse. Dans cette recherche active l'individu ferait appel à son expérience antérieure.

Un autre fait particulièrement intéressant est que si les sujets manifestent bien dans ces expériences un effort pour adopter un comportement expressif (mimique, gestes) en accord avec celui du compère euphorique ou en colère, cela ne les empêche pas de ressentir en privé des émotions qui leur sont propres. Cette discordance entre expression publique et expression privée a aussi été soulignée par Marshall et Zimbardo (1979). Les remarques de Maslach selon lesquelles les impressions négatives incitent à une recherche plus active des causes du comportement sont à rapprocher de l'évaluation critique de Reisenzein (1983). Pour ce dernier, la seule déduction valide que l'on puisse tirer des travaux de Schachter porte sur la question des attributions. Il semble vérifié que des attributions fondées sur le contexte puissent contribuer à la formation d'une expérience émotionnelle ou à l'intensification de celle-ci. Toutes les autres prédictions sont sujettes à caution. Un point de vue critique plus général a été exprimé par Gordon (1987) qui relève dans l'utilisation du terme cognition par Schachter une confusion sémantique. En croyant manipuler des facteurs cognitifs, Schachter n'aurait en fait manipulé que des comportements imitatifs entre le sujet expérimental et le compère. Si nous savons étiqueter nos émotions c'est parce que nous développons un certain nombre de raisonnements inférentiels du type : si je me sens en colère, c'est parce que je me trouve dans une situation qui fait que, en général lorsque quelqu'un d'autre que moi se trouve dans une situation comparable, il a manifesté une émotion de colère. Autrement dit, l'identification d'une émotion particulière résulte de l'observation du comportement des autres. Les informations que j'extraie de mes propres modifications corporelles permettent de désigner des états de besoin comme la faim ou la soif, elles sont insuffisantes pour désigner des états émotionnels.

En définitive, même si les critiques de Schachter ont relativisé la portée de ses expériences, elles s'accordent en général pour reconnaître un rôle important à «l'interprétation» cognitive. Schachter faisait reposer cette interprétation sur des facteurs contextuels; Lazarus va préciser la notion d'interprétation cognitive et insister sur l'importance des facteurs personnels dans l'évaluation cognitive. Dans le même temps, vont se développer des recherches montrant que l'interprétation de l'éveil physiologique peut être modulée par les besoins et les attentes, les motivations et les besoins du sujet. Parmi ces besoins figure le besoin d'explication des causes d'un comportement; cet aspect sera largement développé dans le cadre des théories de l'attribution.

Valins, la perception de l'éveil ou la perception des causes de l'éveil?

On a vu qu'il était possible d'étudier le rôle des modifications corporelles dans la formation de l'expérience émotionnelle par l'observation systématique de malades porteurs de lésions médullaires, ou encore par des manipulations pharmacologiques. Que se passe-t-il lorsque, par des subterfuges expérimentaux, on parvient à «tromper» le sujet sur l'intensité de ses réactions corporelles sur son d'éveil physiologique?

Dans une série de textes, Valins et Nisbett (1971), Nisbett et Valins (1971) rapportent les travaux expérimentaux mettant en évidence l'influence d'effets physiologiques simulés (notion de «*False-feedback*»). Ils démontrent que le caractère attrayant des stimulus, en l'occurrence des diapositives de nus, est d'autant plus grand que la projection de ces stimulus a été accompagnée d'informations fictives sur les variations du rythme cardiaque.

Une première procédure utilisée dans ces protocoles a consisté à faire croire au sujet qu'il entend son propre rythme cardiaque pendant la projection de ces stimulus. Il n'entend en réalité que des battements de cœur pré-enregistrés soit très rapides, soit très lents qui lui sont délivrés par haut-parleur (Valins, 1966). L'efficacité de ces informations truquées peut encore être observée un mois après dans des évaluations de ces mêmes diapositives, alors qu'il n'y a plus d'information falsifiée.

Dans une autre expérience, Davison et Valins (1969) étudient l'attribution d'un caractère douloureux à des chocs électriques. Dans une première partie de cette expérience, ils délivrent une série de chocs électriques en faisant varier leur intensité et demandent au sujet d'indiquer à partir de quel moment ces chocs deviennent insupportables. Dans une deuxième partie, ils font ingérer à leurs sujets une pilule présumée atténuer la sensibilité à la douleur. Il s'agit en fait d'un placebo. L'expérimentateur a délibérément diminué de moitié l'intensité réelle des chocs de façon à ce que le sujet élève naturellement son seuil de tolérance à la douleur. Le subterfuge intervient au moment où le sujet croit que l'expérience est terminée. On divise alors les sujets expérimentaux en deux groupes, le premier groupe est informé que l'expérience va être reproduite et que la drogue n'est plus efficace. On avoue aux sujets du second groupe qu'ils ont en fait reçu un placebo et non un produit actif. Dans ces conditions, le premier groupe croit qu'il a pu tolérer plus de chocs grâce à la drogue. Le second sait que ce n'est pas à cause de la drogue. Autrement dit, les deux groupes possèdent les mêmes connaissances sur leur comportement effectif : ils ont toléré dans l'expérience plus de chocs ; en revanche, ils diffèrent de façon importante sur les informations concernant les causes de leur comportement. Le premier groupe est en droit d'attribuer sa tolérance aux chocs, à la drogue (c'est-à-dire à une cause externe), le second, à lui-même (c'est-à-dire à une cause interne). La troisième partie de l'expérience peut alors avoir lieu, elle consiste comme les autres à délivrer des chocs de même intensité à ces deux groupes. On observe alors que les sujets du premier groupe, qui croient que leur tolérance étaient due à la drogue dans la phase précédente, vont tolérer moins de nouveaux chocs en vertu de leur conviction sur l'inactivité du produit. Les sujets du second groupe qui pensent avoir été capables de subir plus de chocs, en raison de leur propre tolérance (ils n'avaient qu'un placebo), vont au contraire tolérer davantage de chocs.

Cette expérience n'a pas été reproduite. Elle pourrait difficilement l'être aujourd'hui en raison des contraintes déontologiques qui seraient imposées à une expérimentation de ce genre. Elle repose sur une série de manipulations et de mensonges. Elle montre que c'est moins le comportement réel (« *overt behavior* ») qui influence l'évaluation (ici celle de la douleur) que les processus mentaux d'attribution des causes que le sujet infère de son propre comportement.

Cette hypothèse très générale qui sera largement exploitée dans le cadre des théories de l'attribution, et ceci en dehors de toute manipulation de l'éveil physiologique, a reçu d'autres vérifications qui la rendent convaincante. Valins et Ray (1967) sont ainsi parvenus à montrer que des informations truquées en sens inverse sont susceptibles de réduire considérablement l'expérience émotionnelle. On fait croire à des sujets qui ont peur des serpents, que la présentation de diapositives de serpents ne modifiait pas leur réactivité physiologique (rythme cardiaque). On leur a fait entendre un rythme cardiaque lent. Ces sujets, ont été ensuite mis en présence d'un vrai boa long de plus de 70 centimètres, on les a incité à s'en approcher. On a observé que ces sujets, pourtant phobiques, s'approchaient plus près du serpent que des sujets contrôles. Tout se passe comme si des raisonnements inférentiels du type « J'ai peut-être moins peur des serpents que je ne le croyais, puisque mon cœur ne bat pas plus vite à la vue d'un serpent », ont un effet sur l'expérience subjective de la peur et aussi sur le comportement d'évitement de l'objet phobique.

Plusieurs applications de ces hypothèses ont été faites dans le domaine de l'effet placebo et nocebo (Rickels *et al.*, 1965; Storm et Nisbett, 1970; Laird, 1994).

L'interprétation de ces résultats est rendue conjecturale dans la mesure où des « faits » ayant été fabriqués de façon artificielle en laboratoire, on tente de les exploiter pour expliquer des mécanismes naturels. Cette question n'a pas manqué de susciter des critiques épistémologiques sur l'utilisation de la méthode expérimentale en psychologie. Il n'en n'est pas moins vrai que « l'effet Valins » montre que des phénomènes mentaux inférentiels complexes peuvent être de bons candidats pour expliquer la construction de nos expériences émotionnelles. Ce point de vue mentaliste sera consacré dans les théories de l'attribution.

Les héritages indirects

Lazarus, la théorie de l'appraisal et les modalités d'évaluation de l'expérience émotionnelle

L'expérience émotionnelle se construit sur la base d'un double processus : l'évaluation de la menace et la mise en place d'appréciation des capacités d'affrontement à la situation

L'un des points les plus contesté de la théorie de James porte sur la définition du « fait excitant ». A partir de quand un fait atteint-il un degré tel qu'il puisse déclencher une réaction corporelle? La contribution de Lazarus va consister à démonter les mécanismes grâce auxquels un événement, une condition antécédente va devenir source d'émotion. Le terme *« d'appraisal »* désigne l'ensemble des mécanismes cognitifs qui vont transformer la situation en lui attribuant ou non une signification menaçante (Lazarus et Smith, 1988).

La théorie de Lazarus s'est développée en filiation directe avec le concept de «stress» (Lazarus, 1966). Introduit par Selye dès 1936 pour décrire les réponses de l'organisme face à des agents qui contribuent à détruire l'équilibre homéostatique, le stress comporte trois principaux stades qui vont de la réaction d'alarme au syndrome général d'adaptation et enfin au stade d'épuisement. Tandis que le syndrome général d'adaptation constitue une réaction normale de l'organisme, la phase d'épuisement constitue une réaction anormale et une défaite de celui-ci face aux contraintes de l'environnement. Partant de cette séquence, Larazus entend «psychologiser» la notion de stress. La réaction d'alarme sera expliquée par une variable hypothétique ou intermédiaire, la notion de menace (*threat*), inférée à travers la relation entre situation antécédente et réponse conséquente. La perception de la menace correspond à l'alerte. Elle est anticipatrice, tournée vers le futur, et elle intègre la perception, l'apprentissage, la mémoire et l'histoire individuelle. La transformation des attentes en fonction des expériences passées peut être accessible à travers des rapports verbaux introspectifs, mais ces évaluations subjectives ne sont pas toujours des reflets exacts ou suffisants pour rendre compte de l'expérience du sujet, elles sont quelquefois sujettes à caution (Ericson et Simon, 1984). C'est pourquoi Lazarus pense qu'il est nécessaire pour pouvoir objectiver la nature des transformations, opérées, de recourir à des méthodes expérimentales.

Le principe des expériences de laboratoire

Afin d'évaluer de façon précise les modifications qui interviennent entre la menace et les réactions d'adaptation ou d'accommodation qu'elle engendre, Lazarus utilise la projection de films traumatisants. L'un des films les plus utilisés est la représentation d'une cérémonie de circoncision dans une peuplade d'Afrique noire. Des montages sonores différents d'un même film vont être fabriqués. Ils visent soit à accentuer le caractère traumatisant, soit à l'atténuer. Ces procédures d'induction seront ensuite comparées à la version muette du film. Les résultats montrent que le déni ou l'intellectualisation de ces séquences documentaires, contribue à moduler les effets psychophysiologiques de la projection du film. Ces modulations sont sujettes à d'importantes variations selon les attitudes des sujets. Ainsi par exemple, lorsqu'un commentaire savant et technique accompagne le film, pour en souligner la valeur didactique, le film sera perçu moins menaçant. Cette atténuation du caractère menaçant sera d'autant plus grande que l'intellectualisation de la situation entrera en harmonie avec le style de personnalité du sujet et les invariants cognitifs qui le caractérisent. Ces expériences ont été reproduites dans différents pays et différentes cultures, au Japon notamment. Parmi les traits de personnalité qui modulent la réaction, il semble bien établi que l'anxiété et le caractère défensif (Répression-Sensibilisation), mesurés à l'aide d'échelles extraites du MMPI, jouent un rôle important dans l'exacerbation ou l'atténuation des réponses émotionnelles subjectives. Cette influence dépend largement d'un facteur de méthode. Les comptes-rendus verbaux spontanés semblent étroitement reliés à l'intensité des réponses physiologiques cardiaques et vasomotrices, mais la réponse verbale constitue un reflet intégrateur de cette réactivité (Bonis, 1974).

Les concepts : appréciation primaire et secondaire

Les processus d'accommodation sont considérés ici comme des équivalents psychologiques des processus d'adaptation de l'organisme. Comparés à ces processus, ils présentent une grande diversité.

La distinction que Lazarus établit entre *appréciation primaire et appréciation secondaire* est fondamentale. Le processus d'appréciation primaire permet de détecter ce qui est une menace et ce qui ne l'est pas. Le processus d'appréciation secondaire permet de spécifier de quelle émotion il s'agit. Lazarus rajoute l'idée que les appréciations primaires concernent l'évaluation de la contrainte ou de la souffrance occasionnée par la situation, tandis que les processus secondaires sont directement liés aux stratégies mises en place pour faire face, s'adapter au danger ou encore s'y accommoder c'est-à-dire, à l'activité d'adaptation elle-même.

L'appréciation secondaire correspond à des mécanismes d'adaptation qui s'ordonnent selon un continuum qui va du plus primitif au plus adaptatif. Il est aisé de reconnaître une certaine parenté entre ces processus d'accommodation et les mécanismes de défense des théories psychodynamiques. Les références de Lazarus sont empruntées aussi bien au freudisme qu'à la psychologie du moi telle qu'elle s'est développée aux États-Unis autour de Hartman (1958). Plusieurs approches quantitatives ont tenté de «mesurer» ces styles d'accommodation. Leur répertoire a été dressé par Haan (1963, 1965) sur la base du MMPI et du CPI (Inventaire Californien de personnalité, «*California Personality Inventory*»). Il y a lieu de distinguer les processus d'accommodation des mécanismes de défense. Les premiers sont flexibles, intentionnels, orientés vers la réalité et bien différenciés, les seconds sont rigides, indifférenciés et déforment la réalité.

Les différences individuelles dans les styles d'accommodation au stress («Coping styles»)

Il existerait au moins dix mécanismes susceptibles d'être mesurés de façon valide. Les instruments permettant de les mesurer ont été déposés au Service Américain de documentation (Document n° 8429). Il s'agit de l'objectivité, l'intellectualité, l'analyse logique, la tolérance à l'ambiguïté, la concentration, l'empathie, la régression au service du moi (ego), la sublimation, la substitution et la suppression.

A l'exception de quelques rares travaux, l'influence de ces processus d'accommodation n'a pas été étudiée de façon systématique (Weinstein *et al.*, 1968). On peut craindre que l'accès à de telles variables différentielles, à l'exception de l'anxiété et de son inverse la répression, échappe à des mesures établies sur la base de questionnaires. Lorsque ces défenses sont à l'œuvre dans les situations naturelles, elles doivent l'être aussi lorsque le sujet répond à ces questions. C'est d'ailleurs la raison pour laquelle on a proposé des méthodes d'analyse de contenu, destinées à suppléer les insuffisances des estimations à choix forcé dérivées des questionnaires (De Sola Pool, 1959). La lourdeur des procédures d'analyse de contenu permettant d'apprécier les processus d'accommodation, tels qu'ils s'expriment dans le discours spontané, a sans doute pesé sur les développements expérimentaux de l'étude du rôle des mécanismes d'adaptation au stress. On doit regretter que les questionnaires aient été trop souvent utilisés dans ce domaine pour des raisons de commodité alors qu'ils sont si peu appropriés à la mesure des mécanismes de défense.

Les retombées empiriques de la théorie de l'appraisal et la psychologie de la santé

Cette notion d'accommodation à la menace a eu néanmoins un profond retentissement dans un domaine que l'on désigne aujourd'hui comme «psychologie de la santé» (Folkman *et al.*, 1986; Lazarus et Folkman, 1984; Leventhal et Tomarken, 1986). La notion de «*coping*» continue aujourd'hui d'être exploitée pour rendre compte des différences individuelles dans l'adaptation à des maladies somatiques et psychosomatiques, en particulier les maladies cardio-vasculaires, l'hypertension, le cancer ou encore l'accommodation à des programmes chimiothérapeutiques pénibles, pour ne citer que quelques exemples parmi beaucoup d'autres (Tap et Malewska-Peyre, 1993). Parmi les autres mécanismes invoqués, c'est le déni qui a reçu des développements de recherche importants (Brenitz, 1983).

Les composants cognitifs des émotions :
Scherer, Ellsworth, Smith et Roseman

La théorie de Lazarus se présentait comme une théorie générale de l'émotion. Les développements récents ont tenté de spécifier les composantes cognitives d'expériences émotionnelles qualitativement différentes. Ces développements diffèrent selon l'accent mis sur la nature, le nombre, la séquence ou la combinatoire des composantes cognitives (Scherer, 1984; Smith et Ellsworth, 1985; Roseman, 1991). On trouvera dans Kirouac (1994) une comparaison systématique des listes de composants. Ces développements diffèrent aussi par les procédures mises en œuvre pour objectiver ces processus d'évaluation. On peut distinguer deux directions, la recherche des composants cognitifs liés à l'individu, la recherche de ces mêmes composants pour chaque catégorie d'émotion. L'une des approches les plus compréhensives est sans doute celle de Scherer qui, avec la théorie des facettes, propose de rendre compte des émotions à l'aide de six composants qui traitent des informations de façon séquentielle.

Scherer : les facettes de l'émotion et la théorie de la palette

La théorie de la palette, issue des travaux menés dans le cadre d'un laboratoire européen, exposée principalement par Scherer (1984a et b) est fondée sur une base empirique : la collecte d'un vaste ensemble de données inter-culturelles sur l'expérience des émotions, et une hypothèse théorique selon laquelle on peut rendre compte des expériences émotionnelles à partir d'un système général de composants («*General Component System*»).

Les données empiriques ont été collectées à l'aide de la méthode des questionnaires. Un grand nombre de sujets ont été interrogés sur les événements qui avaient provoqué chez eux les émotions «de base» : joie, crainte, colère et tristesse dans un passé récent. Les sujets devaient fournir des indications sur plusieurs composantes de leurs expériences émotionnelles, les modifications physiologiques, motrices et comportementales. Ils devaient en outre préciser les moyens qu'ils avaient mis en œuvre pour faire face à ces événements et en particulier le degré de contrôle qu'ils pensaient avoir pu exercer sur ces événements de façon à réguler leurs émotions.

Sur cette base empirique, ce groupe européen s'est proposé de rendre compte de l'ensemble de ces données et de classer ces expériences en fonction de leur «traitement cognitif». Six aspects ou six séquences de ce traitement ont été postulés; ils constituent les facettes de l'expérience émotionnelle. On peut les résumer ainsi : le premier concerne le contrôle de nouveauté, le second l'appréciation cognitive du caractère agréable ou désagréable, le troisième l'appréciation des rapports aux buts, le quatrième l'évaluation ou attribution des causes ; le cinquième, l'évaluation des capacités de contrôle ou de maîtrise de la situation ; la dernière facette est double, elle mesure l'évaluation de la conformité aux standards individuels (image de soi) ou de groupe (attente sociale).

Ce système général intègre les aspects subjectifs, cognitifs et conatifs des émotions. L'expérience émotionnelle est ainsi découpée en séquences comportementales hypothétiques.

Une tentative d'agencement des six émotions (considérées comme) fondamentales, la colère, la joie, la surprise, le dégoût, la tristesse et la honte, fait apparaître des différences importantes dans le poids de ces différentes facettes selon les émotions considérées. Ainsi, par exemple la surprise est presque entièrement spécifiée par la facette « contrôle de nouveauté », les autres facettes étant, soit de faible importance comme par exemple le contrôle de l'agrément, soit difficiles à spécifier, voire non pertinentes comme la conformité à l'attente sociale ou à l'image de soi. Il n'en n'est pas de même pour une émotion plus complexe, la honte, considérée le plus souvent comme une émotion mixte pour laquelle toutes les facettes, même si elles se révèlent quelquefois difficiles à évaluer de façon satisfaisante, sont pertinentes.

L'originalité de cette approche est fondée sur l'idée que le sujet procède de façon plus ou moins implicite à des évaluations en termes de contrôle de connaissances (« *checks* ») comme dans un programme de vérification de la qualité d'un produit. Le tableau suivant donne un exemple de la nature des composantes cognitive de la joie.

Tableau 2 – Le tableau hypothétique des agencements entre composants et émotions

Contrôle de nouveauté : attendu
Contrôle de l'agrément : agréable
Contrôle des rapports au but : important, stimulant, juste
Contrôle de la cause : divers (agent), origine (bienveillant, hasard)
Contrôle du potentiel de maîtrise minime : élevé
Contrôle de l'accord des standards : conformes à l'attente sociale et conforme
                      à l'image de soi

Une telle description est méticuleuse. Elle permettrait de rendre compte des déterminants cognitifs de chaque état émotionnel ainsi que des mélanges.

Comme le soulignait Scherer, « la conceptualisation proposée ici impose des exigences extrêmement élevées à l'étude empirique des émotions » (Scherer (1989), p. 127). C'est pourquoi le « Système Général des Composantes » reste encore aujourd'hui un modèle assez hypothétique dans la mesure où aucune validation empirique n'a été menée à terme. Les différentes facettes constituent des critères plausibles pour différencier les émotions. Le système expert GENESE (système expert de Genève sur les émotions), dont la première version a été écrite dès 1987, offre un moyen de valider l'importance des composants cognitifs intervenant dans l'évaluation des antécédents de l'émotion.

Un système expert : le système « GENESE »
L'inventaire des composants cognitifs des émotions :
quels composants pour quelles émotions et combien ?

Ce système repose sur une base de données constituée par 253 situations émouvantes décrites par environ 200 individus. Il se propose de rendre compte de 14 émotions différentes (joie-bonheur, joie-élation, déplaisir-dégoût, mépris-dédain, tristesse-rejet, colère froide-irritation, rage-colère vive, ennui-indifférence, peur, honte, culpabilité, désespoir, anxiété-inquiétude, orgueil). Le système expert pose 15 questions destinées à déterminer la nature des contrôles cognitifs effectués (« *Stimulus évaluation checks, SECs* »). Les réponses recueillies permettent de représenter 14 émotions à l'aide de 15 vecteurs. Il est possible de calculer l'écart entre le classement dans une catégorie d'émotion effectué par le système expert et le classement empirique.

On observe des différences importantes dans ces ajustements selon la nature de l'émotion. Si des catégories d'émotions comme par exemple la joie-bonheur, la joie-élation, le désespoir sont parfaitement reconnues par le système, il y en a d'autres pour lesquelles la combinaison vectorielle des composants n'est pas satisfaisante. C'est le cas notamment des émotions comme la peur, terreur et l'anxiété-inquiétude, pour lesquelles le profil des prédictions établies par le système expert ne correspond pas tout à fait aux estimations empiriques. Deux émotions comme la culpabilité et la honte sont mal différenciées par le système. Cependant ces imperfections du système dans sa version actuelle ne doivent pas faire oublier que l'approximation globale n'est pas si mauvaise puisque la précision de la prédiction oscille entre 65 % et 80 % alors qu'une prédiction aléatoire correspondrait à 7,14 %. Plusieurs explications des écarts entre données empiriques et prédictions théoriques sont discutées. Des améliorations pourraient être envisagées, il suffirait alors de modifier certains paramètres du système.

La procédure utilisée, la simulation, ne constitue pas une preuve de l'existence de telles séquences évaluatives, elle apporte cependant une plausibilité à l'hypothèse selon laquelle les facteurs d'évaluation interviennent dans la différenciation des expériences émotionnelles. Les développements apportés par Scherer ont en outre l'avantage d'insister sur l'aspect «micro-génétique de la séquence évaluative» Scherer (1993, p. 339), et donc du processus d'évaluation tel qu'il se déroule dans le temps, alors que d'autres approches privilégient une analyse plus statique basée sur la structure des évaluations. Cependant, cette notion de dimension temporelle n'est pas implémentée dans le système expert, tout au moins dans sa forme actuelle. Les questions posées par le système sont organisées selon un ordre déterminé par le concepteur du système. Il est vraisemblable que des contraintes informatiques ont pesé sur un tel choix. Un autre aspect mal contrôlé est le nombre de composants utiles. Ce nombre est prédéterminé par des réponses à choix forcé. On peut imaginer que le nombre de composants utiles est surestimé.

Plusieurs autres tentatives pour cerner la nature et le nombre de composantes évaluatives ont été développées notamment par Roseman (1991) et Ellsworth et Smith (1988, 1991). La procédure utilisée pour mettre en correspondance émotions et composantes est fondée sur des récits d'émotion. Dans les travaux de Roseman, on présente aux sujets de brefs récits dans lesquels on a manipulé le facteur composants et on lui demande de découvrir les émotions éprouvées par les protagonistes de ces récits et de préciser l'intensité de ces émotions. Dans les travaux d'Ellsworth, ce sont les sujets eux-mêmes qui sont invités à se souvenir d'expériences émotionnelles et ils doivent fournir des indications sur les composantes qui ont été associées à ces situations émotionnelles. Dans les deux cas, on dispose de tableaux d'appariement entre des émotions et des appréciations. Des analyses statistiques permettent d'établir des discriminations des émotions en fonction des composantes qui les caractérisent. Selon Roseman, on pourrait ainsi spécifier pour treize émotions qualitativement différentes (la joie, l'apaisement, l'espoir, l'amitié, l'orgueil, le désespoir, le chagrin, la peur, la frustration, la froideur, la colère le regret et la culpabilité) les combinaisons particulières de cinq modalités de l'appréciation. Ces modalités sont de l'ordre de l'état de motivation (récompense-punition), la situation (présente-absente), la probabilité (certain-incertain), la légitimité (conséquences positives-négatives) et l'agent causal (la circonstance soi-autrui). Selon Ellsworth, dont le répertoire des composants est très voisin de celui de Roseman, le nombre des composantes est très différent selon la valence des émotions. Les émotions positives comme la joie par exemple, ne réclament qu'un petit nombre de composantes; ce n'est pas le cas des émotions négatives. On peut connaître les composants constitutifs de l'espoir, l'amour, la surprise, etc. Il existe des tables de correspondance qui fournissent des associations assez convergentes entre les différentes procédures mises en œuvre pour objectiver les composants (Frijda, 1986, 1987). La valence, la certitude et l'agent impliqué dans l'action («*agency*») constituent les éléments les plus déterminants de la différenciation entre émotions.

Une étude de Reisenzen et Hofman (1990) permet de répondre à la question du nombre des composants utiles. La méthode utilisée dans cette étude repose sur la grille répertoire (Kelly, 1955) les sujets doivent déterminer quelles sont les dimensions d'appréciation saillantes caractérisant 23 émotions distinctes. Il semble que dix dimensions seulement sont suffisantes pour aboutir à une classification satisfaisante des émotions étudiées. Parmi elles, ce sont la valence, la causalité-agent, les relations sociales, le moment, le contrôle perçu, l'évaluation morale qui pourraient être les plus pertinents. Grâce à cette méthode, on peut faire l'économie des composants dont le poids n'est pas très important dans la discrimination d'émotions distinctes.

Mandler, l'expérience émotionnelle comme structure cognitive
L'émotion comme conséquence de l'éveil périphérique

La théorie de l'émotion de Mandler s'est développée pendant plus de trente ans. Depuis les premières publications techniques sur l'importance des effets rétroactifs du système neurovégétatif sur l'intensité de l'émotion éprouvée, notion d'«*Autonomic-Feedback*», (Mandler *et al.*, 1958), jusqu'aux synthèses théoriques les plus récentes (Mandler, 1992), la conceptualisation de l'expérience émotionnelle a conservé une grande unité. Cette théorie constitue le prototype d'une interprétation cognitive de l'émotion, au sens où elle conditionne la formation de l'expérience, à la conjonction entre éveil périphérique et des cognitions évaluatives. Ces cognitions évaluatives ne correspondent pas exactement à la notion d'«*appraisal*» développée par Lazarus. Elles ne correspondent pas non plus aux composantes cognitives de Scherer. Par cognitions évaluatives, Mandler entend des structures dynamiques. Ce point de vue structuraliste est fondé sur la fascination («*early enchantment with gestalt concepts*» (1975), p. viii) qu'a exercée sur lui le concept de «*Gestalt*» qui lui fait affirmer : «Toute entrée [dans le système cognitif] est soumise à des transformations, toutes les sorties résultent de mécanismes structuraux» (1982, p. 3)]. Ses premiers travaux sur la défense d'une psychologie de la forme vis-à-vis de la poussée associationniste en témoignent. Ses références à Piaget pour définir l'approche des émotions en termes de structure sont explicites : «La base d'une analyse structurale se trouve dans la théorie et dans les notions d'assimilation et d'accommodation des schèmes. Les schèmes sont des représentations de l'expérience qui guident l'action, la perception et la pensée » (Mandler (1982), p. 3). Ses travaux menés en parallèle dans le domaine de la mémoire et dans le prolongement des idées de Bartlett lui ont permis de promouvoir et d'exploiter la notion de schéma dans le domaine des émotions.

L'évolution de sa théorie est marquée par trois principales étapes. Elles correspondent respectivement à son premier ouvrage sur « Mind and Emotion » (1975), dans lequel il revendique un point de vue mentaliste, tout en affirmant l'importance des effets propres de l'éveil physiologique sur la construction de l'expérience émotionnelle (notion de biologie cognitive des émotions). Dans son second ouvrage « Mind and Body » (1984), il précise la notion de schéma au sein du système cognitif-interprétatif et décrit l'émotion comme la résultante d'un processus d'interruption de l'action et enfin, dans ses écrits plus récents, il replace sa théorie cognitive des émotions dans le cadre élargi d'un cognitivisme constructiviste.

Le cadrage cognitif : la place de l'émotion dans l'organisation de l'esprit et la hiérarchie des fonctions cognitives

L'expérience des émotions résulte de deux processus : l'un biologique, c'est l'éveil périphérique déclenché par l'activité du système autonome, principalement du système sympathique ; l'autre mental, c'est l'interprétation que le sujet donne à cet éveil. L'éveil du système autonome a une double fonction : la première, gouvernée par le principe d'homéostasie, a pour but de conserver une énergie susceptible d'assurer un ajustement aux sollicitations de l'environnement ; la seconde assure une fonction de signal, elle mobilise l'attention, l'alerte et l'exploration de l'environnement. Cette seconde fonction ne peut s'exercer en l'absence d'une interprétation active des informations internes et externes. Les structures cognitives ont donc pour fonction de réaliser cette opération de transformation qui permet d'affecter une signification aux informations perçues de façon à guider l'action.

Le poids de la perception de l'éveil du système autonome dans l'émotion rapportée : l'exemple de la mesure de l'anxiété

Si la perception de ses propres réponses physiologiques constitue un facteur déterminant dans l'expérience émotionnelle, les capacités de discrimination perceptive des états d'éveil ne sont cependant pas suffisantes pour permettre la détection de certains changements subtils pour parvenir à une perception consciente. L'influence de l'éveil dépend dans une large mesure du niveau réel de celui-ci. Ces perceptions n'échappent pas à des effets d'apprentissage. Il est possible d'entraîner des sujets à établir des discriminations de plus en plus fines en fonction de l'intensité des modifications végétatives. Une expérience montre en effet qu'au bout de cent essais environ, des sujets sont capables de différencier de très petits écarts de leur rythme cardiaque, mais il est impossible de déterminer si les discriminations sont fondées sur la perception du rythme seulement, ou bien si elles sont médiatisées par d'autres réactions physiologiques comme par exemple la respiration, (Mandler et Kahn, 1960). Il est donc plus raisonnable de penser que c'est un éveil non spécifique qui engendre l'émotion. Par non spécifique il faut entendre que l'éveil peut être aussi bien engendré par une augmentation de l'activité cardiaque, que par une augmentation du rythme respiratoire ou de toute autre activation du système sympathique. L'augmentation de l'éveil peut aussi bien être concomitant d'émotions positives que d'émotions négatives, ce n'est pas lui qui détermine la tonalité émotionnelle. Il ne sert que de déclencheur (*energizer*). La détermination de la tonalité positive ou négative est sous la dépendance directe de l'interruption d'une séquence d'action. S'il n'y a pas interruption parce que les faits attendus correspondent aux prévisions du sujet, l'émotion engendrée sera de nature positive (la situation de familiarité correspond à ce cas de figure), s'il y a interruption, les effets seront plus nuancés ou plus incertains. En effet, un écart peut engendrer, selon qu'il est léger ou sévère, des effets différents. S'il est léger, il y a des chances que le fait nouveau soit assimilé et intégré à des faits connus, s'il est sévère, deux cas de figure peuvent se présenter, ou bien un schéma nouveau pourra prendre la place du schéma prototypique, ou bien, il y aura une tentative d'accommodation qui pourra être plus ou moins réussie.

Eveil et émotions, les raisons de l'interruption de l'action

Le comportement se décrit comme une séquence d'actions plus ou moins élémentaires et plus ou moins automatiques. Imaginons que pour des raisons extérieures et imprévisibles le déroulement de la séquence soit interrompu. Que va-t-il se passer ? Prenons l'exemple de la conduite automobile « Vous conduisez votre voiture, vous freinez, les freins ne répondent plus... » Votre système autonome va engendrer un état d'éveil élevé avec un cortège de manifestations somatiques, vous allez envisager les différentes façons d'arrêter votre voiture. L'interruption de cette séquence comportementale aura une double conséquence, l'une sur votre corps, c'est l'augmentation de l'éveil, l'autre sur le fonctionnement de votre système cognitif qui se trouve confronté à des exigences qui ne peuvent être satisfaites à l'aide des équilibres en place. L'augmentation de l'éveil a une fonction d'alerte et de mobilisation de l'organisme. Celui-ci peut réagir par l'affrontement ou par la fuite (*fight or flight*).

L'émergence d'une expérience émotionnelle liée à cette interruption dépend beaucoup du contexte dans lequel elle intervient. Il n'est pas toujours possible de prédire la qualité de cette expérience, l'interruption peut aussi bien entraîner la peur, la colère ou la tristesse; ce qui est certain c'est qu'elle entraîne un changement de la structure en place, et introduit une rupture dans l'équilibre des forces du système.

On peut définir certains principes généraux qui régissent les rapports entre degrés d'organisation de la structure les plans d'actions qui y sont associés, et la fonction de l'éveil autonome. Lorsque les structures et les plans sont hautement organisés, il est probable que si la situation le permet, le sujet pourra les réinstaller. On voit que l'interruption est génératrice d'émotions négatives; la thèse de l'interruption a d'ailleurs été principalement étayée sur l'anxiété.

L'hypothèse de l'interruption ne vaut pas lorsqu'il s'agit d'expliquer la formation d'expériences émotionnelles positives. Dans de telles circonstances, il n'y a pas de décalage entre ce qui est attendu et ce qui arrive. Certains auteurs, en particulier Averill (1980) pourtant favorables à une conception constructiviste, ont souligné les limites de la thèse de l'interruption, en déclarant qu'elle ne permettait pas de rendre compte des émotions positives.

Interruption des plans d'action et décalages entre les attentes et les issues d'un comportement

La notion d'interruption ne se limite pas à l'explication des avatars d'un plan d'action. Dans le domaine de la vie mentale, celui de la pensée ou de la perception, on peut aussi dégager des moment de rupture, on parlera alors de décalages («*discrepancy*») entre des attentes (*expectations*) et des issues (*outcomes*). Dans ce sens le terme de décalage utilisé dans le domaine des représentations mentales équivaut à celui d'interruption dans le domaine de la programmation de l'action.

Pour pouvoir inférer l'existence de décalages, il est nécessaire d'avoir en tête une représentation assez précise du déroulement «naturel» d'une action, d'une représentation mentale, d'une pensée. C'est là qu'intervient la notion de schème ou de schéma.

Les schémas : définition et extension du concept

Comme pour Bartlett (1932) et pour Piaget, dont Mandler tente de réaliser la synthèse des points de vue conceptuels, les schémas «unités de base de l'esprit», représentent les constituants des structures cognitives. Ils sont le fruit de l'expérience et sont construits sur la base des transactions entre l'individu et son environnement. Les schémas spécifiques d'une transaction sont issus de schémas génériques. L'apprentissage joue sans nul doute un rôle important dans la formation des schémas, rôle qui est plus difficile à spécifier dans le cas des activités émotionnelles que dans celui des activités cognitives. Ce que l'on peut dire, c'est que les relations entre schémas génériques et schémas spécifiques sont gouvernées par des processus à la fois descendants (*top-down*) dirigés par des concepts (i.e. «*conceptually driven processes*») et ascendants (*bottom-up*) dirigés par des données (i.e. «*data driven processes*»). Les uns condensent les attentes sur les variables de l'environnement et sur les valeurs attachées à ces variables. Les autres construisent ces attentes sur des bases conceptuelles, des représentations plus abstraites qui relèvent du langage formel, celui de l'esprit.

Par quels processus, les schémas, ces unités premières de l'esprit, se dotent-ils de valeurs ?

Ces processus ne sont pas aussi mystérieux qu'on le pense. Les valeurs peuvent se fabriquer de trois «façons» au moins. La première se fonde sur des tendances innées à l'approche et à l'évitement. La seconde est acquise et dépend de l'environnement social et culturel ; elle s'explique par l'existence de représentations de buts qui peuvent être ou non satisfaits. La troisième façon de fabriquer de la «valeur» est déjà inscrite dans une structure, celle des objets de l'environnement physique lui-même. Ainsi, il y a des formes qui sont «bonnes» et d'autres qui ne le sont pas.

La question de la familiarité et de ses propriétés hédoniques

Lorsqu'un événement apparaît dans le champ perceptif, un processus actif d'évaluation se met en place ; si l'événement est familier il sera absorbé dans une structure préexistante. Par un effet de congruence (absence de décalage), le familier déclenche nécessairement une évaluation positive. En effet, il ne peut y avoir dans ce cas de rupture dans le déroulement de l'action. S'il y a incongruité entre l'événement nouveau et la structure préexistante, alors la mise sous tension de nouvelles opérations cognitives sera nécessaire pour décider si une valence positive ou négative doit être attribuée.

La notion de familiarité joue un rôle essentiel dans la production de la valence émotionnelle d'un état affectif. La valence positive correspond étroitement à un état du système dans lequel ce qui est attendu correspond à ce qui se produit effectivement. La conjoncture de familiarité constitue le prototype des émotions agréables. On verra plus loin ce qui différencie sur ce point la position théorique de Mandler de celle de

Zajonc. Sans anticiper sur ce débat, on peut souligner que pour Mandler la familiarité s'explique par un processus cognitif, lequel repose sur la reconnaissance implicite ou explicite d'un appariement réussi entre passé et présent. Pour Zajonc, cette explication est superfétatoire; la répétition implique la familiarité et la familiarité entraîne la positivité.

Familiarité et congruence sont constitutives des valeurs positives. Qu'en est-il de la non-congruence? Deux cas peuvent se présenter : ou bien un événement attendu ne survient pas, ou bien un événement survient alors qu'il n'était pas prévu. Que se passe-t-il lorsqu'il y a décalage entre ce qui est attendu et ce qui arrive? La congruence conduit de façon quasi automatique à des expériences émotionnelles positives, la non-congruence a des effets bien plus complexes. Ils dépendent d'abord du degré de non-congruence. Si celui-ci n'est pas très élevé, une assimilation est encore possible. Si la non congruence est élevée, plusieurs cas peuvent se présenter. L'élément incongru pourra engendrer la production d'un nouveau schème et dans ce cas, si le schème nouveau est efficient, il conduira à une expérience positive. Dans les autres cas, le sujet sera amené à s'accommoder à cette nouveauté et plusieurs issues sont possibles.

Il n'est pas surprenant que ce soit dans le domaine du plaisir esthétique, en particulier dans le domaine musical que Mandler tente d'illustrer les mécanismes de l'attribution d'une valeur positive (Gaver et Mandler, 1987). La familiarité ne serait pas le seul facteur à intervenir dans le plaisir musical. Certes, des mélodies entendues fréquemment ont tendance à produire des impressions plus agréables que des mélodies nouvelles; cependant, le caractère prototypique, c'est-à-dire le fait que certaines mélodies subsument des éléments connus et donc familiers, est lui aussi source de plaisir. Il n'est cependant pas démontré qu'à l'inverse, la nouveauté, la complexité, l'incertitude, autant d'éléments non familiers entraînent des émotions négatives. Comme Berlyne (1960) l'a bien montré l'existence de conflits perceptifs est source d'émotions, qui n'ont pas nécessairement une valence négative (Berlyne et Madsen, 1973).

Préférences, connaissance et conscience
Les préférences sont-elles fondées sur la connaissance de l'objet
ou bien sommes-nous capables de préférer sans connaître les raisons
de ces préférences?

A cette question, qui a nourri bien des controverses entre Mandler (Mandler *et al.*, 1982) et Zajonc (1987), Mandler répond en 1992 par une mise au point sur les rapports entre émotions, cognition et conscience. Bien des processus cognitifs sont inconscients; c'est la conjonction de l'éveil physiologique et de l'évaluation cognitive qui permet de faire passer les expériences émotionnelles d'un état non conscient à un état de conscience. L'expérience subjective des émotions est donc consciente ; la conscience, comme la conscience de la valeur (ou de la valence) ne sont pas des données immédiates de l'expérience même si elles se construisent au fil de processus quelquefois silencieux. La construction de l'expérience émotionnelle n'est pas pour autant conscience de certains contenus sémantiques, cette conscience revêt une forme plus abstraite.

La construction de l'expérience émotionnelle, émotions cognition et construction

Pour montrer que les cognitions dotées d'une valeur, s'appuient sur une construction cognitive, Mandler prend pour argument des faits expérimentaux qui montrent que nous mettons beaucoup plus de temps pour former un jugement de valeur sur un objet que pour former un jugement de reconnaissance de cet objet (Mandler (1990) pour une synthèse des résultats). Ainsi, lorsqu'on demande à des sujets de dire si tel ou tel mot est positif ou négatif, ils mettront 200 msec de plus que pour décider si le stimulus est un mot ou n'est pas un mot. De la même façon, il leur faudra plus de temps pour dire si un tableau est beau ou non, que pour décider s'il connaît ou non ce tableau ; ou encore, si on lui présente des noms d'animaux ou de personnes, il mettra plus de temps à dire si ces mots sont agréables ou désagréables, que pour décider s'il s'agit de noms d'animaux ou de personnes (Shebo-Van Zandt et Mandler, cité Mandler (1990), p. 35). Le temps de traitement des informations valuées donne ainsi une indication du «travail cognitif» qu'il faut réaliser pour construire une signification affective.

LES DISSIDENCES ET LES OPPOSITIONS

Carver et Scheier : interruption et auto-régulation

On a vu que l'un des points centraux de la théorie des émotions de Mandler reposait sur la notion de rupture dans le déroulement d'un plan d'action. L'émotion prend naissance dans cette rupture. Ce point de vue est partagé par Carver et Scheier qui ont proposé, dès 1981, un modèle conceptuel de type cybernétique des affects positifs et négatifs compatible avec cette notion de rupture. Mais de plus, ces auteurs ont introduit certaines spécifications qui permettent de concevoir l'interruption dans le cadre plus large d'une théorie du comportement humain gouvernée par un principe de processus de contrôle et d'autorégulation. On ne peut en effet se représenter le phénomène de décalage entre l'attente d'un événement et une issue, sans introduire dans le système un processus de contrôle et des boucles de rétroaction. Ce processus de contrôle a pour fonction de jauger l'importance du décalage entre l'attente et l'issue. Il faut alors faire appel à un nouveau concept celui de « comparateur », ainsi qu'à l'existence de standards propres au sujet. Il n'est en effet pas possible d'apprécier ce décalage sans concevoir un état ou un niveau de référence. Dans cette perspective, l'émotion peut être considérée à la fois comme une conséquence et comme une cause de l'interruption. Un autre complément, introduit dans la théorie, est la notion de double monitorage de l'action, avec l'interruption comme source d'une réorganisation des priorités (notion de «*reprioritization*»). Comme on le verra plus loin, une telle définition rejoint le point de vue de Simon (1967) pour lequel l'émotion consiste justement dans ce mécanisme d'interruption. La notion de « comparateur » introduite par Carver et Scheier dans un modèle formel, se retrouve dans le modèle neurobiologique de l'anxiété de Gray (1982), comme nous le verrons dans le chapitre consacré à l'anxiété.

Zajonc, la controverse : émotion, cognition et conscience

La production d'une émotion ne réclame ni l'intervention de processus d'appréciation ni celle de la conscience

La thèse de Zajonc introduit dans le processus de la recherche des causes de l'émotion une rupture importante par rapport aux théories quelquefois désignées *cognitives* des émotions. En réalité comme on vient de le voir, il existe plusieurs points de vue cognitivistes de l'émotion. Mais on peut dire que la thèse de Zajonc s'oppose à tous puisqu'elle rejette formellement l'hypothèse d'une intervention nécessaire entre la situation et la réponse émotionnelle d'un quelconque facteur cognitif. Les réactions contre ce point de vue ont été largement développées (Lazarus, 1981, 1982, 1984) dans des controverses finalement assez stériles dans la mesure où la querelle porte essentiellement sur une question de langage. Lorsqu'il rejette l'intervention de processus cognitifs, Zajonc fait allusion à des processus conscients ou encore subjectifs. Or de nombreux psychologues cognitivistes font l'économie du facteur « conscience » dans l'explication des émotions. Il convient d'examiner en détail les arguments sur lesquels Zajonc s'est appuyé pour lancer le débat. Pendant les dix années qu'a duré cette controverse, certains arguments ont subi une certaine usure, d'autres ont dû être abandonnés en raison des progrès accomplis dans l'étude des mécanismes neurophysiologiques (Ledoux, 1989).

Il semble aujourd'hui que la question ne puisse pas être posée de façon aussi manichéenne. Comme le remarque Bruner (1994), pourquoi aurions-nous aujourd'hui besoin de trancher, de « vouloir que ce soit l'un ou l'autre » alors que les deux hypothèses : émotions avec ou sans cognitions, restent également plausibles et que nous savons, qu'en dehors du laboratoire, où il nous est possible quelquefois de les dissocier, les deux mécanismes interagissent constamment dans la vie quotidienne.

Les faits expérimentaux : l'effet de simple exposition

Les données empiriques désignées comme « effet de simple exposition », ou effet Zajonc, selon lequel l'affectation d'une valence affective positive (jugement de préférence) ne nécessiterait pas l'intervention de « cognitions » (au sens d'extraction de connaissances sur les propriétés d'un stimulus) se sont révélées pendant plus de 20 ans résistantes à toute réfutation expérimentale (voir Bornstein, 1989, pour une méta-analyse). A cette robustesse des faits observés en laboratoire, des données obtenues en milieu naturel ont rajouté une validité écologique. Dans une étude de terrain Zajonc et Rajecki (1969) utilisant un espace publicitaire dans la presse estudiantine, ont inséré les mêmes syllabes sans signification à différentes reprises dans les journaux lus par les étudiants de deux universités. Une post-enquête réalisée sur ces lecteurs a montré que les syllabes qui avaient été présentées souvent étaient jugées plus plaisantes que celles qui n'avaient pas été présentées, ceci alors même que les étudiants étaient incapables de dire s'ils se souvenaient ou non de ces syllabes.

Les cinq inférences liées à l'effet de simple exposition

Le premier argument invoqué : « l'antériorité onto et phylogénétique en vertu de laquelle l'émotion précéderait la cognition » s'appuie sur des théories de l'évolution du cerveau. Le bébé de dix semaines serait capable d'exprimer des émotions différenciées en réaction à des stimulus visuels, alors que l'on sait qu'à ce stade, il ne possède pas encore l'équipement suffisant pour maîtriser certaines opérations cognitives. L'antériorité de l'émotion est prise comme preuve de la primauté ou de la précédence de l'affect. L'émotion apparaît diversifiée dans des espèces animales chez lesquelles on ne peut imaginer certaines activités cognitives.

Le second argument invoque l'existence de structures anatomiques et neurophysiologiques distinctes ainsi que des voies directes entre des sensations, comme par exemple les sensations olfactives et gustatives, qui permettraient d'envisager la production de l'émotion sans faire intervenir des structures responsables des activités cognitives. Il n'est pas possible de mettre en question la présence de voies directes, mais il est difficile d'ignorer aujourd'hui l'existence de voies indirectes qui interprètent les signaux et leur attribuent une signification biologique (Ledoux, 1989). Si bien que l'on ne peut exclure l'éventualité que, dans certains cas, l'expérience émotionnelle résulte d'opérations cognitives, sans préjuger de leur caractère conscient.

Le troisième argument avancé par Zajonc, plus polémique et plus pragmatique, concerne l'inefficacité présumée des thérapies cognitives. L'évaluation des thérapies cognitives est loin d'être facile. Ce qui ressort des revues les plus récentes c'est qu'elles peuvent être aussi ou aussi peu efficaces que d'autres formes de thérapies (Teasdale, 1993), ce qui rend cet argument peu convaincant.

Le quatrième argument, d'ordre linguistique, s'appuie sur l'indépendance présumée entre signification connotative et dénotative. Les travaux réalisés dans ce domaine sont loin de conclure à une telle indépendance (Felipe, 1970; Peabody, 1967, 1970). Prenons l'exemple le plus classique du test de l'indépendance de ces deux significations, les échelles d'adjectifs du type «pingre-généreux» ou «économe-extravagant». Ces échelles sont formées de couples antonymes dont l'un a une connotation positive, l'autre négative. Demandons à des sujets de déterminer si un individu qui serait «pingre» devrait aussi être qualifié plutôt «économe» ou plutôt «extravagant». En vertu d'un principe d'association fondé sur la signification dénotative, les sujets devraient choisir le terme le plus voisin du point de vue du sens : économe. Or on constate que les sujets interrogés préfèrent inférer qu'un individu «pingre» sera plutôt «extravagant». Pourquoi font-ils ce choix, et quelle explication peut-on en donner? Ils font ce choix parce qu'ils établissent des liens étroits entre une signification connotative (composante péjorative) et une signification dénotative (rapport avec l'argent). Bien que les termes «pingre» et «économe» aient une signification dénotative voisine et sûrement plus proche que «pingre» et «extravagant», c'est «extravagant» qui sera choisi parce qu'il partage la même signification connotative que «pingre». Il s'ensuit que «pingre» va se trouver plus voisin d'«extravagant» alors qu'il en très éloigné du point de vue dénotatif. Dans la mesure où ces expériences classiques n'ont pas véritablement permis d'établir une conclusion définitive, il paraît abusif d'utiliser cet argument en faveur de la thèse de l'indépendance entre émotion et cognition.

Le dernier argument d'ordre strictement psychologique porte sur la perception subliminale et la capacité de former une impression affective sur la base de la simple répétition. Nous en avons déjà évoqué quelques limites à propos de la théorie de Mandler. Nous allons examiner quelques données plus récentes.

Les limites de la thèse de Zajonc : de nouvelles donnes

Des données expérimentales relativement récentes montrent que l'effet de simple exposition est plus limité qu'on l'a dit. D'une part, il est limité en intensité; suivant que les situations expérimentales impliquent un traitement des données au niveau perceptif ou à un niveau plus intégratif, l'effet de préférence est plus ou moins grand. D'autre part, il varie selon les propriétés hédoniques (positives ou négatives) des stimulus à traiter. Ces premiers points sont étayés par les expériences de Johnson *et al.* (1985), Johnson et Multhaup (1992). La portée de l'effet est réduite; elle dépend des propriétés affectives du matériel utilisé. Le second point est illustré par les recherches de Klinger et Greenwald (1994) que l'on va résumer brièvement.

Les expériences «Mélodies» et «Gentil garçon-Mauvais garçon»

Pour Johnson (1994), il faut concevoir les rapports entre émotion et cognition en prenant en compte l'existence d'une architecture cognitive composée de systèmes comportant des entrées multiples et des modules de mémoire distincts. On distinguera des sous-systèmes perceptifs et des sous-systèmes réflectifs.

Utilisant le paradigme expérimental de «la simple exposition» chez des malades neurologiques présentant des troubles de mémoire (amnésiques, Korsakoff et maladie d'Alzheimer), Johnson *et al.* (1985) font l'hypothèse que dans la mesure où ces malades possèdent des capacités perceptives intactes, ils vont présenter «l'effet Zajonc», lorsque le matériel ne réclamera qu'un traitement perceptif, c'est l'expérience «Mélodies». Ils observent en effet que les amnésiques, tous groupes confondus, préfèrent les mélodies qu'ils ont entendues plusieurs fois à des mélodies nouvelles. Les amnésiques ne se différencient pas en cela des sujets témoins, bien que les troubles de mémoire qu'ils présentent les empêchent de distinguer, dans une épreuve de reconnaissance, les mélodies entendues des mélodies nouvelles. En revanche, lorsque le matériel exigera un traitement cognitif plus complexe, sollicitant des processus de mise en relation d'informations, passées et présentes, les malades amnésiques devraient différer des sujets témoins. C'est l'expérience du «gentil et mauvais garçon». Elle se déroule de la façon suivante : dans une première phase des photographies de deux garçons : Robert et Jean (Bill et John) sont présentées à diverses reprises; dans une deuxième phase, on fournit des informations biographiques sur ces deux personnages qui font apparaître Robert comme un gentil garçon (il est décoré pour sa bravoure) et Jean comme un mauvais garçon (il commet des actes répréhensibles). Dans la phase test, on observe que les impressions formées sur la personnalité de Robert sont très contrastées chez les sujets témoins, les photographies de Robert sont jugées plus positives que celles de Jean. L'effet de contraste est beaucoup moins marqué chez les amnésiques.

Le fait que l'effet de préférence soit peu marqué lorsque les sujets sont privés de certaines capacités cognitives (dépendantes d'un système réflectif) fournit une preuve en quelque sorte « a contrario » de la participation effective des facteurs cognitifs à la production de l'émotion. Ainsi, la question : émotion avec, ou sans cognition, doit être reformulée. Certaines émotions, plus complexes que d'autres, comme le « remords », réclament l'activation simultanée de plusieurs niveaux de traitement ; d'autres émotions ne réclament qu'un minimum de traitement cognitif. Pour une même émotion, la complexité des traitements cognitifs est variable en fonction du contexte situationnel. La crainte devant un poing levé n'exige pas le même traitement cognitif que celle qui se manifeste dans la perspective de faire un exposé en public. Ces constatations laissent entrevoir des différences de complexité des émotions (Johnson et Multhaup, 1992).

Le rôle des propriétés hédoniques des stimulus

On savait que l'effet de répétition n'affectait pas seulement les préférences pour certains stimulus mais influençait aussi des dimensions perceptives des stimulus, comme leur luminosité ou leur aspect plutôt sombre. Des octogones présentés souvent sont jugés non seulement plus agréables mais aussi plus clairs ou plus foncés qu'ils ne le sont en réalité, comparés à leurs pairs moins souvent présentés (Mandler *et al.*, 1987). Dans une série de recherches, Klinger et Greenwald (1994) démontrent que l'effet de préférence joue différemment selon que le matériel utilisé (des octogones) est plus ou moins attractif. Tandis que la répétition des octogones attractifs entraîne l'effet attendu (une augmentation des préférences) les octogones peu attractifs produisent un effet inverse : une diminution des préférences. Cet effet « de polarisation de l'exposition » (*exposure polarization effect*) aurait d'ailleurs été déjà signalé dans d'autres expériences de jugements esthétiques de peintures abstraites (Brickman *et al.*, 1972).

Deux remarques intéressantes peuvent être dégagées de ces recherches. D'une part, les règles qui régissent l'effet de simple exposition s'appliquent aussi bien au domaine cognitif qu'au domaine affectif, ce qui évidemment pourrait nous amener à nous interroger sur l'indépendance proclamée entre ces deux systèmes ; d'autre part, à l'intérieur du domaine affectif, ces règles ne semblent pas jouer de la même façon selon la valence positive ou négative du matériel. La conclusion de Zajonc selon laquelle « les préférences ne nécessitent pas d'inférence » (1980) n'est pas généralisable à toutes les tonalités émotionnelles, ni à toutes les expériences émotionnelles. Il faut donc examiner de plus près les interactions entre émotion et cognition en adoptant un point de vue différencié, c'est à dire en tenant compte à la fois des différences entre émotions, et des différences de niveau de traitements cognitifs.

On peut considérer que le débat engagé par Zajonc a marqué une certaine régression dans les recherches sur les émotions. En effet, éliminer l'intervention des facteurs affectifs et conatifs dans les activités cognitives, c'était revenir en arrière, en mettant entre parenthèses les découvertes du « New-look » (Bruner et Postman, 1957 ; Postman *et al.*, 1948) qui avaient justement permis d'intégrer ces facteurs dans la construction de l'expérience perceptive (Bruner, 1992). Il a d'ailleurs fallu attendre les années 90 pour voir réapparaître le terme de « New-Look ». Mais la formule du « New-Look 2 » (Erdely, 1974), comme celle de « New-Look 3 » (Greenwald, 1992) étaient vidées d'une quelconque référence explicite à la notion de valeurs hédoniques, d'émotion et de conation. Les nouveaux « New-looks » débattaient de la découverte d'un « inconscient cognitif » défini comme toute activité mentale survenant en l'absence du contrôle attentionnel et échappant à l'introspection.

Wiener et les processus d'attribution des émotions : vers une théorie mentaliste des émotions

Nos émotions résultent de l'attribution de causes et de conséquences du comportement

La thèse de Wiener met l'accent sur la perception et l'interprétation de la causalité dans la genèse des émotions. L'importance des facteurs d'éveil et des modifications corporelles est réduite au minimum. Les facteurs mis en cause ne sont plus seulement cognitifs mais méta-cognitifs, soit des cognitions de second ordre. En effet, les cognitions ne portent plus sur des événements internes ou externes mais sur les croyances que nous pouvons nous faire sur ces événements. L'héritage de James ne correspond plus qu'à un lointain cousinage. La filiation avec les conceptions développées dans le domaine, maintenant désigné « cognition sociale », est directe. Wiener se réclame à la fois des théories de l'attribution de Heider (1958) et de Kelley (1972). L'importance accordée aux idées de Bandura (1969) et de Rotter (1966), sur l'apprentissage social est évidente, en particulier à propos du concept de contrôle des causes et des conséquences de l'action. Cette orientation, qui serait spécifiquement humaine, s'appuie sur un besoin épistémique (Berlyne, 1960) qui ferait que, quand un événement survient — qu'il soit interne ou externe —, le sujet humain éprouve naturellement le besoin de l'expliquer. On peut distinguer des causes internes, liées à l'individu et à son pouvoir, des causes externes, indépendantes de l'individu. Les expériences émotionnelles seront ainsi diversifiées, classées sur la base de l'attribution des causes. A une classification des émotions correspond une taxonomie des causes.

Les vérifications expérimentales

Ce modèle général peut être opérationnalisé dans des situations expérimentales de réussite et d'échec. Pour prendre un exemple, selon que la réussite dans une tâche sera attribuée à la compétence personnelle, à l'effort individuel, aux autres, ou encore au hasard et à la chance, une émotion positive plus ou moins intense sera éprouvée. Le même raisonnement s'appliquerait aux émotions négatives qui surviennent face à un échec. Mais le modèle peut se généraliser à l'ensemble des émotions humaines, y compris des émotions complexes comme la culpabilité, l'orgueil ou encore la compassion. On peut ainsi envisager une combinatoire entre les états affectifs et les attributions causales. Le tableau suivant donne une idée de cette combinatoire.

Tableau 3 – Exemples de relations entre attributions causales et états affectifs (d'après Weiner (1984), p. 172).

ATTRIBUTION	SUCCES	ÉCHEC
HABILETÉ	COMPÉTENCE	INCOMPÉTENCE
EFFORT	RELAXATION	CULPABILITÉ
AUTRUI	GRATITUDE	COLERE
CHANCE	SURPRISE	SURPRISE

La mise en évidence de ce type de correspondance s'est appuyée sur l'interprétation de scénarios du type suivant :

«Francis a travaillé dur pour son examen. Il était très important pour lui de réussir. Il a obtenu une très bonne note. Il a eu le sentiment que cette bonne note était due au fait qu'il avait travaillé très dur, [ou à sa compétence dans la matière, ou à sa chance de choisir la bonne question, etc.] Quels sont à votre avis les sentiments qu'éprouve Francis vis à vis de sa note»?

Les recherches ont été étendues à l'interprétation de situations plus naturelles à partir de récits fournis par les sujets eux-mêmes sur des expériences qu'ils avaient réellement vécues.

Il est possible d'établir ainsi une taxonomie des émotions qui montre que les attributions causales n'ont pas le même poids suivant les émotions. Le succès engendre généralement le bonheur ou la joie, quelles que soient les causes internes ou externes; il en est de même pour l'échec, qui est suivi de tristesse. Cependant, on observe des émotions complexes qui dépendent de façon étroite de la nature des attributions, comme la gratitude qui ne peut s'expliquer que par un succès dont la raison, sinon la cause, se situe chez autrui.

Les dimensions comme l'aptitude, l'effort, le hasard, ne sont cependant pas suffisantes pour rendre compte de toutes les nuances émotionnelles. Wiener suggère d'y adjoindre la notion de contrôlabilité, directement empruntée aux travaux de Rotter (1966). Le modèle général de l'attribution des causes est tridimensionnel, il comporte non seulement le lieu de contrôle (interne ou externe), mais aussi la stabilité ou l'instabilité (l'effort constitue par exemple un phénomène relativement instable tandis que l'aptitude est plus stable), le caractère contrôlable ou non (il existe des situations dans lesquelles aucun contrôle ne peut s'exercer). On observe alors que le poids du caractère contrôlable de la situation n'est pas le même pour des émotions comme la colère, la culpabilité ou encore la compassion. Le contrôle est plus difficile à mettre en place dans cette dernière émotion que dans le cas de la colère, par exemple. Il est intéressant de noter que les attributions causales suivent une évolution génétique (Wiener et Graham, 1984). On peut donc penser que ces attributions sont acquises au cours du développement, selon différents modèles d'apprentissage social, allant de la simple imitation aux effets à court et long termes des renforcements positifs et des récompenses. Le modèle proposé par Weiner n'est cependant pas un modèle totalitaire dans le sens où l'on peut concevoir que certaines émotions sont dans certains cas générées par des raisonnements portant sur des causes; dans ce cas les attributions constituent des précurseurs, tandis que dans d'autres cas, l'émotion peut survenir en l'absence de toute attribution causale.

Ces concepts développés dans le cadre des théories de l'attribution ont enrichi l'interprétation de certaines conduites pathologiques comme le délire (Bentall *et al.*, 1991) ou la dépression (Peterson *et al.*, 1985; Comiskey et Bonis, 1988).

Troisième chapitre
Les théories psychologiques de l'anxiété

INTRODUCTION

Anxiété et angoisse : étymologie et métaphore géométrique

C'est la même racine indo-européenne « Angh » qui est à la base des mots *anxiété* et *angoisse*. Cette racine « Angh » dénote un angle aigu sa signification sémantique plus large renvoie à l'idée de resserrement, de constriction et d'étroitesse. En raison de cette origine étymologique commune, les termes d'angoisse et d'anxiété sont souvent utilisés dans le langage courant pour désigner la même chose. Certains cliniciens, en revanche, sont loin de les considérer comme interchangeables. Dans le langage clinique, la tradition française veut que l'on réserve « angoisse » pour spécifier les aspects les plus somatiques ; mais paradoxalement, c'est le terme d'angoisse qui est généralement usité en français par les philosophes pour désigner les aspects les plus existentiels.

Dans d'autres langues, comme l'allemand, ce problème de vocabulaire n'existe pas puisqu'il n'y a que le mot « *Angst* » pour désigner les deux phénomènes. En anglais, le terme le plus voisin d'angoisse est bien « *anguish* » mais il n'est presque pas utilisé, et c'est « *anxiety* » qui prévaut. La psychologie scientifique contemporaine a adopté, sous l'influence anglo-saxonne, le terme d'anxiété, tandis que les orientations psychanalytiques ont conservé le terme d'angoisse. Ces usages linguistiques rappellent ceux évoqués à propos d'émotion et d'affect, ils marquent des territoires et institutionnalisent les divergences entre des orientations théoriques. Nous emploierons dans ce chapitre le terme d'anxiété pour désigner les deux phénomènes cliniques d'angoisse et d'anxiété.

L'anxiété généralisée et les troubles anxieux :
problèmes de classification

L'anxiété est tantôt considérée comme un trouble psychopathologique, tantôt comme une dimension de la personnalité ou encore comme un état transitoire. Les troubles anxieux figurent dans la plupart des manuels de classification psychiatrique (dont le prototype est le DSM). L'anxiété généralisée est, dans cette classification, distinguée d'autres groupements de symptômes que sont l'agoraphobie, les troubles obsessionnels-compulsifs, le syndrome de stress post-traumatique, la phobie sociale, la phobie simple et l'attaque de panique. La place de ce concept, dernier né de la psychiatrie clinique et de la psychopharmacologie introduit par Klein (1981) au sein du groupe formé par les troubles anxieux, continue d'être discutée (Fenton, 1988). Pour des neurobiologistes comme Panksepp (1982), l'attaque de panique n'appartient pas à la grande famille des émotions de peur. Elle correspondrait à une autre famille d'émotions, serait caractérisée par des facteurs déclenchants spécifiques comme les situations d'abandon. L'attaque de panique, compte-tenu sans doute de sa brièveté, n'a pas donné prise à des développements psychologiques et reste la partie des troubles anxieux réservée aux approches neurobiologiques. Quoi qu'il en soit, dans tous ces groupements on retrouve de l'anxiété, mais l'anxiété généralisée, apparaît comme le prototype des troubles anxieux. En tant que dimension générale de la personnalité, l'anxiété apparaît soit comme primitive, soit comme dérivée de dimensions primaires dans la plupart des typologies psychologiques.

En tant qu'état, on cherche à la différencier des autres états émotionnels négatifs, en particulier de la dépression avec laquelle elle est souvent confondue dans un «débat nosologique non clos» (Darcourt et Pringuey, 1987).

De nombreux malades névrotiques rapportent des symptômes d'anxiété, mais l'anxiété est loin d'être absente dans les psychoses. On parle d'anxiété névrotique, psychotique, mais ces qualificatifs ajoutés ne permettent pas de préciser en quoi ces deux manifestations sont différentes. Qualifier l'anxiété de concept «trans-nosographique» revient à reconnaître que l'anxiété ne peut être enfermée dans un système de classification aristotélicien.

Il s'agit en fait d'un concept-frontière entre le normal et le pathologique. Dans sa forme légère, l'anxiété est considérée comme une émotion qui peut être éprouvée par tout être humain à un moment de sa vie. Comme la plupart des autres émotions, elle comporte une composante somatique et une expérience subjective désagréable. On retrouve la définition proposée par Mandler pour rendre compte de l'émotion en général. La référence à une «composante intensive» du comportement (Duffy, 1957) est à l'origine de toutes les conceptions de l'anxiété, qu'il s'agisse des théories néo-behavioristes ou des théories psychodynamiques, en passant par les théories neurobiologiques. Cette composante intensive y est désignée respectivement comme une pulsion énergétique («*Drive*»), une pulsion ou tension sexuelle — dans la première théorie de l'angoisse de Freud (1884, 1885) —, un éveil périphérique accru «*arousal*» (Malmo, 1957), conséquence d'une activation centrale (Lindsley, 1951). Ce n'est que récemment, que l'anxiété a été considérée comme la conséquence de l'action conjuguée des systèmes centraux d'activation et d'inhibition du comportement (Gray, 1982).

L'ANXIÉTÉ ET LA PERSPECTIVE NEO-BEHAVIORISTE

L'une des principales préoccupations de la psychologie béhavioriste a consisté à établir des relations entre les stimulus observables et les réponses objectives. La légitimation de l'anxiété comme variable explicative du comportement passe par cette mise à l'épreuve de l'existence de relations stables et répétables entre le stimulus, la situation et la réponse.

Dans le cas de l'anxiété, cette mise à l'épreuve est rendue difficile, voire même mise en échec, du fait que les situations génératrices de réponses anxieuses aussi bien que les réponses comportementales forment des ensembles quasiment illimités. Pour ne donner qu'un seul exemple, l'anxiété peut aussi bien entraîner une attention accrue, une hypervigilance, qu'une plus grande distraction et une attention émoussée vis à vis de l'environnement (Lang, 1978).

Cette double incertitude quant au nombre de situations génératrices d'anxiété et quant au nombre de réponses anxieuses, se complique du fait que l'anxiété est le produit de processus d'acquisition de nature extrêmement diverse. Elle est à la fois une réponse acquise et une source d'acquisition d'une réponse. Plusieurs hypothèses sur la nature de ces processus ont été envisagées.

La distinction entre peur et anxiété
L'anxiété réponse acquise par conditionnement classique

L'une des différences majeures entre peur « émotion normale » et anxiété « émotion pathologique » réside dans le fait que la première serait liée à un ensemble fini d'objets propres à chaque espèce vivante, tandis que, pour l'anxiété, cet ensemble serait indéfini, voire indéfinissable. La peur serait une émotion fondamentale, innée ou encore « de base », l'anxiété une émotion acquise. Comme les émotions innées, la peur posséderait un signal universel, un patron propre de réponses physiologiques, un patron spécifique d'expression faciale (Ekman, 1992), tandis que l'anxiété ne correspondrait pas à un système expressif fixé une fois pour toutes. A cet égard, on peut noter que dans les études interculturelles réalisées par Izard (1968) et Ekman (1980) dans plus de neuf pays différents, les expressions faciales de l'anxiété ne recueillent dans certains pays que des pourcentages d'accords faibles, voire très faibles (Bonis, 1989). La définition « homologuée » en psychiatrie est que l'anxiété est « une peur sans objet identifiable » (Delay, 1946).

S'il est donc facile de définir la peur par les stimulus qui la suscitent, il n'en n'est pas de même pour l'anxiété. Pour les premiers béhavioristes, l'anxiété serait une peur acquise par un processus de conditionnement classique dans lequel la simple association par contiguïté d'un stimulus inconditionné de peur avec un stimulus conditionnel suffirait à générer une peur acquise, comme dans la célèbre expérience sur le petit Albert, de Watson et Rayner (1920). L'anxiété résulterait d'un processus de généralisation du stimulus, les propriétés négatives du stimulus inconditionnel seraient transférées à n'importe quel stimulus de l'environnement pourvu que ce dernier lui ait été associé par simple contiguïté. L'anxiété serait alors de même nature que les autres peurs acquises. Dans certains cas, il suffirait d'un seul essai pour que l'association soit établie de façon définitive.

A cette explication de la formation d'une réaction anxieuse, qui reste valable, se sont ajoutés d'autres modèles explicatifs. Nous en retiendrons deux : l'anxiété comme produit de deux forces antagonistes, l'approche et l'évitement, et l'anxiété comme conséquence d'un double processus d'apprentissage.

L'anxiété comme produit de forces antagonistes d'approche et d'évitement

Un autre modèle expérimental, plus compliqué parce qu'il explique l'anxiété par la compétition entre deux forces antagonistes, est fourni par le conflit entre approche et évitement. C'est la célèbre expérience de Neal Miller. Des rats sont entraînés à trouver leur nourriture au bout d'un labyrinthe. Lorsque la phase d'acquisition de cette réponse est établie, on leur délivre un choc électrique au moment où ils atteignent leur récompense. Ces animaux manifestent alors des réactions d'hésitation, d'approches timides, suivies de brusques retraits, voire de retours en arrière. Ils évitent le choc. Ces réactions comportementales sont associées à des troubles végétatifs. Le point où l'animal s'immobilise dépend de la force du besoin, la faim qui le fait courir, et de l'anticipation de la douleur qui le freine. Miller (1959) et Brown (1948) ont montré dans une série d'expériences que le point d'équilibre (le lieu exact où l'animal s'arrête) était déterminé par la force relative des gradients d'approche et d'évitement. La pente de ces gradients serait différente. Le gradient d'évitement est plus abrupt que le gradient d'approche. Cette démonstration a pu être établie grâce à un ingénieux dispositif imaginé par Brown. Ce dernier a eu l'idée de coiffer l'animal d'un harnais qui, relié à un ressort, permettait d'enregistrer la force de la traction exercée par l'animal. Si l'on mesure séparément la force d'approche et celle d'évitement, on s'aperçoit que la seconde décroît de façon plus abrupte, en fonction de la distance au but, que la force qui pousse à l'approche. Dans la mesure où on a pu montrer que l'alcool non seulement réduisait les manifestations somatiques mais aussi faisait que l'animal progressait davantage dans le labyrinthe, ce modèle a été considéré, comme un bon modèle d'anxiété. Son originalité vient de la notion de « gradient » d'approche et d'évitement qui introduit une dimension temporelle.

Cette notion de gradient a été exploitée dans des études expérimentales chez l'homme. Fenz et Epstein (1967) ont étudié l'évolution de l'anxiété manifeste et de ses concomitants psychophysiologiques, chez des parachutistes à différents moments précédant et suivant l'exercice de saut en parachute. Cette situation naturelle présente de nombreux avantages par rapport à d'autres situations naturelles qui ont elles aussi été proposées comme modèles, par exemple la perspective d'une opération chirurgicale, ou l'approche d'un examen, d'un accouchement. En effet, les populations sont plus homogènes et on peut mesurer l'effet de l'anxiété sur la performance sportive. Lors d'une analyse préliminaire Fenz, lui même parachutiste (Fenz et Epstein, 1965) avait observé que, lors de leur premier saut, les novices, ne prenaient conscience de leur état émotionnel que juste au moment du saut. Certains déclaraient être relativement calmes mais constataient avec surprise que leurs genoux s'entrechoquaient au moment de sauter, d'autres étaient incapables de décider de quel pied ils devaient sauter et finissaient par renoncer au saut. Ces observations font penser évidemment aux symptômes observés dans les différentes formes de l'anxiété. Ces auteurs ont eu l'idée de comparer les évaluations subjectives des parachutistes expérimentés à des parachutistes novices à différents moments de l'entraînement précédant le saut et après le saut. Ils ont ainsi pu montrer que l'évolution de ces auto-évaluations n'était pas la même dans ces deux populations. L'appréhension était à son maximum chez les novices juste un peu avant le saut, alors que chez les parachutistes expérimentés, elle était à ce moment là à son minimum, favorisant ainsi la performance. En revanche, bien avant et après le saut, les parachutistes expérimentés présentaient des réponses indiquant une appréhension élevée. Dans tous les cas, l'appréhension verbale précédait les modifications physiologiques, l'ordre de ces modifications étant le suivant : rythme respiratoire, rythme cardiaque et activité électrodermale. Ces différences entre experts et novices et en particulier la réduction de l'activité physiologique au moment précis du saut chez les experts, reflètent l'existence d'un processus d'inhibition que les novices n'ont pas encore appris à maîtriser. L'exposition répétée à un événement stressant conduit à développer et à gérer des mécanismes d'activation et d'inhibition. Comme dans le cas des expériences de Miller, le gradient d'évitement semble plus pentu que le gradient d'approche. L'activation se développe lentement dans le temps, tandis que le freinage survient de façon assez brutale. On peut penser que cette évolution assure, chez les experts une meilleure préparation aux exigences du saut.

Le modèle d'anxiété fondé sur la compétition entre incitation à l'approche et à l'évitement n'est peut-être pas spécifique à l'anxiété; il convient aussi à l'interprétation de la névrose. Il est voisin de la névrose expérimentale telle qu'elle a été décrite par Pavlov (1927) et développée par Masserman (1950). C'est bien aussi le modèle de conflit entre des forces antagonistes qui a servi de principe aux premières modélisations de la névrose en sciences cognitives (Bonis et Fargeas, 1994).

La théorie des deux processus d'acquisition

Les caractéristiques essentielles de la théorie des deux processus peuvent être résumées ainsi : des stimulus initialement neutres peuvent acquérir par un simple effet de contiguïté avec des stimulus inconditionnés de douleur ou de peur une valeur anxiogène. C'est le premier processus qui s'apparente à un conditionnement classique.

Ce processus est responsable de la formation de l'anxiété. Pour expliquer l'entretien de l'anxiété, il faut faire appel à un second type de processus. Mowrer (1960) suggère l'idée que la réduction de la peur (ou de la douleur physique) constitue un « motif » d'apprentissage. Le processus sur lequel ce nouvel apprentissage s'établit diffère d'un processus primaire. Il prend appui sur les modifications de l'état interne du sujet. C'est cette modification interne qui contribue, par sa signification, à consolider la réponse. On parle alors de processus secondaire. La réduction de la peur, par évitement du stimulus inconditionnel, constitue alors un «moyen» pour établir de nouvelles réponses. Pour Gray (1975) le premier processus correspond à un conditionnement de peur, il s'explique par un mécanisme de type classique (conditionnement pavlovien), le second processus, correspondant à la réduction de la pulsion (la peur), relève d'un mécanisme de renforcement secondaire. Dans le cas d'un mécanisme de conditionnement de type pavlovien, l'anxiété sera considérée comme le produit par association avec des situations de menace directement en rapport avec des motifs de «peur innée». Ces situations de «peur innée» se caractérisent par quatre propriétés principales : l'intensité, la nouveauté, leur relation avec des dangers liés à l'évolution de l'espèce et à l'interaction sociale. C'est la première formulation de la théorie des émotions de Gray (1971). Dans le cas d'un mécanisme de renforcement secondaire, c'est l'inhibition de la réponse qui se substitue au stimulus inconditionnel pour faciliter l'acquisition de nouvelles réponses. En vertu du premier processus, l'anxiété est une réponse (acquise); en vertu du second, elle est en plus un motif indirect d'acquisition d'une réponse, puisque sa suppression consolide des effets concrets (fuite, évitement passif ou actif). Il est clair que ces deux processus ne s'excluent pas, mais interviennent en fonction du contexte.

En s'appuyant sur la théorie des deux processus, Gray a proposé de clarifier la formation d'une réponse d'anxiété en la réduisant à un petit nombre de «conditions» génériques. La plus simple concerne les peurs innées, sur la base desquelles l'anxiété peut s'acquérir. La seconde, concerne les situations de punition que le sujet cherche à éviter, et dont l'évitement effectif produit un effet sur l'état de l'organisme. La troisième est la situation de privation de récompense, une situation qui formellement ne se présente pas comme une punition mais comme l'effet de «quelque chose» qui aboutit finalement à une punition, et la dernière est la situation de nouveauté. (Gray (1972), p. 12). On notera que les situations de renforcement positif, autrement dit les situations agréables, sont sans relation avec la réponse anxieuse, qu'il s'agisse de son acquisition ou de sa suppression. Ce qui signifie que l'apparition de renforcements positifs dans l'environnement n'a pas le pouvoir d'enrayer l'anxiété. On peut en déduire que les systèmes appétitif et aversif se rapportent à des structures indépendantes. Cette séparation radicale entre «monde des émotions positives» et «monde des émotions négatives» n'est pas sans rappeler les thèses de Tomkins pour qui toute tentative pour compenser un état émotionnel négatif par des comportements d'approche et d'apaisement ne pourrait aboutir qu'à un échec dans la mesure où les deux systèmes travaillent «en parallèle» sans que l'un puisse exercer une influence sur l'autre (*cf. infra*). Les quatre conditions critiques ont pour effet d'activer un ensemble de structures neuro-anatomiques et fonctionnelles désignées «Système d'inhibition comportementale» (SIC). Les situations de récompense sont gérées par un ensemble de structures correspondant à un autre système le «SAC» ou «système d'activation comportementale».

Du modèle comportemental de l'anxiété au modèle conceptuel : Gray et le système d'inhibition comportementale

La théorie des deux processus a ouvert le champ à des expérimentations chez l'animal. Le modèle béhavioriste permet de circonscrire les conditions favorables au déclenchement de l'anxiété et d'attribuer une certaine spécificité à ces comportements normaux et pathologiques. Pour Gray (1982), la famille des troubles anxieux possède une unité qui se fonde sur la présence d'un système nerveux conceptuel : le système d'inhibition comportementale. Il est activé par la rencontre du sujet avec les quatre situations génériques que nous avons évoquées.

Ce système implique différentes structures cérébrales (*cf.* Bonis (1987), pour un exposé en français). On se limitera ici à indiquer les composants formels de ce système. Il est composé d'un sous-système activateur (le système activateur réticulaire ascendant) qui facilite, par ses propriétés énergétiques, l'acquisition de l'anxiété sur la base des peurs innées ; un système septo-hippocampique qui joue le rôle de comparateur entre des régularités stockées en mémoire ; et un générateur de prédictions, qui jauge les décalages entre ce qui est attendu et ce qui arrive effectivement. Le comparateur reçoit les informations sur l'état du monde extérieur, et il enregistre les décalages. C'est lui qui détecte l'accord entre les prédictions et la réalité (*match*) ou le désaccord («*mismatch*»). Dans le cas d'un «mismatch», un système d'alerte se déclenche, qui interrompt le cours de l'action, stoppe le déroulement des programmes moteurs en place, et active le système descendant d'inhibition.

Comment ces thèses néobehavioristes éclairent-elles la formation des différents symptômes de la famille des troubles anxieux ?

L'installation de l'anxiété peut s'expliquer par une facilitation du processus de conditionnement pavlovien (c'est principalement le système activateur ascendant qui est sollicité), mais il ne s'agit là que d'un chemin possible. Les troubles obsessifs-compulsifs résultent, quant à eux, d'une mobilisation excessive du «comparateur». Celui-ci fonctionne alors comme un moteur qui tourne en quelque sorte «à vide», répète les opérations de contrôle entre connu et inconnu sans parvenir à une décision. Les boucles rétroactives ne permettent pas de stopper les vérifications, autant de manifestations cliniques des troubles compulsifs et obsessionnels.

Les phobies sont quant à elles expliquées par l'activation directe du système d'inhibition comportementale. Cette explication paraît assez peu satisfaisante d'un point de vue psychologique. La question des phobies reste assez énigmatique. On ne peut pas rendre compte de leur diversité en s'appuyant sur un mécanisme explicatif. En dépit de leur diversité, les phobies ne s'attachent pas à n'importe quel objet de la nature ou de la culture. Au-delà des liens formés par contiguïté et renforcements secondaires; il faudrait peut-être aussi envisager des liens symboliques interprétant l'histoire culturelle des phobies. Deux hypothèses principales ont été proposées. La première repose sur la notion de «préparation», un terme introduit par Seligman (1971) pour désigner certains phénomènes obscurs relevant des caractéristiques propres aux différentes espèces vivantes; la seconde sur la notion non moins obscure «d'incubation» proposée par Eysenck (1968). Préparation et incubation renverraient à l'existence d'un «démon» caché susceptible d'engendrer par génération spontanée la réaction de peur. Selon l'hypothèse de Seligman, Rachman et Seligman (1976), d'inspiration darwiniste, certains objets ont le pouvoir de déclencher des réactions phobiques parce qu'ils possèdent le pouvoir de nuire à la préservation de l'espèce. De ce point de vue, certains stimulus auraient en puissance cette caractéristique de préparation salutaire à l'évitement actif de situations dommageables pour l'individu. Ceci est vrai pour la phobie des serpents ou des araignées, qui sont des phobies courantes. Mais comment se fait-il que même l'animal — le singe — qui n'a jamais été mis en présence de tels stimulus et qui ne «connaît» donc pas le risque qu'ils représentent, développe des réactions de peur. Comment expliquer d'autre part que des objets tels que des pistolets ou des couteaux, voire des visages exprimant des émotions de colère ou de menace, même lorsqu'ils sont présentés de façon subliminale comme dans les travaux de Öhman et Dimberg (1978; Öhman, 1979) engendrent des peurs conditionnées qui se transforment rapidement en équivalents de phobies? Les mécanismes de la formation des phobies restent difficiles à expliquer dans le cadre strict du conditionnement et de l'apprentissage. Comment se peut-il en effet que l'association entre un stimulus conditionné de peur puisse s'établir en l'absence de toute association entre ce stimulus et un autre stimulus inconditionnel? Comment, dans ce cadre, peut-on expliquer la peur des serpents si l'on n'a jamais rencontré de serpent ou été piqué par un serpent ? Pour Eysenck, ce cas particulier correspond à un phénomène d'« incubation » en vertu duquel, il serait possible de développer des phobies devant certains objets qui n'ont jamais été associés dans l'histoire de l'individu (ils peuvent l'avoir été dans l'histoire de l'espèce) à des stimulus inconditionnés de peur (peurs innées).

Ni le facteur « préparation », ni le facteur « incubation » ne semblent pouvoir rendre compte du caractère acquis ou inné des phobies.

Les phobies apparaissent comme des phénomènes qui s'installent à des moments particuliers du développement génétique dans l'espèce, qui portent sur des objets (comme l'agoraphobie, peur des grands espaces, ou la claustrophobie, peur des espaces clos) dont la signification menaçante n'a qu'un rapport très indirect avec les objets de peur innée. Le mécanisme d'installation de ces phobies ne peut être expliqué par les principes du conditionnement classique. L'implication du système d'inhibition comportementale dans les symptômes phobiques, ne peut s'expliquer que par le sous-système inclus dans ce système général, sous-système qui analyse les informations en tenant compte de leurs multiples facettes. Le comparateur joue ce rôle d'analyseur des facettes de l'objet en traitant les éléments communs aux peurs innées et aux autres peurs.

La plupart des arguments invoqués par Gray pour rendre compte de la spécificité des situations qui déclenchent l'anxiété et activent le système d'inhibition comportementale sont issus d'expérimentations chez l'animal. Ces expérimentations ont pour but de mettre en évidence, les facteurs critiques dans le traitement des situations de suppression de la récompense (« *frustrative non reward* »), d'administration de renforcements négatifs. On démontre que des drogues anxiolytiques n'ont d'effet que sur le comportement de l'animal dans ces situations critiques. Le fait que ces drogues anxiolytiques modifient le fonctionnement du système d'inhibition comportementale apporte des preuves supplémentaires à la validité du modèle animal. L'étude de l'effet de lésions sélectives des différentes structures anatomiques du système d'inhibition corrobore certaines hypothèses. Comparée à l'expérimentation animale, l'expérimentation humaine comporte des limites fixées par les codes de déontologie des psychologues. Il existe néanmoins des moyens d'établir des ponts entre modèle animal et modèle humain de l'anxiété. Gray (1973) s'est expliqué très clairement sur ce point dans un chapitre intitulé : « Les théories causales de la personnalité et comment les tester. » La transposition des preuves de la théorie passe par l'exploitation des différences individuelles chez l'homme.

L'analyse des différences individuelles chez l'homme en matière d'anxiété constitue en effet un analogue naturel de manipulations souvent invasives (lésions, administration de drogues, etc.) que l'on pouvait s'autoriser dans les années 1980 chez l'animal, le rat en l'occurrence. L'analyse comparative des sujets présentant un «disposition à réagir de façon anxieuse» ou une «disposition à ne pas réagir de façon anxieuse» dans les situations critiques fournit un moyen de montrer que le modèle animal se généralise à l'homme. Si l'administration d'anxiolytiques chez l'homme produit les mêmes effets que chez l'animal dans ces mêmes situations critiques, la boucle est bouclée et le fossé qui séparait recherche sur l'humain et recherche sur l'animal est comblé, au moins pour cette dimension très générale du comportement qu'est l'anxiété. Il reste encore à se doter des instruments de mesure des différences individuelles de l'anxiété chez l'homme. C'est un problème que nous allons maintenant examiner. A vrai dire, les vérifications expérimentales de cette théorie de l'anxiété chez l'homme sont extrêmement rares. On peut citer une étude de Naveteur (1987) mettant en évidence une inhibition des réponses cardiaques et électrodermales sous l'effet de conditions frustrantes et une absence de cette inhibition dans des conditions positives i.e. projection de diapositives agréables et/ou érotiques (Naveteur et Freixa i Baqué, 1987).

Le rapprochement de ces résultats avec la théorie du système d'inhibition comportementale est séduisant. Cependant, il est limité pour deux raisons. La première est qu'à ces situations agréables et désagréables ne correspondent pas des situations d'apprentissage au sens strict, la seconde est que Gray lui-même s'est toujours interdit de faire des prédictions sur les modifications périphériques en rapport avec le système d'inhibition comportementale[1].

L'ANXIÉTÉ ET LA PERSPECTIVE PERSONNOLOGIQUE

L'anxiété comme trait de personnalité
De la théorie de l'apprentissage
à l'étude des différences individuelles

L'école d'Iowa : les travaux de Spence et Taylor-Spence

On peut considérer que la décennie cinquante a marqué un moment important dans l'histoire des théories néobehavioristes de l'anxiété, non plus dans la recherche des causes mais dans celle des conséquences. Reprenant l'équation de Hull (1943) qui reliait la force d'une réponse comportementale à deux concepts hypothétiques : la force de l'habitude (sHr) et le «*Drive*» (D), Spence suggère d'évaluer l'intensité du «*Drive*» à partir de la somme des réponses à un questionnaire : le questionnaire d'anxiété manifeste de Taylor (TMAS). Dans ses «Principes du comportement», Hull résume l'intervention de l'état de mobilisation de l'organisme dans l'acquisition d'une réponse dans la formule suivante

L'équation de Hull

$$sEr = sHr \times D*$$

sEr correspond au potentiel d'excitation, il définit la force de la réponses et donc sa capacité à être évoquée, sHr est la force de l'habitude. Dans cette équation, «D», correspond soit à la pulsion primaire ou motivation primaire ; on peut la faire varier chez l'animal en manipulant la satisfaction d'un besoin, comme la faim, la soif ou encore le besoin sexuel ; $D*$ à la force conjointe de toutes les motivations primaires et secondaires à un moment donné.

En vertu de cette formule mathématique, la performance sera le résultat d'une fonction multiplicative de l'expérience antérieure et de l'intensité de la pulsion généralisée. Il existe une parenté évidente entre cette équation générale et la loi de Yerkes-Dodson (1908) selon laquelle la réussite dans une tâche est reliée de façon curviligne à l'intensité de la motivation. Selon cette loi, la performance sera d'autant plus adaptée que le niveau de motivation sera moyen, ni trop élevé, ni trop bas (Bonis, 1967, 1968).

Les relations entre motivation et performance ont été étudiées par Hull et par Yerkes-Dodson chez l'animal. L'innovation de Spence a consisté à définir l'intensité de la pulsion généralisée (*Drive*) à l'aide d'un questionnaire de façon à analyser «Les principes du comportement» chez l'homme. «L'utilisation de la TMAS (Echelle d'Anxiété Manifeste de Taylor) a reposé sur l'hypothèse que le score total à ce questionnaire traduisait l'intensité de la réactivité émotionnelle, qui à son tour contribuait au niveau du «*drive*» (Taylor, 1956). Afin de valider cette conception de l'anxiété en termes de «pulsion non spécifique», un certain nombre de recherches ont été réalisées chez le sujet humain. On a pu montrer que des sujets présentant une note élevée d'anxiété avaient tendance à présenter des performances plus faibles dans des situations d'apprentissage verbal (apprentissage associatif de liste de paires de mots) comportant des réponses compétitives. En vertu de l'équation de Hull, dans ce cas, l'anxiété «potentialise» aussi bien les réponses justes que les réponses fausses. Dans plus d'une vingtaine de recherches réalisées par l'école d'Iowa, les résultats confirment l'hypothèse en accordant ainsi une validité hypothético-déductive au questionnaire de Taylor. On se trouve ici en présence d'un cas exemplaire « d'hybridation » entre les deux disciplines en psychologie, la psychologie expérimentale et la psychologie différentielle (Guilford, 1954, 1975). Cette hybridation va donner naissance à une prolifération de recherches sur l'influence de l'anxiété, mesurée par des questionnaires, en particulier la TMAS, sur les différentes fonctions cognitives, intelligence, attention, mémoire, décision, processus inconscients (Williams *et al.*, 1988). Pour donner une idée de cette prolifération, il n'y avait d'après les recensions faites à partir des « Psychological abstracts », que 3 références en 1927, 14 en 1931, 37 en 1950, 222 en 1960 (Lewis, 1970). En 1970 nous en relevions plus de 413 (Bonis, 1972).

Que mesure le questionnaire d'anxiété manifeste de Taylor :
un état de l'organisme ou un trait de personnalité ?

Le questionnaire d'anxiété de Taylor (TMAS) mesure les différences individuelles d'anxiété chronique. Il comporte 50 items qui ont été extraits de l'Inventaire Multiphasique de personnalité du Minnesota (MMPI). Autrement dit la sélection des items de cette échelle supplémentaire du MMPI s'est faite à partir des symptômes présentés par des malades psychiatriques. Plusieurs analyses factorielles ont été réalisées sur les réponses à ce questionnaire (O'Connor *et al.*, 1956; Fenz *et al.*, 1965, 1967; Bonis, 1970). Les méthodes d'analyse factorielle appliquées diffèrent d'une étude à l'autre : certains auteurs préfèrent donner une représentation orthogonale, d'autres sont des inconditionnels des représentations obliques, les populations leur taille et leurs caractéristiques, varient considérablement et enfin le nombre de facteurs retenus avant ou après rotation est laissé au choix du statisticien, la dénomination des facteurs au choix du psychologue. Dans ces conditions il est bien difficile de donner une réponse univoque. Suivant les analyses, il persiste un facteur général même après rotation varimax (Bonis, 1972) qui se subdivise en deux facteurs constants : les sentiments subjectifs négatifs (représentés par des items comme *inquiétude, mauvais sang, soucis, effondrement*) et des impressions somatiques correspondant à l'activité des systèmes para et ortho sympathiques comme *transpiration, nausées, tremblements, palpitations*, etc. (Bonis, 1970, 1973a et b). Dans certaines études, les symptômes somatiques séparent les symptômes végétatifs des symptômes moteurs (Fenz *et al.*, 1965). Ce sont en général ces mêmes composantes que l'on retrouve lorsqu'au lieu d'utiliser des questionnaires d'anxiété on emploie des échelles d'appréciation portant sur le comportement observé (Hamilton, 1959; Schalling *et al.*, 1970; Bonis, 1974).

Bien que les items de la TMAS soient extraits d'un inventaire destiné à décrire des profils de malades psychiatriques, névrosés et psychotiques, le score à ce questionnaire possède un pouvoir classant chez des sujets exempts de maladie mentale. Il existe des étalonnages permettant d'ordonner des sujets normaux sur cette dimension et de distinguer des sujets très ou très peu anxieux. Tous les névrosés n'ont pas des notes d'anxiété élevées, certains, comme les hystériques ont des notes très basses, le score à la TMAS ne se confond donc pas avec la névrose. Certains psychotiques, comme les hébéphrènes, sont plus anxieux que certains névrosés; l'anxiété ne se confond pas non plus avec la psychose.

Peut-on en déduire que l'anxiété est une dimension générale de la personnalité sur laquelle tous les individus pourraient être classés? L'anxiété possède-t-elle les deux propriétés d'un trait : la constance trans-situationnelle, c'est à dire éprouver de l'anxiété quelle que soit la situation rencontrée, et la constance temporelle, lorsqu'un individu est décrété anxieux, cette anxiété constitue-t-elle une dimension stable de son comportement au cours du temps?

Les réponses qui ont été données à ces questions sont très diverses. On peut cependant en dégager trois principales. La première est positive, elle repose sur une approche empirique : oui, l'anxiété est une dimension générale de la personnalité. A condition de se doter d'un arsenal de méthodes, il est possible d'obtenir des mesures convergentes et discriminantes. On pourra inférer le degré d'existence d'une dimension comme l'anxiété en montrant que les corrélations entre mesures de l'anxiété appréhendées par des méthodes d'approche différentes sont plus élevées que celles correspondant à deux traits différents estimés à partir de la même méthode. C'est la notion d'approche «Multi-trait-Multi-méthode» dont les principes ont été définis par Jackson (1969) et utilisés de façon systématique par Cattell (1973). La seconde est partiellement négative, elle se fonde sur une approche hypothético-déductive. Certes, les sujets diffèrent du point de vue de l'anxiété, mais ces différences ne sont pas assez puissantes pour permettre des prédictions suffisamment précises des comportements, pas plus que de la pathologie mentale. L'anxiété résulte de la combinaison de plusieurs traits qui sont eux susceptibles de conduire à des prédictions justes. C'est la position d'Eysenck. La troisième réponse est mitigée, elle postule que l'anxiété ne possède pas une constance trans-situationnelle suffisante, qu'elle est dépendante de certaines situations. C'est la position du courant interactionniste représenté notamment par Endler, Hunt et Magnusson.

Il existe évidemment d'autres opinions négatives considérant que le trait « anxiété » comme tous les autres traits de personnalité n'ont qu'une existence virtuelle. Ils seraient les reflets des catégories, voire des vues de l'esprit (Schweder, 1977; Schneider, 1973). Il n'y a pas lieu de discuter ici ces positions regroupées sous la rubrique des théories implicites de la personnalité dans la mesure où elles proposent une vision plus linguistique et anthropologique que véritablement psychologique et qu'elles rejettent la notion de trait de personnalité dans son ensemble (*cf.* Bonis (1983) et Huteau (1985) pour une discussion). Nous nous contenterons d'examiner les arguments présentés par les trois principaux courants qui reconnaissent tous un certain degré d'existence aux traits de personnalité en général et à l'anxiété en particulier.

L'anxiété dans la sphère de la personnalité : le modèle de Cattell

Pour Cattell, l'un des principaux représentants du modèle des traits, la construction de la sphère de la personnalité repose sur des bases essentiellement empiriques gouvernées par un principe d'exhaustivité. On retiendra tous les traits pour lesquels une mesure est possible, sensible, fidèle et répétable. L'objectif est de parvenir à identifier des *traits-source* véritables unités pures, inaccessibles à l'œil nu, dont on peut avoir une idée approximative en regardant la composition des *traits de surface*. Ces traits de surface présentent un inconvénient pour le scientifique. Leurs contenus se chevauchent et il est difficile de délimiter avec précision ce qui appartient à un trait ou à un autre. On gagne en facilité d'interprétation car les traits de surface évoquent des comportements observables; mais on perd en rigueur de classification. C'est comme si, et l'image est proposée par Cattell lui-même, on devait départager des nuages qui seraient disséminés dans le ciel. Il n'est pas possible de fonder l'existence de différences individuelles en matière de personnalité sur la base d'une seule méthode.

La démarche suivie pendant plus d'un demi-siècle avec la même constance et la même conviction par Cattell procède par étapes. On part d'une liste de 4000 mots du langage courant recensés par Allport et Odbert (1936). On restreint cette liste à un échantillon représentatif de descripteurs. On passe des traits, au sens de caractères descriptifs (des mots du lexique) à des traits de surface. Ces traits de surface sont déjà des éléments qui ont subi des transformations grâce à l'application d'un modèle mathématique : l'analyse factorielle. De ces traits de surface on extraira des traits-source, qui sont, comme on l'a dit, des entités plus abstraites. C'est par des analyses successives des dimensions sémantiques essentielles que ces mots recouvrent qu'on parviendra à décrire la sphère de la personnalité. Celle-ci est représentée de façon satisfaisante par 16 facteurs obliques (15 facteurs de personnalité, plus l'intelligence). Les données à partir desquelles ces 16 dimensions sont validées s'appuient sur trois catégories d'observation : les L(ife)-data ou données d'observation du comportement dans la vie courante; les T(est)-data qui sont obtenues à l'aide de réponses à des épreuves expérimentales et des Q(uestionaire)-data qui correspondent à des réponses aux questionnaires. Toutes les dimensions ne sont pas également accessibles à ces mesures, certaines sources de données L, T ou Q rendent mieux compte de telle ou telle dimension. Pour Cattell (1973), pas moins de sept facteurs obliques extraits de 814 variables sont nécessaires pour rendre compte de la dimension anxiété. Ces sept facteurs correspondent respectivement à la tension ergique, le manque de contrôle de la volonté, la culpabilité ou tendance à la dépression anxieuse, la méfiance, l'émotivité, la timidité («threctia»), l'absence de conformité au groupe («autia»). Il s'agit de facteurs de second ordre qui ont le mérite de correspondre à une structure factorielle reproductible dans des échantillons d'âge et de sexe différents et qui, de plus, apparaissent stables en fonction du temps.

L'anxiété dans le modèle hiérarchique de la personnalité d'Eysenck

Bien que le modèle d'Eysenck s'appuie, de même que celui de Cattell, sur les principes de l'analyse factorielle (centroïde, pour le premier, avec rotations obliques pour le second), la réponse fournie par ces deux conceptions à la question : «l'anxiété est-elle une dimension unitaire de la personnalité?» n'est pas la même. C'est principalement en raison de la nature des démarches méthodologiques que les réponses divergent. Eysenck ne part pas, comme Cattell, du langage courant, celui-ci ne lui paraît pas une base solide pour «remonter aux dimensions primaires». Il pose à l'avance un petit nombre de dimensions primaires qui seraient les expressions phénotypiques de facteurs génotypiques. Ces dimensions s'articulent selon un modèle hiérarchique de la personnalité. Il reconstruit quatre niveaux de ce modèle hiérarchique qui, de bas en haut, représente : les réponses spécifiques, les habitudes de comportement, les traits et les types. Ces quatre niveaux correspondent de façon assez étroite à des critères mathématiques. Le niveau le plus bas est constitué par des facteurs «d'erreurs» : les réponses spécifiques; celui qui vient juste après, par des facteurs spécifiques : les habitudes; viennent ensuite les facteurs de groupe qui sont les traits, c'est-à-dire des facteurs spécifiques desquels on a soustrait l'erreur de mesure; et au sommet, les types correspondant à des facteurs spécifiques qui ont perdu leur coefficient d'erreur, leur variance spécifique, leur variance de groupe pour finalement devenir « les causes déterminantes du comportement » (Eysenck et Eysenck, 1969).

Il n'existe que trois « types » au sommet de la hiérarchie : le névrosisme, l'introversion-extraversion et le psychoticisme. L'anxiété ne fait pas partie de cette famille d'éléments super-ordonnés, les types. Elle est incluse, sous-ordonnée et correspond à la combinaison entre le névrosisme et l'introversion. Initialement, l'Inventaire de Personnalité du Maudsley (MPI) permettait de mesurer Névrosisme et Introversion. Plus récemment une autre version de ce questionnaire, L' EPI (*Eysenck Personality Inventory*) a été proposée. Cette nouvelle version ne modifie pas considérablement l'évaluation de l'anxiété qui reste le produit de l'introversion et du névrosime. Elle permet en revanche d'avoir une meilleure estimation des dimensions constitutives de l'introversion-extraversion que sont la sociabilité et l'impulsivité.

Comment concilier les positions respectives de Cattell et d'Eysenck?

S'agit-il d'une question de mots, de dénomination des facteurs, comme le pense Eysenck, pour qui ce que Cattell appelle anxiété correspond en réalité à son névrosisme? On sait d'après la revue d'Adcock (1965) que les corrélations entre ces deux estimations sont très élevées (r bp=.74). S'agit-il d'une question plus technique relative aux méthodes factorielles utilisées dans l'un et l'autre cas? Dans les différences de dénomination (anxiété-névrosisme), il y a bien plus qu'une question de mots. Pour Eysenck, le névrosisme correspond à un « type », c'est à dire à une configuration spécifique de réponses, configuration qui se rencontre de façon plus fréquente que d'autres configurations. Cattell n'a jamais assimilé son facteur de second ordre, l'anxiété à un type. Il a respecté, en bon factorialiste, une utilisation de l'analyse factorielle d'un plan R (composé d'un tableau comportant en lignes les sujets et en colonnes les réponses aux différentes variables) comme modèle dimensionnel, et non comme modèle typologique. Eysenck, prétend dériver des types à partir de l'analyse factorielle en plan R, ce qui n'est pas une procédure légitime. Le névrosisme pas plus que les autres dimensions du modèle hiérarchique d'Eysenck, n'ont le statut de types. On pourra consulter à ce propos les querelles d'écoles entre factorialistes, héritiers de Burt, comme Eysenck et ceux, héritiers de Stephenson (1953) comme Block (1961). Eysenck entretient une ambiguïté sémantique entre une définition mathématique (configuration de traits) et une conception neuropsychologique des types, conception qu'il emprunte à la théorie des types de Teplov (Nebylitsyn et Gray, 1972). Cette théorie des types de personnalité est elle-même dérivée des idées de Pavlov sur les types d'activité nerveuse supérieure

(ANS). Cette conception repose sur une dynamique des processus nerveux, dynamique gouvernée par deux forces antagonistes, excitation et inhibition, à partir desquelles on pourra décrire des états d'équilibre, de mobilité et de dynamisme. La validité hypothético-déductive du névrosisme devrait être établie sur la base de prédictions entre névrosisme et conditionnement classique, celle de l'introversion-extraversion aussi. Les introvertis, seraient caractérisés par la faiblesse des processus d'inhibition, le rapport entre inhibition et excitation serait élevé, ce qui expliquerait qu'ils forment des réactions conditionnées à la peur très facilement. Ce rapport entre inhibition et excitation serait inverse chez les extravertis. Il en résulterait une faible propension à former des réactions conditionnées de peur. C'est sur la base de la force relative des processus d'inhibition et d'excitation qu'Eysenck (1967) fait reposer l'explication de certains comportements plus complexes comme les comportements sociaux.

La solution de Gray

La solution proposée par Gray (1970) pour réconcilier les points de vue d'Eysenck et de Cattell est étayée par une double argumentation. La première est d'ordre technique, elle consiste à transformer le système factoriel (orthogonal) d'Eysenck dans un système en facteurs obliques, et à spécifier les prédictions des effets de l'anxiété dans le cadre d'une théorie du conditionnement élargie à la théorie de l'apprentissage. Gray va donc s'employer à démontrer que : a) l'anxiété est bien une dimension pertinente de la personnalité, qu'elle est prédictrice de comportements et que, b) la validité hypothético-déductive de sa théorie de l'anxiété est assurée par la sensibilité des sujets anxieux à certains programmes de renforcement. On peut alors montrer que l'anxiété permet de prédire le comportement dans des situations spécifiques, celles de punition (*cf. supra*). L'anxiété ne modifie pas en revanche, les réponses dans des situations de récompense.

Le modèle de Gray, résumé dans le graphique suivant, montre que l'alternative ainsi offerte est séduisante.

Cependant, les travaux expérimentaux qui pourraient étayer cette solution ont été essentiellement menés chez l'animal, la preuve apportée par les effets spécifiques des anxiolytiques sur les situations de punition, de suppression de récompense et de nouveauté, n'a pas été vérifiée expérientalement chez le sujet humain.

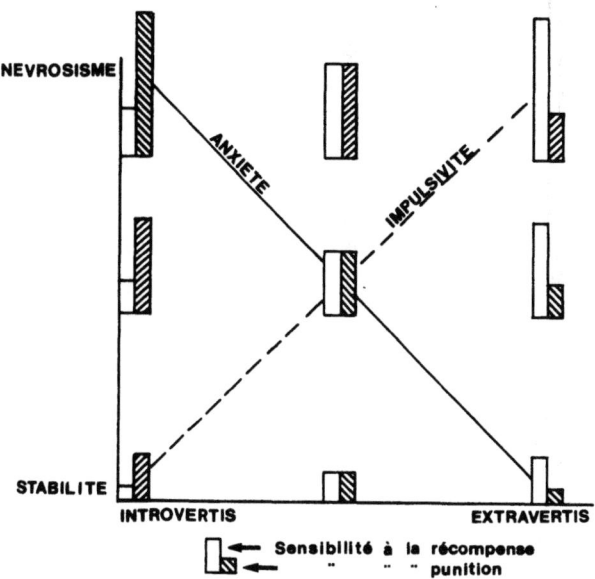

Fig. 4 – L'anxiété dans le modèle de Gray (1970).
Les axes obliques correspondent aux dimensions jugées pertinentes pour prédire la sensibilité au renforcement. Les axes orthogonaux correspondent au modèle hiérarchique de la personnalité d'Eysenck.

L'anxiété-trait :
un phénomène dépendant d'une méthode de mesure ?

La plupart des travaux sur l'anxiété-trait de personnalité ont été menés à l'aide de la technique des questionnaires et du modèle d'analyse factorielle. Or, de nombreux auteurs ont suspecté la validité des questionnaires et de façon plus générale les réponses verbales. La validité du concept d'anxiété-trait dépend ainsi la confiance que l'on peut accorder à de tels instruments.

Quelle confiance faut-il accorder aux données subjectives des questionnaires ? Pour bon nombre d'auteurs, la somme des réponses aux questionnaires révèlerait en fait deux attitudes de réponse : la tendance à l'acquiescement, c'est à dire à répondre « oui », indépendemment du contenu sémantique de l'item, et la désirabilité sociale, soit la tendance manifestée par un sujet à endosser des items qui donnent une vision favorable de lui-même. Les questionnaires d'anxiété n'ont pas échappé à cette mise en cause de leur validité (*cf.* Bass et Berg (1959), Jackson et Messick (1961) et Block (1965) pour la vive controverse que ce point de vue a suscitée). On a proposé de corriger les biais de réponse par des artifices techniques ou par l'utilisation d'autres procédures d'investigation comme le Q-Sort (Block, 1961; Bonis et Lebeaux, 1975). Cette technique consiste à demander au sujet de classer des items selon leur pertinence, la forme de la distribution peut-être imposée ou libre, normale ou rectangulaire (Bonis *et al.*, 1978). Il est vrai que le fait d'obliger les sujets à répondre à des questions dont le format est à choix forcé réduit considérablement la tendance à l'acquiescement (Heineman, 1953). On a aussi suggéré de remplacer les réponses subjectives par des réponses objectives, et en particulier des mesures psychophysiologiques (Lader et Marks, 1972). Ainsi pour Malmo (1958), mais aussi pour Claridge (1967), puisque l'activité physiologique est la clé qui permet de distinguer des sujets qui ont un «*drive*» élevé de sujets qui ont un «*drive*» peu élevé, les mesures physiologiques directes sont de bons, voire de «meilleurs» indicateurs de l'anxiété. La substitution des mesures physiologiques aux mesures «subjectives» se heurte à un certain nombre de difficultés. Pour qu'elles soient complémentaires, mesures subjectives et objectives devraient avoir un minimum de communauté, ce n'est pas toujours le cas. D'une part, le nombre de «bons» indicateurs de l'anxiété est très élevé, on l'a estimé à plus de 44. Pour en donner un compte rendu exact, il faudrait les mesurer simultanément et «harnacher» le sujet de multiples capteurs. Mêmes si les techniques polygraphiques permettent aujourd'hui des enregistrements de réponses multiples, leurs capacités sont encore limitées. D'autre part, il ressort des études de corrélations entre indices psychophysiologiques et anxiété rapportée (rapports spontanés ou réponses aux questionnaires) que les coefficients sont faibles. Selon de Mc Reynolds (1968), elles n'excéderaient pas des valeurs absolues de .30. Les théories psychophysiologiques périphériques de l'anxiété qui se sont succédées depuis la notion d'équilibre vagotonique (Wenger, 1941), la théorie de l'activation et de l'éveil (Lindsley, 1951; Malmo, 1972) jusqu'à la notion d'antagonisme entre les systèmes ergo et tropho-trophique (Gellhorn, 1965) n'ont pas permis d'obtenir de meilleurs ajustements entre réactivité objective et subjective. On a suggéré que les rapports verbaux pouvaient être considérés comme des intégrateurs des réponses psychophysiologiques dans la mesure où ils sont souvent en corrélation étroite avec une réponse psychophysiologique, alors que les réponses psychophysiologiques sont faiblement corrélées les unes avec les autres (Bonis, 1977a et b). La réponse à la question : «les équivalents psychophysiologiques de l'anxiété correspondent-ils à une dimension unitaire du comportement?» reste bien incertaine. «Il n'y a pas *une* mesure de l'anxiété» (Lader (1969), p. 53-61, c'est nous qui soulignons), mais plusieurs. Il n'est pas vrai pour autant que les équivalents périphériques de l'anxiété soient inorganisés. Leur variation répond à des règles propres qui dépendent en partie des systèmes physiologiques auxquels les réponses appartiennent, et ils possèdent une organisation bien définie incompatible avec l'idée de dimension unique. Cette organisation correspond à une structure configurationnelle. Les configurations de réponses physiologiques sont spécifiques à chaque individu et on peut aussi isoler des configurations propres à des situations. Les notions de spécificité individuelle et situationnelle introduites par Lacey (1967) et Lacey et Lacey (1970) semblent devoir réfuter l'idée d'une dimension unique sur laquelle tous les individus pourraient être classés. S'il en était ainsi, on devrait trouver des dimensions communes à plusieurs indices d'éveil périphérique, or ce n'est pas le cas, les indices sont très faiblement corrélés entre eux, quelquefois les corrélations sont voisines de zéro et la plupart du temps, la part de variance expliquée n'est pas plus élevée que celle attribuable à l'erreur de mesure. Les notions de spécificités individuelle et situationnelle renvoient à une description idiographique des différences interindividuelles rendant difficile une comparaison systématique entre individus. On voit bien ici que ce ne sont pas les méthodes subjectives ou introspectives qui sont à remettre en cause, mais la conception même de la mesure en psychologie, en termes soit de modèle dimensionnel soit de modèle configurationnel.

La dissociation entre anxiété-trait et anxiété-état

Lorsque Spence a proposé d'opérationnaliser le «*drive*» tel qu'il apparaissait dans «Les Principes du Comportement de Hull» (1943), il avait en tête un certain «état» de mobilisation de l'organisme. Le questionnaire d'Anxiété Manifeste de Taylor se révéla comme un moyen commode d'étudier cet état chez le sujet humain. La question des différences individuelles ne préoccupait Spence que fort peu dans la mesure où son véritable projet était de spécifier les lois générales de l'apprentissage. Ce qu'il a voulu montrer était que le «*drive*», en potentialisant en même temps, dans un apprentissage verbal associatif, les bonnes comme les mauvaises réponses, avait un effet délétère sur la performance. Cet effet délétère restait spécifique à des apprentissages comportant des réponses compétitives. Plus tard, on a considéré que les sujets anxieux devaient échouer dans les tâches «difficiles», pas seulement celles qui comportaient des réponses compétitives alors que leurs réussites devait être supérieures dans les tâches faciles (Bonis, 1968).

Que ce «*drive*» constitue ou non une dimension permanente de l'individu était pour Spence de peu d'importance. L'hypothèse selon laquelle, dans certaines circonstances exceptionnelles, des sujets ne présentant pas *habituellement* de tendance à développer des réactions anxieuses peuvent néanmoins en manifester, demeurait plausible. Il restait donc à différencier l'anxiété-trait de l'anxiété-état. Dans quelle mesure les caractéristiques de l'état anxieux correspondent-elles à l'anxiété-trait? Quelle est la part de la situation dans l'apparition de cet état-anxieux? Ce sont autant de questions qui ont fait l'objet des préoccupations des héritiers spirituels de Spence, Irving Sarason et Charles Spielberger (1975, 1966, 1972).

Bien que cette distinction entre trait et état soit fort ancienne — Lewis (1970) et Eysenck (1983) rappellent qu'elle remonte à Cicéron[2], ce n'est qu'avec les travaux psychométriques de Cattell (1962) qu'elle a reçu une définition opérationnelle.

Pour Cattell, «La taxonomie des patrons de comportement doit comporter aussi bien des états que des traits. Les psychométriciens, absorbés dans le problème de la définition des traits, ont jusqu'à une date récente, négligé l'estimation des états... Et pourtant, si l'on veut prédire le comportement d'un sujet, il est peut-être plus utile de connaître son état d'humeur, de savoir s'il est triste ou gai, en colère ou amoureux, que de connaître sa note dans tel ou tel trait» (Cattell (1973), p. 13). Le trait anxiété doit correspondre à un facteur stable au cours du temps. La dimension «trait» résultera de la conjonction entre une variabilité interindividuelle et la permanence de cette variabilité au cours du temps. Le concept d'état se dégagera de la variabilité intra-individuelle ou intra-groupe en fonction des moments de la mesure.

Cattell et le modèle psychométrique des états
Les définitions factorielles de l'état anxieux

On a vu que le trait devait être extrait d'une analyse factorielle des variables observées (notamment des réponses à des questionnaires), cette analyse sera effectuée en plan R. Plusieurs variables seront enregistrées sur plusieurs individus, et l'on étudiera les corrélations entre les variables. L'anxiété-trait émerge comme facteur-source d'une combinaison additive de facteurs de surface.

L'identification de l'anxiété-état s'effectue différemment; elle comporte deux étapes. Il faut d'abord montrer qu'il existe une configuration de variables permettant de distinguer un état d'un autre état, et ensuite que la configuration de variables spécifiques à un état possède une unité, c'est à dire que les éléments qui la composent apparaissent et disparaissent en même temps. Les plans factoriels associés à cette définition psychométrique de l'état correspondent à des mesures répétées de façon systématique sur un seul individu (plan P) ou sur plusieurs individus à différentes occasions (plan O). Ces plans ne réclament donc pas nécessairement l'enregistrement de réponses sur plusieurs individus, un seul individu évalué sur un grand nombre de variables peut convenir. L'échantillonnage des occasions ou des moments doit être suffisamment représentatif dans les plans O et P, comme doit l'être, dans le plan R, l'échantillonnage des sujets.

Les limites du modèle factoriel dans la définition des états

Cependant, autant l'analyse en plan R est facile à exécuter, autant les plans P et O réclament des conditions d'expérimentation exorbitantes. Une estimation correcte en Plan O nécessiterait un nombre minimum d'occasions de l'ordre de 30 pour assurer une élimination des erreurs de mesure aléatoires. La répétition des mesures dans un plan P sur un même sujet est susceptible d'entraîner de son coté des biais méthodologiques. On n'est pas tout à fait sûr que les facteurs correspondant à la mesure du « changement » ne sont pas finalement les reflets des fluctuations dues à des erreurs systématiques de mesure.

Entre 1961 et 1966, Cattell s'est employé à perfectionner la formalisation mathématique de la mesure des états. L'analyse factorielle des différences dans les réponses (« *d-R incremental* ») entre occasions qui a été proposée ne permet pas de contrôler les effets des niveaux de base (Cattell, 1963), une différence égale en valeur absolue n'ayant pas la même signification psychologique selon qu'elle apparaissait à des niveaux de base faible ou élevée. Cattell a donc suggéré de travailler, non pas sur les notes brutes, mais sur les notes réduites. Dans ce cas, il reste à déterminer si la transformation en notes réduites portera sur les données recueillies au temps T1 (occasion 1) ou au temps T2, ou si l'on mélangera les données au temps T1 et T2 avant d'effectuer la normalisation. Ces solutions peuvent aboutir à des résultats assez différents. Cattell a spécifié des conditions de vérifications plus sévères que la simple identification des facteurs de changement en fonction des occasions. Parmi ces conditions, on peut en retenir quatre. Le rapport entre la variance intra-individuelle et la variance interindividuelle doit être plus élevé dans le cas de l'état que dans celui du trait ; la dépendance entre le niveau initial de l'état et l'importance du changement doit être plus grande pour le trait que pour l'état ; la réversibilité des états doit être plus grande que celle des traits ; les variations des états devraient être de forme sinusoïdale, celles du des traits, non sinusoïdales. Aucune de ces conditions supplémentaires n'a été mise en pratique, ces suggestions sont restées dans le domaine spéculatif. La périodicité des états reste un phénomène encore assez mystérieux ; leur durée est d'une variabilité infinie, pour certains moins d'une heure, pour d'autres le temps d'une saison. On ne connaît pas avec suffisamment de précision la façon dont les états modifient les traits. On pense que les états sont réversibles alors que les traits, lorsqu'ils évoluent, adoptent une certaine orientation.

Certains auteurs se sont contentés, pour mesurer les états, de fabriquer des questionnaires parallèles (trait-état) en faisant varier la consigne «habituellement pour le trait» et «au cours de ces derniers jours» pour l'état (Spielberger *et al.*, 1969). Pour Spielberger, la notion d'état correspond exactement aux mouvements de l'humeur («*moods*»). L'origine de ce concept se trouve ancrée dans le «béhaviorisme méthodologique, appliqué à l'étude des événements privés ou états d'esprit» (Nowlis, 1961). Dans cette perspective béhavioriste, Spielberger (1972, 1975) cherchera à mettre en évidence les conditions antécédentes qui modifient l'état. Dans les nombreuses études consacrées à ce phénomène, le trait ne reste pas toujours aussi stable qu'il le faudrait, et l'état ne varie que dans certaines situations. Les sujets ayant une anxiété-trait élevée réagissent par une augmentation de l'anxiété-état dans des situations où leur adaptation personnelle est mise en question. Les situations de danger physique (opération chirurgicale, intervention dentaire, etc.) ne différencient pas les sujets très anxieux des autres. D'autres auteurs ont vérifié la structure factorielle des questionnaires de trait et d'état, sans pouvoir imputer les variations du contenu des facteurs du trait à l'état, à des phénomènes aléatoires ou à des phénomènes systématiques (Bonis, 1968, 1969, 1970). Dans une étude longitudinale, Bonis (1972) a comparé l'évolution des scores de trait par rapport aux scores d'état dans une populations de malades psychiatriques examinés quelques jours après leur hospitalisation, quinze jours après et enfin au moment de la sortie de l'hôpital. Les réponses au questionnaire d'anxiété-trait ne restent pas aussi stables que prévu, elles diminuent en fonction de la répétition du test. C'est un phénomène qui a été très souvent observé lorsqu'on applique plusieurs fois de suite un même questionnaire de personnalité (Bendig et Bruder, 1962), mais qui reste inexpliqué. Les réponses au questionnaire d'état, diminuent elles aussi, comme on pouvait le prévoir en raison de l'amélioration de l'état du patient. La taille de cette diminution est si importante que l'on ne peut la mettre sur le compte d'un simple effet de répétition. Pour établir une discrimination entre trait et état, Bonis et Ferrey (1975) ont suggéré de calculer un indice qui permettrait d'évaluer le changement relatif du trait par rapport à celui de l'état. Cet indice tient compte du sens de la différence entre la note obtenue au trait et celle obtenue à l'état. Cette différence est généralement positive chez les sujets qui ont un état d'anxiété élevé (ils sont plus anxieux maintenant que d'habitude); elle s'inverse lorsque leur état d'anxiété diminue. L'utilisation de cet indice nécessite que l'on applique simultanément les questionnaires de trait et d'état à différentes reprises. Il s'agit d'une solution empirique, d'un « bricolage » en quelque sorte. Ce n'est qu'à une date relativement récente, après de nombreuses études sur la distinction trait-état, que Nesselroade est parvenu à proposer une solution plus satisfaisante que les précédentes pour évaluer avec exactitude le « degré d'existence », au sens de la théorie des tests, des états comme l'anxiété et la dépression, en exploitant des modèles d'analyse structurale (Nesselroade et Featherman, 1991 ; McArdle et Nesselroade, 1994).

Intérêt des modèles structuraux dans l'appréciation des changements d'état

On a vu que la distinction entre trait et état se ramenait finalement à la distinction entre stabilité et changement. L'évaluation de la stabilité ne pose pas véritablement de problème au psychométricien. Tel n'est pas le cas de la mesure du changement puisque, lorsqu'un changement est observé, il peut être imputé à des fluctuations aléatoires, à l'erreur de mesure ou à un changement substantiel. Autrement dit, l'instabilité de l'état pourrait ne refléter que la faiblesse des propriétés psychométriques d'une mesure. Hertzog et Nesselroade (1987) ont tenté de donner une définition statistique plus stricte des états de façon à différencier des changements qui seraient dus à des erreurs par rapport à des changements substantiels. Ils distinguent des dimensions d'état qui correspondent à des changements intra-individuels au cours du temps dans la vie d'une personne : « Wilson était très heureux hier, mais aujourd'hui, il semble déprimé » et des changements inter-individuels qui ne sont pas synchrones : « Aujourd'hui elle était en forme et il était à plat. » Nous avons affaire dans ces deux exemples à des différences ; ces différences ne sont pas de même nature et leur taille doit être appréciée en fonction de leur nature propre. La première tient compte de la dimension temporelle, elle correspond à un changement d'état, la seconde est instantanée elle correspond à des différences entre individus. On ne peut connaître la labilité d'un état si on n'a pas une idée précise de la stabilité des états propres à chaque individu. Ainsi, dans l'exemple donné « Wilson était très heureux hier, mais aujourdhui, il est triste » nous ne pouvons apprécier l'état « heureux » et « l'état-triste » que si nous connaissons les paramètres de variation au niveau de la structure individuelle des états. La mesure de l'état devra prendre en compte la variabilité intra-individuelle personnelle estimée à partir des variables *latentes* d'état. Les questionnaires d'état ne permettent pas tous de mesurer aussi bien ces variables latentes. Nesselroade s'est ingénié à montrer que les variations dues à l'état représentaient des facteurs substantiels latents qui ne pouvaient être confondus avec des fluctuations ou des erreurs de mesure.

L'anxiété et le problème de la spécificité situationnelle : l'approche interactionniste

Pour les partisans de la théorie des traits comme Cattell, la définition de l'anxiété se fonde sur leur constance temporelle indépendamment de la nature des situations qui ont motivé de telles réponses. On parle quelquefois de traits à «large spectre» dans la mesure où ils prétendent expliquer le comportement dans son entier et quelle que soit la situation considérée. Dans les travaux que nous venons d'examiner, on a vu que toutes les situations ne déclenchaient pas une réaction anxieuse de même intensité. Les manifestations de l'anxiété ne semblent donc pas si indépendantes des situations. Si cette hypothèse est vraie, on doit pouvoir décrire des «dimensions de situations» relatives à la réponse anxieuse. C'est la première partie d'un programme dans lequel se sont engagés les tenants du courant interactionniste. La seconde partie consistera à mettre en relation la structure factorielle des situations et la structure factorielle des réponses. La troisième partie s'attachera à analyser les parts de variance attribuables aux trois sources et à leurs interactions simples et multiples. Appliqué à la dimension anxiété, ce modèle sera étendu à l'étude d'une autre dimension, l'hostilité.

Facteurs «situation» et facteurs «réponse»

Cette approche repose sur une technique particulière de questionnaires et sur un modèle statistique d'exploitation des données, lui aussi particulier, car il ne correspond pas à des méthodes psychométriques usuelles.

La technique consiste à mettre en correspondance des situations et des réponses. Les instruments se présentent de la façon suivante : le sujet doit déterminer dans quelle mesure telle situation engendre chez lui telle ou telle réponse. L'inventaire d'Anxiété-Situations-Réponses de Endler *et al.* (1962) constitue le prototype d'instrument d'une telle approche.

Le questionnaire initial (il en existe plusieurs versions dont une est commercialisée, certaines sont très longues, d'autres très courtes et ne comportent que quatre situations critiques (Endler, 1975) est composé de 11 situations du genre : «Vous êtes sur le point de partir pour une longue randonnée en automobile» ou encore «Vous vous préparez à faire un discours devant un groupe important de personnes». Les réponse possibles sont, soit des réponses psychophysiologiques «Votre cœur bat plus vite», «Vous avez la nausée» ou, comportementales «Vous souhaitez éviter la situation» «Vous vous réjouissez de relever le défi». La tâche du sujet est d'indiquer sur des échelles numériques en sept points l'intensité de la réponse qu'il pense éprouver dans chacune de ces situations.

Ce format de questionnaire permet, d'une part, d'identifier séparément des facteurs de situations et des facteurs de réponse, et d'autre part, les parts de variance respectives propres aux situations et aux individus. Il fournit une matrice de données à trois modes, les situations, les réponses et les individus.

Selon Endler et Hunt (1962), des analyses factorielles permettraient d'identifier trois dimensions de situations : situations interpersonnelles, objets inanimés et situations ambiguës. De même, il y aurait trois dimensions de réponses : désespoir, euphorie et réactions du système nerveux autonome. En fait, il y a pour les situations, comme pour les réponses, un premier facteur général important.

Quelle signification faut-il attribuer aux parts de variance et l'interaction Situations x Réponses ?

Les facteurs situations et réponses étant identifiés, on peut alors se demander quelle est la part de variance attribuable à l'individu. C'est une façon de répondre à la question théorique, le trait-anxiété a-t-il véritablement l'influence que les personnologistes lui accordent dans l'explication du comportement ?

Le modèle statistique d'exploitation des données consiste à étudier le plan formé par les trois facteurs, les sujets, les situations et les réponses. Afin de confronter ces différentes positions théoriques, on peut s'appuyer sur le modèle statistique en évaluant les parts de variance expliquées par chacun des trois facteurs (Ekehammar, 1974).

On découvre alors que ce ne sont ni les situations, ni les individus qui expliquent le mieux l'anxiété, mais les réponses. En effet, les sources de variation correspondant aux situations et aux individus atteignent rarement plus de 5 %, alors que le pourcentage de variance expliquée par les réponses oscille autour de 25 % (Silverstein et Fisher, 1968; Endler et Hunt, 1968, 1969). Mais les interactions entre situations et personnes sont dans certaines études statistiquement significatives, si bien que la conclusion la plus raisonnable semble être que la meilleure façon de décrire l'anxiété chez un individu est de prendre la conjonction entre les situations et les réponses, le milieu et l'individu. De là à opter pour une description purement idiographique de la personnalité, il n'y a qu'un pas que les auteurs ont finalement franchi. Il est difficile de d'interpréter la valeur absolue des pourcentages de variance relatifs aux situations, aux individus et aux interactions. En effet, pour Olweus (1977), le modèle de l'analyse de la variance ne permet pas de trancher entre les positions théoriques situationnistes, interactionnistes ou personnologistes. L'argument principal avancé par Olweus est d'ordre psychométrique. La part de variance expliquée par les effets principaux, situations, réponses ou individus, est dépendante de l'échantillonnage des éléments du facteur (or il n'y a pas de moyen de savoir si l'échantillonnage est également représentatif pour les situations, pour les réponses et pour les individus). Cette part de variance dépend de la fidélité des mesures de chaque facteur. Or, cette fidélité n'a pas été évaluée avec précision; en conséquence, la plus ou moins grande part de variance observée dans les différentes études pourrait être imputable à des différences de degré de la fidélité des mesures. Sachant que lorsque la fidélité est élevée, l'erreur de mesure a tendance à être plus faible, la variance observée, liée au facteur considéré (situation, réponse ou individu) peut être, elle aussi, moins élevée. Dans ces conditions, une part de variance faible ne pourrait pas être interprétée comme une faible participation du facteur de variation considéré, elle serait le signe d'une meilleure qualité de la mesure.

On voit bien ici encore comment le sens de la réponse est dépendant des propriétés métriques des données et du modèle mathématique utilisé. On remarquera d'autre part que les pourcentages de variance, expliquée même lorsqu'ils atteignent des valeurs élevées, ne dépassent pas 25% dans le meilleur des cas. Ce sont donc des valeurs plutôt faibles; on peut supputer qu'une bonne part de la variance s'explique par les interactions multiples. Ce problème introduit par des psychologues orientés vers la psychologie sociale, reste non résolu. On a dit l'utilisation de l'analyse de la variance qu'elle ressemblait à une situation dans laquelle ce sont «des solutions qui cherchent un problème plûtot qu'un problème qui cherche des solutions» (Alker, 1977).

L'ANXIÉTÉ ET LA PERSPECTIVE COGNITIVE

La perspective cognitive

Ce que certains psychologues appellent la «révolution cognitive» (Bruner, 1994) n'a pas épargné le domaine de l'anxiété tant normale que pathologique. Ici, comme dans bien d'autres domaines, les termes de *recherche cognitive* et de *cognitif* recouvrent des significations différentes suivant les auteurs. Ils se ramènent souvent à mesurer l'efficience dans des épreuves mettant en jeu les grandes fonctions cognitives. Dans ce cas, l'approche cognitive se borne, dans la continuité de la psychologie expérimentale, à étudier l'influence de l'anxiété sur la ou les connaissance(s). On pourrait résumer les études sur les rapports entre anxiété et cognitions en s'appuyant sur ce découpage académique des performances selon les grandes fonctions, attention, mémoire, jugement, décision, etc. On trouvera dans deux ouvrages de référence, Eysenck (1992), et Williams *et al.* (1988), un exposé détaillé des effets de l'anxiété-trait, état, normale ou pathologique sur la performance, organisé suivant ce découpage.

Il est assez difficile de dégager des recherches réalisées dans cet esprit, un point central, une ligne directrice. Certes, les résultats publiés montrent que les sujets anxieux ont des performances statistiquement plus faibles dans de très nombreuses tâches. L'effet de l'anxiété sur la performance varie en fonction de l'intensité de l'anxiété et de la difficulté de la tâche ; ces variations semblent être de nature curviligne. La relation entre anxiété et performance suit la même loi de l'optimum qui relie émotion, motivation, activation et performance (Yerkes-Dodson, 1908 ; Bonis, 1966, 1967, 1968). Mais on néglige finalement les nombreuses recherches dans lesquelles les anxieux ne diffèrent pas des témoins. Or, si on n'a pas pris la peine de bien contraster les niveaux d'anxiété, il y a peu de chances de trouver des différences significatives de l'influence du niveau d'anxiété sur les performances. Pour parvenir à un contraste efficace entre anxieux et non anxieux, il faut généralement examiner d'importantes populations de sujets (entre trois cents et cinq cents) et ne retenir que ceux qui se situent aux extrêmes de l'étalonnage de la distribution des notes ; or, par définition ces sujets sont peu nombreux (Naveteur et Freixa i Baqué, 1987).

Au-delà de cette loi de l'optimum, extrêmement générale, on peut s'interroger sur la spécificité des effets de l'anxiété sur les processus cognitifs. Ce point de vue sera examiné à la lumière de deux hypothèses principales. Selon la première hypothèse, l'anxiété entraîne une mobilisation accrue et une exploration active du monde intérieur (Mandler *et al.*, 1974) et/ou du monde extérieur. Dans la mesure où les capacités de traitement des informations sont limitées, cette attention accrue a pour conséquence une restriction du champ de l'exploration. Selon la seconde hypothèse, l'anxiété entraîne une attention sélective pour certains stimulus, ceux qui ont une signification menaçante ; les sujets anxieux sont capables de repérer de tels stimulus, là où les non anxieux ne vont pas les chercher.

Quelquefois, le terme *cognitif* est assimilé à conscient et à subjectif. Dans les recherches nées de cette confusion, on étudie les compte-rendus verbaux des expériences d'anxiété. On limite alors l'analyse de l'anxiété aux seuls phénomènes conscients et verbalisables, ignorant les phénomènes qui se produisent en dehors d'une prise de conscience. Ces phénomènes, dits pré-attentifs, ou encore tous ceux qui relèvent de la perception subliminale (Dixon, 1971), ont été étudiés dans le cadre expérimental proposé par Erdelyi (1974), et en rapport avec la notion « d'inconscient cognitif» (Kihlstrom, 1990). Les travaux mettant en relation anxiété et inconscient cognitif sont très parcellaires. On verra cependant qu'une troisième hypothèse, assez incompatible avec les deux précédentes, émerge de ces travaux, à savoir que les anxieux auraient tendance à détourner leur attention de ce qui est menaçant; c'est la notion de « défense perceptive ».

Dans les paragraphes qui suivent, la perspective cognitive est définie par l'accent mis sur les processus plutôt que sur les performances. Certes, les performances sont le reflet des processus, mais les mêmes processus peuvent intervenir dans des fonctions et des tâches assez différentes.

Les régularités qui ont été obervées entre processus cognitifs et anxiété se ramènent à un petit nombre. L'hypervigilance et la restriction de l'activité cognitive, comme le contrôle de la répartition des ressources cognitives semblent bien établis; la question de la défense perceptive chez les anxieux reste en revanche encore assez controversée.

Hypervigilance et restriction de l'activité cognitive

Deux illustrations peuvent être données de ce phénomène, la première dans le domaine de la perception des objets, la seconde dans celui de la catégorisation des objets.

La restriction de l'empan perceptif a été élégamment illustrée dans l'étude de Levinson (1989) avec l'expérience « des sept éléphants ». Le choix du nombre sept n'est évidemment pas indifférent puisqu'il représente une bonne approximation, selon la célèbre formule de Miller à l'empan perceptif de l'individu humain. Levinson fit passer à 70 sujets cliniquement anxieux et à 70 sujets témoins, une tâche de perception visuelle. Cette tâche consistait en une épreuve de mesure de l'empan visuel et de la poursuite visuelle de stimulus présentés à des vitesses différentes et dans des conditions de masquage. Dans ce type d'épreuve, la tâche du sujet consiste à observer des séquences visuelles et à indiquer le moment où sa perception se brouille. Dans l'ensemble des modalités de masquage et d'accélération de la présentation des stimuli, les sujets anxieux ont manifesté des capacités plus limitées de leur empan perceptif. A la question «Combien d'éléphants percevez-vous?», ils ont donné en général un nombre d'éléphants moins élevé que les sujets témoins. Ce résultat est en accord avec l'hypothèse classique d'Easterbrook (1959), selon laquelle l'émotion entraîne une restriction de la gamme des indices utilisés («*range of cue utilisation*»). L'intérêt de l'étude de Levinson est que l'enregistrement de l'empan perceptif s'est effectué dans le cadre d'un paradigme expérimental très strict, reposant sur des hypothèses neuropsychologiques relatives aux structures nerveuses responsables du phénomène de perception opto-kinétique. Malgré la qualité de la procédure expérimentale, l'interprétation des résultats n'est pas univoque. En effet, la distinction entre perception et décision n'est pas claire dans cette expérience. On peut très bien interpréter ces résultats comme l'effet d'une plus grande prudence dans la décision, une moins grande certitude ou encore une plus grande ambivalence dans la réponse, autant de phénomènes dont on pense qu'ils caractérisent les sujets anxieux.

Une autre manifestation de la restriction du champ a été observée dans des tâches de catégorisation d'objets.

Anxiété et structuration des connaissances

Dans une série de recherches, Mikulinger *et al.* (1990a et b) ont montré que des sujets anxieux avaient tendance à éliminer dans une tâche de catégorisation les éléments les moins prototypiques, à former des classes d'éléments dont l'étendue était plus restreinte, des sous-classes d'objets plus réduites, et qu'aussi les distances entre les membres appartenant à une même catégorie étaient plus courtes.

Ces auteurs ont utilisé les paradigmes expérimentaux issus de la théorie des prototypes (Rosch, 1977), pour montrer que l'anxiété entraînait une structuration qualitativement différente des informations. Si les connaissances que nous formons sur les objets naturels animés ou inanimés possèdent une architecture, tout au moins dans une culture donnée et dans un domaine de connaissance spécifié, il n'est pas surprenant que la structuration varie en fonction de certaines différences individiduelles.

Les phénomènes de restriction du champ perceptif, comme ceux de restriction des catégories conceptuelles ont aussi été observés chez des sujets présentant des notes élevées dans des échelles d'obsessionnalité (Reed, 1969, 1985; Person et Foa, 1984).

Une autre procédure intéressante a permis de préciser le phénomène de restriction du champ perceptif. Elle consiste à utiliser des tâches de double attention, ou d'attention partagée. Il est alors possible de préciser les stratégies utilisées par les anxieux et de savoir s'ils manifestent une attention sélective pour certains stimulus signifiants mais pas pour d'autres.

Anxiété, attention centrale et attention périphérique

Le paradigme expérimental utilisé dans ce domaine se définit comme le traitement de deux signaux présentés simultanément, l'un en vision centrale, l'autre en vision périphérique. Les sujets anxieux (il s'agit en fait de sujets auxquels on fait croire qu'ils sont soumis à des expériences de plongée, dont on ignore en réalité si elles entraînent ou non des variations du niveau anxiété) obtiennent des performances identiques dans la détection des signaux centraux; en revanche, ils repèrent moins facilement les stimulus périphériques (Weltman, 1971). Ce résultat est en faveur de l'hypothèse de restriction du champ. Malheureusement d'autres données ont mis en évidence un phénomène strictement inverse. Ainsi, Shapiro et Slim (1989), induisant des états anxieux à l'aide de stimulus musicaux, ont observé que les sujets présumés anxieux dans ces conditions se montrent beaucoup plus sensibles aux stimulus périphériques au point de repérer 49 % d'entre-eux contre 11 % seulement pour les non anxieux. Plusieurs expériences ont été réalisées sur ce même principe et il semble bien que ce n'est pas l'anxiété seule qui gouverne les performances mais qu'elle interagit avec les consignes, les procédures d'induction et maints autres facteurs principaux ou secondaires. Les modalités d'induction d'un état anxieux transitoire dans une situation de laboratoire sont sans aucun doute responsables d'une grande partie des résultats contradictoires observés dans la littérature (Kappas, 1995).

Une interprétation plausible des incohérences observées dans les résultats obtenus à l'aide du paradigme de la double tâche a été avancée. On a suggéré que l'attention se mobilisait soit vers les stimulus centraux, soit vers les stimulus périphériques selon que le caractère menaçant était plus ou moins important au centre ou à la périphérie. Lorsque ce sont les stimulus périphériques qui comportent un contenu menaçant, les sujets anxieux consacrent plus «d'efforts» pour les traiter que les sujets peu anxieux. Mais alors, il faut supposer que les sujets anxieux aient pu traiter les stimulus périphériques afin de leur attribuer ce caractère menaçant, or ce traitement ne peut pas se concevoir dans l'hypothèse d'une attention focale sur les stimulus centraux puisque dans ce cas tout l'effort est concentré sur le centre.

Il existe néanmoins aujourd'hui des preuves expérimentales assez solides montrant que les anxieux orientent leur attention de façon sélective vers les stimulus menaçants (MacLeod *et al.* (1986), Mogg *et al.* (1987)). Ces preuves ne font que confirmer des observations de sens commun sans révéler les processus cognitifs sous-jacents. Ainsi par exemple, parmi des patients cliniquement anxieux, ceux qui rapportent verbalement une anxiété dans des situations sociales ont tendance à orienter leur attention et réagir plus rapidement à des mots en relation avec ce type d'inquiétude. De la même façon, ceux qui redoutent des stress physiques, repèreront plus vite les mots relatifs à de tels contenus. On peut se réjouir du fait que la psychologie scientifique apporte ainsi une certaine caution aux impressions de l'homme de la rue; néanmoins on serait en droit d'être plus exigeant, et s'attendre à ce qu'elle prédise les effets de tels type d'anxiété sur tel traitement de l'information.

Cette sensibilité sélective se manifeste aussi dans le traitement de stimulus dont la signification sémantique est ambiguë comme l'ont bien montré Eysenck *et al.* (1987) dans une expérience sur l'interprétation d'un matériel verbal constitué d'homophones. Dans cette expérience, les sujets anxieux devaient écrire les mots d'une liste qui leur était lue à haute voix. Les mots de cette liste avaient été choisis de façon telle qu'à la même prononciation pouvait correspondre un mot neutre ou un mot chargé d'affectivité (e.g. *died* (mort) – *dye* (teinture). Les équivalents français par exemple seraient «cou-coup, mors-mort». Dans chacun de ces couples de mots il y a en général une signification dominante parce que plus fréquente et cette caractéristique du matériel expérimental a été heureusement contrôlée dans l'expérience. Les résultats ont mis en évidence une corrélation significative entre l'anxiété-trait et la préférence pour le terme du couple d'homophones ayant le contenu affectif le plus marqué.

Un paradigme expérimental d'analyse de l'attention sélective : le test de Stroop

Pour démêler l'influence respective de l'anxiété sur l'attention sélective vis à vis des stimulus menaçants, on a exploité des versions aménagées du test de Stroop (Stroop, 1935; Bonis 1968; Williams *et al.* (1988), p. 62-65; Mac Leod, 1991). Il faut rappeler que cette tâche a été construite par Stroop sur des principes essentiellement empiriques, c'est-à-dire en dehors de toute formalisation de l'attention ou du conflit perceptif. L'épreuve comporte de nombreuses adaptations, mais son principe général est le même. La première étape consiste à lire le plus rapidement possible des noms de couleur. La deuxième, à identifier des couleurs. L'étape «test» consiste à présenter au sujet des noms de couleurs écrits avec des encres de couleur différente en lui demandant, non pas de lire le mot (nom de couleur), mais d'indiquer la couleur de l'encre qui a été utilisée pour écrire ce mot. L'ingéniosité du constructeur a consisté à mettre en compétition la dénomination de la couleur de l'encre et la lecture du mot. Pour répondre correctement dans la phase-test, il faudrait donc être capable d'inhiber la tendance la plus naturelle : lire le mot-couleur, pour se concentrer sur la dénomination de la couleur de l'encre. Différents indices de performance peuvent être calculés à partir de cette épreuve (Jensen et Rhower, 1966). Des analyses factorielles ont permis de dégager trois dimensions qui correspondent respectivement à la capacité à reconnaître les couleurs, l'importance de l'interférence (score de différence entre la rapidité de dénomination dans la situation simple et dans la situation mots-couleurs) et la rapidité. Celui qui nous intéresse ici est le score d'interférence. La version utilisée dans les recherches sur l'anxiété a donc consisté à remplacer le mot-couleur par un mot à connotation plus ou moins menaçante et en gardant pour consigne d'énoncer la couleur de l'encre. Si les sujets anxieux accordent une attention accrue aux mots menaçants, on peut prédire que leur temps de dénomination de la couleur de l'encre sera plus long, puisque le mot-menaçant retiendra l'attention du sujet qui se croit menacé. C'est en général ce qui se produit effectivement. Passant plus de temps à interpréter la signification sémantique des mots, les sujets anxieux disent moins vite le nom de la couleur de l'encre. Il existe de nombreuses répliques de ce protocole expérimental qui a l'avantage de permettre une manipulation facile des contenus menaçants des mots, à condition bien sûr que l'on puisse efficacement contrôler les paramètres de fréquence d'usage, de disponibilité, le niveau verbal, etc., autant de variables qui infuent sur la réussite de la tâche.

La masse considérable des travaux expérimentaux qui ont été consacrés à la collecte systématique de données de laboratoire apporte une confirmation expérimentale de l'hypothèse de sens commun selon laquelle les sujets prédisposés à développer des réactions anxieuses sont plus attentifs, plus sensibles et plus vulnérables aux éléménts menaçants de l'environnement.

Mais ces expérimentations ne révèlent qu'une facette limitée de l'anxiété et l'on peut se demander quelles sont les stratégies que l'anxieux développe devant cet environnement.

La théorie de la «répartition des ressources attentionnelles» proposée par Ellis et Ashbrook (1987) à propos d'un autre affect, la dépression, répond à cette question. Selon ces auteurs, le système cognitif envisagé en quelque sorte comme un «Deus ex machina» gère ses ressources attentionnelles de façon à optimiser l'adaptation de l'individu. Dans la mesure où les capacités de l'individu humain ne sont pas illimitées, il faut établir un compromis entre une exploration dispersée et coûteuse en temps et une exploration focalisée, réclamant plus d'efforts, mais plus rentable à court terme. Les conditions d'une détection seront optimales lorsqu'une exploration rapide et exhaustive sera suivie par une attention sélective des éléments menaçants. C'est le point de vue d'Eysenck (1992) qui soutient l'hypothèse d'une hypervigilance. Dans cette perspective, il est nécessaire d'établir avec Broadbent *et al.* (1988) une distinction entre, d'une part, la focalisation de l'attention sur un stimulus ou un ensemble de stimulus connus, et d'autre part l'exploration active de stimulus non encore connus. Il faut faire intervenir des variables intermédiaires comme, par exemple, le degré d'élaboration cognitive du stimulus, une notion introduite par Graf et Mandler (1984) à propos des phénomènes de mémorisation. Ce degré d'élaboration, correspond à un « traitement cognitif en profondeur ». C'est-à-dire que le stimulus sera traité de façon séquentielle en fonction de différentes étapes qui vont de la plus élémentaire à la plus élaborée. Le degré d'élaboration n'est pas indépendant du degré d'intégration auquel on doit procéder. Le fait que plusieurs traits sémantiques (au sens de «*features*») soient présents dans un même stimulus exigera que l'on procède à l'attribution de priorités pour parvenir à un traitement final adéquat du stimulus. C'est la notion d'intégration.

Le contrôle et la répartion des ressources

L'analogie selon laquelle le système cognitif correspond à un canal de transmission et de transformation, canal dont les capacités de traitement ne sont pas extensibles à l'infini, nous vient de la théorie de l'information. Une des contributions importantes de l'anxiété à l'étude de cette capacité du canal a consisté à montrer qu'en raison d'un état d'hypervigilance, la capacité du canal devenait plus restreinte du fait que l'attention sélective pour certains stimulus ne permettait plus une répartition équitable entre les différentes informations reçues par l'organisme. Selon une autre version de ce point de vue général, une attention accrue entraîne un intérêt généralisé pour tous les stimulus qui se présentent, y compris ceux qui ne sont pas nécessairement pertinents à la tâche à réaliser. Ce phénomène est décrit sous le vocable de « distraction » ou, pour utiliser un anglicisme : « distractibilité ». On se trouve là en présence de deux phénomènes qui peuvent apparaître assez incompatibles, si l'on a pas justement en tête cette idée de « capacité limitée du canal ». D'un côté l'attention est accrue du fait d'une hypervigilance ; d'un autre côté, elle est réduite ou focalisée sur certains stimulus, tandis que d'autres sont négligés, ignorés voire tenus à l'écart de la conscience. Cette ignorance est-elle automatique ou au contraire délibérée ?

Anxiété et perception subliminale

Un autre argument intéressant en faveur de l'hypervigilance vis à vis des stimulus menaçants est apporté par les travaux relatifs à la « perception subliminale ». On entend par perception subliminale une classe de phénomènes caractérisés par trois propriétés principales : 1°) « Le sujet répond à une stimulation dont la durée et la puissance sont inférieures à celles pour lesquelles il n'a jamais rapporté un niveau de conscience du stimulus lorsqu'il s'est agi de déterminer son seuil perceptif ; 2°) le sujet « répond » à un stimulus à propos duquel il prétend ne présenter aucune identification ou reconnaissance consciente, 3°) le sujet rapporte qu'il a bien été stimulé, mais rejette toute idée précise, toute connaissance de la nature du stimulus en question (Dixon (1971), p. 12). Des preuves récentes apportées par Matthew et Mac Leod (1985) montrent que chez des patients anxieux, le seuil de perception subliminale est effectivement abaissé et que des sujets anxieux discriminent des stimulus menaçants alors même qu'ils déclarent ne pas en avoir pris conscience. Une autre expérience convaincante a été réalisée par ces mêmes auteurs. Ils ont comparé des sujets cliniquement anxieux à des témoins dans une épreuve d'écoute dichotique. On mesurait leur temps de réaction à la présentation de mots. Parallèlement, on les invitait à lire de courtes histoires de façon à détourner leur attention de la tâche principale. En outre, on leur délivrait, sur un autre canal sonore des mots « parasites ». Ces mots avaient un caractère plus ou moins menaçant, comme par exemple, catastrophe, blessure, poésie ou sécurité. Les résultats ont montré que les anxieux, alors qu'ils étaient incapables, de même que les non anxieux, de se souvenir des mots « parasites » délivrés sur le canal parallèle, mettaient plus de temps à répondre au stimulus principal lorsque les stimulus « parasites » étaient menaçants que lorsqu'ils ne l'étaient pas. Ces résultats ont été interprétés comme l'effet d'une plus grande attitude pré-attentive (« *preattentive bias* ») vis-à-vis des stimulus menaçants chez les anxieux, indiquant que ces patients réagissent à des stimulus menaçants en l'absence de traitement conscient de ces stimulus. Ces données sont d'autant plus intéressantes que, par comparaison, des sujets désignés comme « Répresseurs » à des échelles de Répression-Sensibilisation » (Byrne, 1961 ; Bonis, 1974), ne réagisssent qu'à des temps de présentation très élevés de stimulus menaçants.

Deux interprétations assez différentes peuvent être données aux résultats de cette expérience, comme à toutes celles dans lesquelles l'anxiété a été étudiée en relation avec la perception infra-liminaire. On peut imaginer que, si les anxieux manifestent une détérioration de la performance dans ces cas (augmentation du temps de réaction ou augmentation du nombre des erreurs dans une tâche-cible), c'est parce qu'ils ont en réalité passé plus de temps à explorer les stimulus menaçants. C'est l'interprétation la plus simple. Mais, on lui en a opposé une autre, selon laquelle les sujets anxieux consacreraient en fait plus de temps à exclure de leur champ de conscience ces stimulus et à faire en sorte qu'ils ne perturbent pas les traitements cognitifs en cours de réalisation.

Cette question de savoir si les anxieux manifesteraient une plus grande tendance à la «défense perceptive» reste encore bien mal élucidée malgré les travaux réalisés en laboratoire pour mettre au point les protocoles sensibles à la perception consciente ou non consciente (Marcel, 1983). En réalité, pour qu'une telle «défense» (certains parlent de refoulement) puisse s'exercer, il est nécessaire de postuler que le processus de traitement cognitif ait atteint un stade relativement avancé d'élaboration sémantique. L'hypothèse d'un évitement actif, intentionnel mais pas nécessairement conscient des stimulus menaçants ne cadre pas avec les nombreux résultats expérimentaux montrant que les anxieux ont une attention sélective pour de tels stimulus (Williams *et al.*, 1988), ni avec les travaux, menés non plus dans le domaine de la perception, mais dans celui des productions cognitives, qui montrent que les images, les mots, les pensées intrusives en rapport avec un événement traumatique se présentent de façon répétitive et involontaire au sujet pour occuper tout son champ de conscience (Horowitz et Becker, 1972).

Ces réflexions à propos des rapports entre troubles anxieux et défense perceptive doivent être nuancées. Il existe des données sur les sujets phobiques et les malades présentant un syndrome de stress post-traumatique chez lesquels des phénomènes voisins de l'évitement ont été observés. Dans le syndrome post-traumatique, on a pu montrer qu'il existait bien une tendance à retarder le traitement cognitif des termes sémantiquement reliés au traumatisme subi. C'est ainsi que Mc Nally *et al.* (1990) ont observé que les soldats américains qui, ayant combattu lors de la guerre du Viet-Nam, présentaient un syndrome de stress post-traumatique, mettaient plus de temps à traiter des informations relatives à ces expériences traumatiques que les soldats qui, ayant eux aussi participé à la guerre, ne présentaient pas ce syndrome. On peut mettre en rapport ces résultats avec des phénomènes de négligence ou d'ignorance des affects observés chez des mineurs de fond victimes du grisou (Ploeger, 1977).

**Anxiété et stratégies cognitives :
l'exemple de la résolution de problèmes**

Les épreuves expérimentales comme celles que nous avons évoquées se prêtent assez mal à des analyses en termes de stratégie dans la mesure où la finalité de la situation reste assez obscure pour le sujet et même quelquefois pour l'expérimentateur. Cette finalité est plus claire dans les études utilisant des épreuves moins artificielles que le test de Stroop, et qui miniaturisent des situations de la vie courante quotidienne. Les épreuves de résolution de problèmes sociaux font partie de cette dernière catégorie.

Le concept de résolution de problèmes renvoie à l'idée d'un processus cognitif dont la fonction est de transformer une situation donnée en une situation de but quand celui qui doit résoudre cette situation ne dispose pas d'une solution toute prête. Ce processus peut se décomposer en cinq stades qui sont respectivement : l'orientation vis a vis du problème, la définition et la formulation, l'examen des solutions possibles, la prise de décision et la vérification. Les recherches dans ce domaine s'appuient sur un test proposé par Platt et Spitvack (1975). Ce test se présente sous la forme de brefs scénarios résumant des situations difficiles de la vie courante (i.e. brouille sentimentale, difficultés professionnelles). Chaque scénario fait intervenir deux protagonistes, et se termine par une heureuse issue. Par exemple, dans le scénario de la brouille sentimentale, deux protagonistes se disputent, l'un est malheureux, il finit par surmonter le problème. La tâche du sujet consiste à indiquer les étapes et les stratégies qui ont du être mises en œuvre pour parvenir à la bonne solution. Les premières études réalisées sur des sujets déprimés et des anxieux montrent que ces deux groupes de malades ne présentent pas exactement les mêmes déficits dans ce type de tâche (Marx *et al.*, 1991, 1992, 1994). La dépression influerait dans la phase précoce de la résolution de problèmes, c'est à dire dans l'orientation vis-à-vis du problème; les déprimés n'emploieraient pas l'heuristique du «*stop and think*». Les sujets anxieux auraient, de leur côté, du mal dans des phases plus tardives comme l'implémentation des solutions, c'est-à-dire au niveau du choix et de la décision. Ils sauraient comment résoudre le problème, mais ils ne parviendraient pas à mettre ces connaissances au service de la réalisation de l'action.

On peut espérer que cette «naturalisation» des situations de laboratoire associée à une meilleure opérationnalisation de concepts tels que stratégies cognitives, répartition des ressources attentionnelles, contribuera dans l'avenir à libérer la psychologie expérimentale de l'anxiété des contraintes du laboratoire. Il existe d'ailleurs déjà, comme on le verra plus loin, des approches méthodologiques d'analyse de micro-scénarios de vie qui se développent dans cette perspective de psychologie écologique (Cantor, 1992).

CONCLUSION

Les perspectives néobehavioristes et cognitives se rejoignent au moins sur un point. Elles reconnaissent toutes les deux l'influence de variations interindividuelles sur les performances et les processus mis en œuvre pour répondre aux demandes de l'environnement. Toutes les deux sont, dans leur démarche de vérification, dépendantes des théories et des techniques de mesures des différences individuelles, stables lorsqu'il s'agit de l'anxiété-trait, fluctuantes mais pas pour autant aléatoires, lorsqu'il s'agit de l'anxiété-état. On notera que la définition de l'anxiété en termes d'énergie pulsionnelle («*Drive*») proposée par les premiers béhavioristes, celle en termes de signal de danger, adoptée par les néo-béhavioristes comme Mowrer, Miller, Dollard n'est pas si éloignée des conceptions psychodynamiques de l'angoisse (Favez-Boutonnier, 1955). Si, comme Green (1970) le souligne : «dans un premier sens, l'affect désigne essentiellement un quantum ou une somme d'excitation», cette idée d'un quantum est proche de la notion de *Drive*. Certains psychanalystes, en particulier Rapaport (1950), ont tenté d'établir des rapprochements entre théorie psychologique de l'anxiété et théorie psychodynamique de l'angoisse. Ces tentatives sont restées cependant inachevées. Comme le soulignait Lagache en 1957, la question des émotions est aussi embrouillée dans un cas que dans l'autre : «Devant le problème de l'affect ou de l'émotion, la psychanalyse se trouve dans une situation qui n'est ni meilleure ni pire que celle des autres disciplines psychologiques» (p. 137).

NOTES

[1] «En conséquence notre théorie basée sur la physiologie a peu de chose voir rien à offrir à l'analyse des symptômes physiologiques de l'anxiété... Ces faits épars n'éclairent pas le rôle joué par le système autonome dans la psychologie de l'anxiété» (Gray (1982), p. 444).
[2] «anxium proprie dici qui pronus est ad aegritudinem animi, neque enim omnes anxii qui aguntur aliquando; nec qui anxii semper anguntur.»

Quatrième chapitre
Les théories psychologiques de la dépression

INTRODUCTION

C'est dans les écrits d'Hippocrate, voilà plus de deux siècles et demi, que l'on peut trouver l'une des premières descriptions cliniques de la dépression. Il s'agit d'une femme, originaire de la ville de Thassos en Grèce « qui devint morose à la suite d'un chagrin justifié, qui ne pouvait rester au lit, souffrait d'insomnies, de perte d'appétit de soif et de nausées ». Ce récit, rapporté par Oatley (1992, p. 152) si bref soit-il, contient en puissance la plupart des questions que l'on se pose encore aujourd'hui à propos de la dépression.

Les symptômes qui caractérisent les états dépressifs, l'insomnie, la perte d'appétit, l'humeur morose, s'organisent-ils sous forme de configurations ? L'ordre d'énoncé des symptômes correspond-il à un ordre de gravité ordre tel que morosité et troubles végétatifs constitueraient des signes d'importance ou de poids différents ? Dans quelle mesure le chagrin, dont il est dit qu'il est « justifié », sans doute par l'occurrence d'un événement pénible, « explique-t-il » à lui seul la survenue de cet état constitue-t-il sa cause, sa raison ou son déclenchement ?

On examinera dans ce chapitre les réponses qui ont été données par la psychologie, ses méthodes et ses théories, à quelques-unes de ces questions.

LES MODÈLES PSYCHOMÉTRIQUES ET LA DÉPRESSION

Dimensions, catégories et prototypes

Le groupe des états dépressifs offre une illustration exemplaire des efforts réalisés pour donner des troubles de l'humeur une description quantifiée. Les méthodes quantitatives mises au point en psychométrie ont été largement exploitées dans ce domaine (Pichot, 1978). Trois questions principales ont été mises à l'épreuve par ces méthodes : 1) la dépression correspond-elle à une dimension unitaire (hypothèse d'unidimensionnalité) ? 2) existe-t-il des catégories de dépression indépendantes les unes des autres ? 3) la dépression peut-elle représentée sous la forme d'un prototype, c'est-à-dire constituée de catégories non strictement disjointes ? Ces trois hypothèses ont donné lieu au cours de ces 60 dernières années à de très nombreux débats (Mapother, 1926; Roth *et al.*, 1972). Dans ces débats, les hypothèses dimensionnelles (la dépression est une question de degré) et catégorielles (il existe des regroupements symptomatiques distincts : la dépression névrotique, la dépression endogène, bipolaire ou unipolaire) ont été souvent présentées comme s'excluant les unes les autres. En distinguant dans les troubles dépressifs majeurs, des dépressions légères, moyennes ou sévères, le DSM-III ferait pencher la balance vers une conception dimensionnelle. Les taxonomistes contemporains ne voient pas d'opposition aussi tranchée entre conception dimensionnelle et catégorielle (van Mechelen *et al.*, 1943). On pourrait très bien les concevoir comme compatibles l'une avec l'autre, à condition d'admettre qu'à l'intérieur de chaque catégorie de dépression, il puisse exister un sous-ensemble de signes répondant à des critères d'unidimensionnalité. Il faut dire que les réponses empiriques à ces questions ont largement évolué à la faveur des progrès technologiques. Des travaux récents montrent que les données d'observations (comme par exemple les réponses aux questionnaires fournies par des sujets, ou les estimations fournies par des psychiatres sur des échelles d'appréciation) sont compatibles avec l'hypothèse d'unidimensionnalité. Cela signifie qu'il est possible de trouver un sous-ensemble de signes et de symptômes qui répondent à un ordre d'intensité croissante. Il existe cependant également des arguments assez convaincants en faveur d'une représentation de la dépression en termes de prototypes. Ces arguments s'appuient sur des procédures d'investigation différentes des précédentes. Au lieu de considérer un ensemble «fini» de signes et de symptômes, on fait générer spontanément par des spécialistes les signes qui leur paraissent les plus caractéristiques de la dépression. Dans ce cas, on constate que les regroupements, qui reflètent en quelque sorte les théories implicites de la dépression, constituent des classes dont les limites sont relativement floues. Le degré d'appartenance des signes à cette structure d'ensemble n'est plus gouverné par un principe catégorique de tout ou rien (appartient ou n'appartient pas), mais par une relation plus souple. Certains signes sont plus ou moins représentatifs; on dit aussi qu'ils sont plus prototypiques, tandis que d'autres se situent en bordure de la structure d'ensemble.

L'hypothèse d'unidimensionnalité

Jusqu'à une date récente, l'hypothèse selon laquelle il existerait bien une dimension unitaire permettant d'ordonner les individus en fonction de l'intensité de leur état dépressif, était validée par l'application de l'analyse factorielle des réponses à des items. Il existe de très nombreux questionnaires qui ont été traités par ces méthodes multidimensionnelles. Le plus représentatif et le plus utilisé est l'inventaire de dépression de Beck *et al.* (1961). Il y a un certain paradoxe à vouloir tester l'hypothèse d'unidimensionnalité à l'aide de méthodes dont le principe repose sur l'extraction de toutes les dimensions qui résument « au mieux » un ensemble de données. L'un des principaux inconvénients des méthodes factorielles est qu'elles ne permettent pas toujours de sélectionner un ensemble d'items pour lequel la structure des réponses reste stable en dépit des fluctuations d'échantillonnage des sujets. Certes, l'utilisation de rotations des facteurs, en particulier de la rotation *varimax* qui maximise les saturations élevées et minimise les saturations faibles, permet quelquefois de stabiliser la structure. Mais c'est au prix de certains artifices mathématiques. Dans certains cas, cependant, ces artifices ne sont pas très opérants. La structure obtenue après rotation, n'est pas satisfaisante. Il n'est pas rare que certains items restent après rotation saturés dans plusieurs facteurs à la fois, un résultat qui cadre mal avec l'hypothèse d'une dimension unique. Comme il n'existe pas de critères d'arrêt décisifs du nombre de facteurs à faire tourner, la réponse à la question de l'unidimensionnalité reste incertaine. Ainsi la structure factorielle peut varier de façon notable suivant le nombre de facteurs que l'on a fait tourner. Les critères d'arrêt sont, on le sait, plus ou moins empiriques ou plus ou moins conventionnels. On peut par exemple utiliser le test « du point de rupture » (« *scree test* » de Cattell) qui consiste à observer la distribution des pourcentages de variance extraits par les facteurs, en détectant le point où cette courbe décroît de façon abrupte et qui conduit à ne retenir comme facteurs significatifs que ceux qui sont sortis avant cette rupture. Dans certains cas, la courbe de distribution des pourcentages comporte plusieurs paliers et donc plusieurs points de rupture, ce qui rend le choix bien embarrassant. L'un des critères les plus utilisés pour les rotations varimax appliquées à l'analyse en composantes principales est le critère de Kayser (Harman, 1960). Il consiste à ne faire tourner que les facteurs dont la valeur propre est supérieure à 1. Ce critère conventionnel aboutit souvent dans le domaine des mesures subjectives, comme les réponses aux questionnaires dont la fidélité n'est pas toujours satisfaisante, à retenir un trop grand nombre de facteurs. Pour certains d'entre-eux, il est difficile d'attribuer une signification psychologique substantielle. Une solution qui a été proposée par Lebart (in : Bonis, 1972) consiste à simuler sur ordinateur un tableau de données choisies au hasard et à examiner les pourcentages de variance extraits par la factorisation de ces données. Il faut que les données fictives aient les mêmes propriétés (c'est-à-dire soient codées sur une échelle de mesure comparable à celle des données réelles) et que la taille de la matrice ainsi construite soit elle aussi comparable à celle des données réelles (échantillon de sujets équivalent). Il est alors légitime de ne retenir, pour l'interprétation ou pour une éventuelle rotation, que les facteurs de la matrice réelle dont les pourcentages de variance sont plus élevés que ceux de la matrice fictive puisque ces pourcentages correspondent à des données dont la distribution est aléatoire. Cette procédure est cependant assez lourde du point de vue des calculs, c'est d'ailleurs pourquoi elle est si peu utilisée. Ces considérations pourront paraître trop techniques, cependant, il faut bien reconnaître que toutes les investigations scientifiques dans le domaine de la psychopathologie des états affectifs dépendent de ces questions techniques.

C'est autour des années 1985 que l'idée est venue à certains chercheurs d'appliquer aux questionnaires de dépression (mais aussi à d'autres évaluations de la symptomatologie psychiatrique) d'autres méthodes plus exigeantes pour la mise à l'épreuve de l'hypothèse d'unidimensionnalité. On a ainsi exploité en psychopathologie quantitative les modèles de trait latent. (Guttman, 1950; Bonis et Lebeaux, 1991; Bonis *et al.*, 1994). Ces méthodes étaient déjà en usage en sociologie dans la mesure des attitudes. Une autre famille de modèles voisins, issus de la psychométrie «IRT» (théorie de la réponse-aux-items-de-tests) est en usage dans la mesure des aptitudes intellectuelles et de l'intelligence abstraite (Hattie, 1985).

Dans le cas de la dépression, c'est le modèle de Rasch (Rasch, 1960; Andrich, 1988) qui a été adopté (Gibbons *et al.*, 1985). On peut brièvement résumer les principales caractéristiques du modèle de Rasch, pour lequel des versions variables de logiciels sont disponibles (Vrignaud, 1994). Les observations (réponses aux questionnaires par exemple) doivent répondre à une fonction probabiliste à un, deux (ou même trois) paramètres selon les logiciels utilisés. Dans le cas de deux paramètres, le premier correspond aux items, le second, aux sujets. On suppose que la probabilité d'occurrence d'une réponse positive à ces questions suit une répartition logistique qui repose : 1) sur un paramètre croissant lié à l'individu (comme par exemple la sévérité de la dépression) et, 2) sur un paramètre décroissant lié à l'item (sévérité du symptôme) pour une valeur donnée du paramètre sujet. Si les données sont conformes au modèle, la structure est unidimensionnelle, les items et sujets pourront être ordonnés selon un même ordre probabiliste sur une même échelle quelque soit l'échantillon de sujets considéré. Concrètement, on peut dire que quatre conditions permettent de vérifier la structure unidimensionnelle d'un questionnaire composé d'un ensemble d'items relatifs à la dépression. 1) Il faut qu'il existe une hiérarchie sur les symptômes (items ou questions) telle que certains sont plus «graves» que d'autres; 2) ne peuvent être considérés comme sévèrement déprimés que des malades qui présentent à la fois des symptômes graves et moins graves; 3) pour que des sujets soient considérés comme «guéris» ou améliorés de leur dépression, il faut qu'ils ne présentent plus qu'un petit nombre de symptômes, mais aussi 4) qu'ils ne présentent aucun symptôme grave.

Un exemple

Tableau 4 – Liste des items du questionnaire de sévérité de la dépression (QSD).

Items	F%	Sévérité	Score brut	Gravité
Travail moins facile	58,8	-1,18	1	-2,88
Moins heureux	52,6	-0,69	2	-2,08
Mal à faire des choses	52,6	-0,67	3	-1,57
Triste	52,4	-0,67	4	-1,17
Obligé de me forcer	51,8	-0,62	5	-0.82
Cafard	50,8	-0,52	6	-0,50
Sans énergie	47,2	-0,26	7	-1,19
Incapable de décision	47,0	-0,25	8	0,12
Bloqué	45,5	-0,13	9	0,44
Vie vide	45,3	-0,12	10	0,77
Inutile	38,9	0,40	11	1,15
Déçu et dégoûté	35,8	0,65	12	1,58
Sans espoir	35,3	0,69	13	2,13
Souhait mort	24,9	1,62	14	2,97
Finir avec la vie	23,5	1,77		

Note : La formulation des items a été abrégée. Les colonnes «Sévérité» et «Gravité» correspondent aux deux paramètres du modèle de Rasch, utilisés dans cette analyse. Le signe positif des paramètres de «gravité» indique un degré élevé de dépression. En pratique, les items sont, bien entendu, présentés selon un ordre aléatoire.

Le modèle de Rasch a été appliqué avec plus ou moins de succès à différents questionnaires et échelles d'appréciation. Le tableau précédent illustre l'adéquation d'un ensemble de 15 questions au modèle. C'est le questionnaire de sévérité de la dépression (QSD, Bonis *et al.*, 1991).

Dans ce tableau figure, dans la première colonne, le pourcentage de réponses positives à chacune des différentes questions. Ce pourcentage a été calculé sur une population de 481 sujets répartis en quatre groupes correspondant à des déprimés, des malades psychiatriques non déprimés, des malades somatiques et des sujets normaux. Dans la deuxième colonne, on a indiqué les valeurs du paramètre lié à l'item. Il est intéressant de noter que cet ensemble d'items couvre un domaine sémantique très homogène, il n'y figure aucun item relatif à l'anxiété alors que les deux aspects sont difficiles à dissocier sur le plan clinique (Darcourt et Pringuey, 1987).

Comparés aux autres instruments d'évaluation de la dépression, les questionnaires et les échelles d'appréciation fondés sur le modèle de Rasch présentent divers avantages. En effet, il est non seulement légitime de calculer la note totale à l'ensemble des items, mais de plus, la note à chacun des items de l'échelle apporte une information substantielle. On peut, à partir de ce type d'instrument, interpréter des profils de réponses individuels qui pourraient s'écarter du modèle d'unidimensionnalité. En effet, des sujets qui obtiendraient des notes de sévérité de la dépression très faibles, alors qu'ils n'auraient répondu positivement qu'à quelques questions « graves », ne pourraient être considérés ni comme des sujets normothymiques, ni comme des sujets déprimés. Ces profils que l'on a appelés « incroyables » pourraient être observés dans le cas où des sujets tenteraient de simuler un état dépressif, ou encore dans le cas où les réponses seraient données au hasard. S'il s'avérait que de tels profils soient fréquents, il faudrait alors réviser l'hypothèse d'unidimensionalité. Pour l'instant cependant, les données recueillies à l'aide de ce questionnaire semblent confirmer la robustesse du modèle. Un autre avantage pratique de ce type d'instrument est qu'il offre la possibilité d'une approche individuelle de la mesure de la récupération et du retour à la norme (Bonis et Lebeaux, 1993).

La représentation de la dépression chez les experts et la question des prototypes

Bien que les données psychométriques disponibles actuellement soient compatibles avec l'existence d'une dimension unitaire, il n'est pas possible d'affirmer que les spécialistes chargés de décrire et de classer les sujets en *déprimés* ou *non déprimés* établissent une telle distinction sur la base d'un facteur unique qui correspondrait à l'intensité de la dépression. Il faudrait imaginer qu'ils soient capables d'effectuer mentalement des calculs longs et complexes, calculs nécessaires à la vérification du modèle. On a même de bonnes raisons de penser que les psychiatres ne raisonnent pas, lorsqu'ils établissent un tel diagnostic, sur les critères exigés par un modèle de trait latent.

Deux sources de données peuvent être fournies à l'appui de cette opinion. Il s'agit d'une part, de l'analyse de données d'observations psychiatriques en langage naturel, données recueillies auprès de psychiatres qui étaient invités à fournir spontanément un diagnostic de dépression « en clair » sur des malades « réels » et, d'autre part, l'analyse de listes de signes ou de symptômes considérés par des psychiatres avertis comme représentatifs de malades déprimés exemplaires réels ou fictifs. Ces deux sources de données ont un objectif commun : analyser les représentations implicites des spécialistes à propos de la dépression.

L'analyse des données d'observations psychiatriques en langage naturel

L'observation systématique des productions langagières spontanées des psychiatres ne semble pas cautionner l'hypothèse d'unidimensionalité. Dans une étude portant sur les observations réalisées par 158 psychiatres différents sur 823 malades répondant au diagnostic de dépression, Bonis *et al.* (1990) ont montré que les caractéristiques évoquées spontanément par les psychiatres ne se rapportaient pas aux symptômes de dépression, tels que perte d'intérêt, tristesse ou encore troubles neurovégétatifs. Les mots les plus fréquemment évoqués à propos de ces malades étaient plutôt liés à la présence de traits de personnalité et à la névrose. Tout se passait comme si le diagnostic clinique se faisait sur des bases autres que celles des signes propres à l'entité diagnostique de dépression telle qu'elle est décrite dans les manuels de psychiatrie.

Dans une autre série d'études, Horowitz *et al.* (1981) ont montré que les psychiatres fondaient leur diagnostic de dépression sur la base d'un arrangement catégoriel de symptômes, et que cet arrangement était variable suivant l'expérience clinique des psychiatres. La résultante de cette façon de construire un diagnostic est un prototype « idéal » à partir duquel les cas réels vont être comparés. Il est clair que dans ce cas, deux sujets pourront être diagnostiqués « déprimés » sans pour autant présenter exactement la même configuration de symptômes. A l'intérieur de chaque configuration, certains symptômes pourront avoir des poids différents. Si l'on demande à des experts de générer une liste de symptômes correspondant « dans leur esprit » au concept de dépression, en s'appuyant sur leur expérience personnelle et en tenant compte des malades qu'ils ont effectivement examinés au cours de leur carrière, on peut disposer d'observations réelles. Si l'on retranscrit fidèlement ces observations et qu'on les fait évaluer par des juges (experts eux-aussi) en leur demandant d'indiquer les signes « qui vont ensemble », on peut dégager un profil ou un prototype de dépression. Les travaux d'Horowitz basés sur l'application de méthodes de similarité à ces données (analyse en clusters) ont décrit le prototype de l'adolescent déprimé. Ce prototype comporte des éléments tels que « hostilité » ou « passivité-agressivité » qui ne figurent pas dans la liste des symptômes retenus dans les questionnaires répondant aux modèles de trait latent. Des observations cliniques ont cependant souligné l'importance des affects, autres que la tristesse, en particulier l'hostilité, l'irritabilité voire même l'agressivité dans le tableau symptomatologique de certaines formes de dépression. Lorsqu'on tient compte d'une large perspective temporelle (*life span*) qui va de l'adolescence au sujet âgé, il est difficile de ne pas relever l'existence de certaines formes comme la dépression « hostile » (Féline, 1991), dans laquelle coexistent deux états : de dépression et d'irritabilité.

On a coutume de considérer que ces travaux sur la quantification de la dépression répondent à des besoins cliniques et à des exigences pratiques comme celles de la recherche en psychopharmacologie. En réalité, on voit mal comment des modèles psychologiques de la dépression pourraient être développés en l'absence de toute définition préalable de la dépression. Comment en effet dériver des hypothèses précises si l'on a pas par avance établi un certain degré d'existence de la variable hypothétique sur la base de laquelle on se propose de construire un édifice théorique ? Comment faire des prédictions solides sur le comportement d'un groupe présumé homogène, mais en réalité hétérogène car il contient des individus qui ne présentent pas les mêmes symptômes ? Il n'est pas exclu que bon nombre de résultats peu concordants obtenus dans les mises à l'épreuve des théories psychologiques de la dépression soient en fait dus à la faiblesse des définitions opérationnelles de la dépression. Un tel point de vue est exprimé par Ingram et Holle (1992) de la façon suivante : « Bien que nous utilisions le terme générique pour désigner une corrélation de symptômes, dont l'humeur dépressive est considérée comme une des caractéristiques distinctives, il est notoirement reconnu que la dépression n'est pas un désordre unitaire et qu'il n'est pas homogène. Il est aussi admis qu'il n'existe qu'un faible consensus sur la classification, les symptômes et les limites conceptuelles des désordres dépressifs » (p. 201).

Il n'existe pas à l'heure actuelle de théorie psychologique unifiée de la dépression, mais plutôt une palette de théories qui diffèrent par le poids qu'elles accordent aux «causes» objectives, qu'elles attribuent à l'interprétation des causes et des agents cognitifs, ou encore par la prééminence de structures cognitives individuelles ou collectives. L'examen critique de ces théories psychologiques, comme on va le voir maintenant, ne permet pas aujourd'hui de concevoir la dépression comme l'expression comportementale d'une cause singulière identique chez tous les sujets déprimés.

Existe-t-il une situation-modèle, des circonstances particulières qui possèdent le pouvoir de déclencher un état dépressif?

Une réponse partielle a été fournie à cette question par les tenants des théories néo-behavioristes qui ont puisé dans l'expérimentation chez l'animal des arguments pour étayer un modèle de «situation critique» lié à la survenue d'un état dépressif.

LES MODÈLES COMPORTEMENTALISTES

La résignation acquise : un modèle néo-behavioriste de la dépression

On savait déjà depuis les travaux de Harlow (1971) que des singes élevés en captivité, privés de renforcements positifs et de contacts sociaux, en particulier de soins maternels, pouvaient développer des comportements de sidération. Des observations systématisées effectuées par Mineka et Suomi (1978) ont décrit par la suite la réaction de «désespoir» du jeune macaque, privé de la présence de ses congénères et séparé de sa mère. L'élevage de ces singes dans un environnement contraignant (des chambres verticales) induisait des réactions d'agitation qui étaient rapidement suivies par une phase de prostration, excluant toute activité spontanée et toute initiative de jeu pour aboutir finalement au refus de toute nourriture. L'analogie entre ces comportements d'abandon et ceux décrits par Bowlby (1969) chez le jeune enfant séparé précocement de sa mère a été largement exploitée. Mais ces observations, si justes soient-elles, ne permettaient pas d'identifier les mécanismes psychologiques par lesquels cet abandon produisait un affect dépressif. Des recherches réalisées en laboratoire dans le cadre de la théorie de l'apprentissage, ont permis de préciser la nature de ces facteurs, apparemment déclenchants, de la réaction dépressive. Utilisant des programmes de renforcement chez le chien, des chercheurs ont montré que, soumis à des chocs électriques inévitables, ces animaux présentaient une forte inhibition comportementale bloquant toute initiative (Overmier et Seligman, 1967). Cette inhibition se révélait persistante puisque, mis par la suite dans d'autres situations, ces mêmes chiens n'exploitaient pas les possibilités nouvellement offertes d'échapper aux chocs.

Parmi les hypothèses qui ont été avancées pour expliquer le mécanisme sous-jacent à ces comportements, on peut en distinguer au moins trois. L'inhibition du comportement résulte de la privation de toute récompense (en particulier celles de nature sociale, le contact, la communication, les soins parentaux); elle résulte du renforcement négatif (comme l'administration de chocs électriques), elle est la conséquence de l'apprentissage d'une règle selon laquelle il n'y a plus de lien nécessaire entre la réponse à une situation et la modification de celle-ci.

En proposant la théorie de «la résignation acquise» Seligman (1974) a retenu cette dernière hypothèse.

Résignation acquise et découverte d'une absence de lien entre une réponse et son issue

Le phénomène désigné «*Learned Helplessness*» (LH), un terme qui peut se traduire en français comme impuissance acquise, résignation acquise ou même déréliction, a par la suite été étudié chez l'homme. L'inhibition du comportement était interprétée non pas comme la conséquence directe des stimulations nociceptives, mais comme un effet indirect lié à l'apprentissage «d'une règle» beaucoup plus générale et plus complexe que la simple contiguïté entre un stimulus et une réponse. Selon ce modèle, ce que le sujet apprend c'est en fait que sa réponse n'a plus le pouvoir instrumental de modifier la situation. En conséquence, il se démet, abandonne tout espoir d'entreprendre et se résigne à une passivité totale devant l'inefficacité de son action.

Dès 1974, Seligman a proposé d'expliquer le comportement du déprimé dans ces termes néo-behavioristes. Dans la littérature anglo-saxonne, cette absence de relation nécessaire entre une réponse et son issue est souvent désignée sous le terme, très difficile à traduire, de «non-contingency».

Dans ce cadre, la disparition de la réponse instrumentale peut s'expliquer comme un phénomène d'extinction. On sait qu'en vertu des lois de l'apprentissage et du conditionnement, la résistance à l'extinction augmente dans deux conditions au moins : les programmes de sur-apprentissage et ceux de renforcement intermittent. A l'inverse, certains mécanismes d'extinction sont expliqués soit par la suppression du renforcement positif (Lewinsohn, 1974), soit par l'administration de programmes de renforcements aléatoires, soit encore par la suppression systématique de tout renforcement positif. Seligman et Lewinsohn, qui se réclament tous deux des principes du béhaviorisme, ont opté différemment pour expliquer la dépression. Le premier invoque le principe de «non contingence», alors que le second suggère que c'est simplement l'absence de renforcement positif qui est en cause. Il s'agit là d'une différence majeure de conceptualisation. En effet, l'hypothèse introduite par Seligman nécessite que l'on fasse appel à un agent cognitif qui élabore des représentations sur l'occurrence des événements, qui fonde son comportement sur des connaissances, sur des croyances, soit des méta-cognitions. Ainsi, ce n'est pas parce que le sujet apprend que sa réponse n'est pas suivie d'un renforcement positif qui répondrait à la satisfaction d'un besoin, qu'il se résigne à ne plus répondre (par exemple tenter une fois de plus d'échapper au choc), mais plutôt parce qu'il intègre la règle plus générale qu'il n'y a pas de liaison entre son action et les modifications de l'environnement et qu'il en déduit logiquement l'inutilité de son action. Il y a là un raisonnement abstrait qui peut rester plus ou moins implicite.

Le modèle de la résignation acquise reste dans le cadre des théories de l'apprentissage, mais ce cadre va devenir rapidement trop étroit. On parlera alors de théories cognitivo-comportementales.

Les vérifications expérimentales vont reposer sur la manipulation des probabilités objectives de renforcement négatif. Si c'est la perception d'une absence de relation entre l'action et l'environnement (sentiment d'impuissance) qui est à l'origine du comportement dépressif et en particulier de l'inhibition du comportement, on doit pouvoir rendre ces interprétations plus explicites. On utilisera des méthodes verbales et l'on passera ainsi du modèle animal au modèle humain.

La reformulation du modèle et l'invocation de variables intermédiaires

Pour expliquer cette inhibition de l'action, Abramson *et al.* (1978) suggèrent de faire intervenir dans le modèle initial de la résignation acquise des variables «intermédiaires» entre le stimulus et la réponse et entre la réponse et ses conséquences : les attributions de causalité. On réintroduit ainsi dans le modèle primitif S-R, un agent cognitif qui interprète la réalité. On postule que la perception de l'incapacité à contrôler déclenche un certain nombre de processus qui peuvent d'ailleurs être implicites et faire l'objet d'une recherche active des causes.

Trois «dimensions» d'attribution en rapport avec l'occurrence d'événements négatifs sont postulées : l'attribution d'un contrôle interne ou externe, la stabilité et la globalité.

La dépression résulterait de l'attribution plus interne, c'est-à-dire à soi-même, des causes d'un événement négatif. Dans une situation d'adversité, le déprimé aurait tendance à considérer que c'est «de son fait». Ceci aurait comme conséquence de faire baisser l'estime de soi. Le modèle postule que les déprimés attribuent leur condition négative à des éléments qui ne changent pas. Enfin, les causes affectent globalement les événements.

Dans cette perspective, le portrait du déprimé serait celui de quelqu'un qui pense qu'il est incapable de contrôler son environnement, qui s'en attribue la cause, qui le déplore, qui ne prévoit pas de changement et qui imagine que ce manque de contrôle affecte l'ensemble des secteurs de sa vie.

L'ajout de ces variables intermédiaires constitue l'essentiel de la révision du modèle de la résignation acquise.

Les preuves expérimentales du modèle révisé
Etudes corrélationnelles entre dépression et styles d'attribution

Cette révision va se heurter à d'importantes difficultés méthodologiques. L'administration de la preuve de l'existence des processus d'attribution reste encore bien fragile.

Il existe un certain nombre de tentatives de mise en relation des styles d'attribution avec la dépression. Que recouvre exactement la notion de style? Il est dit que ce style est formé par trois dimensions : l'internalité, la globalité et la stabilité. Il ne faudrait pas confondre les styles d'attribution avec des traits de personnalité. La principale différence entre styles et traits réside dans le fait que les traits sont des dimensions permanentes de la personnalité qui influent sur le comportement. Dans ce sens, les traits opèrent sur l'ensemble des situations rencontrées. Si par exemple un sujet est considéré comme anxieux ou extraverti, l'anxiété et l'extraversion se manifesteront de façon systématique quelle que soit la situation. On parle de constance temporelle et de constance trans-situationnelle. Les styles d'attribution sont eux aussi des constantes individuelles, mais à la différence des traits, ces invariants cognitifs ont un spectre beaucoup plus étroit. Ils ne sont à l'œuvre que dans certaines situations que l'on peut appeler «critiques». Autrement dit, ces invariants ou schèmes cognitifs du sujet sont dépendants de la structure de la situation (Mischel, 1977; Huteau, 1985; Bonis, 1989). Ils ne sont activés que de façon occasionnelle, lorsque la situation le réclame en quelque sorte. Les traits sont généralement mesurés à l'aide de questionnaires, d'échelles d'appréciation ou encore de mesures objectives, notamment de réponses psychophysiologiques; les styles d'attributions sont explorés eux-aussi à l'aide de questionnaires ou d'enquêtes, réalisés à la suite d'une expérimentation. Le principe des recherches corrélationnelles entre styles d'attribution et dépression ne repose que sur l'utilisation de «questionnaires» dont le «Questionnaire de style d'attribution» (ASQ) de Seligman *et al.* (1979) constitue le prototype. Ce questionnaire est composé d'une liste d'événements positifs ou négatifs, la tâche du sujet consiste à évaluer sur des échelles graphiques la nature des causes qui auraient pu être à l'origine de tels événements ainsi que les conséquences qui auraient pu en résulter. La plupart des événements sont fictifs et la plupart des modalités de réponses sont définies à l'avance.

Un exemple

Soit un événement donné, comme par exemple la perte d'un proche, extrait des listes d'événements stressants de la vie, le sujet doit remplir trois échelles en indiquant 1) si l'événement qui s'est produit était «de son fait», c'est-à-dire s'il était imputable à lui-même et à son initiative ou bien s'il était le produit de causes extérieures ou de causes émanant d'autres personnes que lui-même (internalité-externalité); 2) si l'événement a été causé par des facteurs changeants comme par exemple, l'humeur, le hasard, ou si au contraire cet événement a été lié à des facteurs invariables comme par exemple : l'habileté, la maladresse, qui sont des constantes individuelles; 3) si tel événement ponctuel est susceptible d'avoir des conséquences sur l'avenir.

Dans ces questionnaires, on prend les réponses pour argent comptant, et il n'y a aucun moyen de dépister d'éventuelles attitudes de réponse. Il n'y a pas non plus d'échelles de validité comme il en existe dans les questionnaires de personnalité fondés sur des méthodes psychométriques. Ceci a fait dire que ce type d'investigation *a posteriori* incitait les sujets à dire «Plus qu'ils n'en savent en réalité» (Nisbett et Wilson, 1977). Au-delà de cette formule, il y a une légitime suspicion d'invalidité des rapports subjectifs qui affaiblit la valeur de la démonstration.

La majorité des investigations a porté sur des populations d'étudiants départagés en *déprimés-non déprimés* à l'aide de questionnaires de dépression (généralement l'inventaire de dépression de Beck *et al.*, 1961). De la somme considérable de données ainsi recueillies sur des populations sub-cliniques, il ressort que les sujets ont effectivement tendance à donner des attributions plus internes et plus globales et souvent plus stables pour les événements négatifs. Il existe cependant quelques exceptions importantes (Blaney *et al.*, 1980). Pour les événements positifs, on devrait s'attendre à ce que le biais de réponse soit inversé, c'est à dire que les sujets déprimés n'imputent pas leur réussite à leur action personnelle. Les résultats qui vont dans ce sens sont très mitigés. On ne peut dégager aucune tendance marquée dans un sens ni dans un autre. Dans les travaux réalisés sur des populations cliniques, les corrélations entre attribution des causes et des conséquences sont très variables et les résultats partagés (Gong-Guy et Hammen, 1984 et Miller *et al.*, 1982). Si bien que l'on doit considérer que la validité du modèle révisé de la résignation acquise est relativement faible. Plusieurs raisons ont été invoquées pour expliquer la faiblesse de ce modèle (Peterson *et al.*, 1985). L'une des principales est d'ordre méthodologique. Par souci d'objectivité, les auteurs ont utilisé des listes d'événements hypothétiques. Ils ont aggloméré les réponses en donnant des poids identiques à tous les événements pour tous les sujets. Or, si l'on admet que ce ne sont pas tant les événements tels qu'ils sont, mais les événements tels que les sujets se les représentent qui font l'objet d'attributions cognitives, cette agglomération ne peut qu'entraîner une grande confusion. On va en effet mélanger des scores d'attribution interne et externe sur des ensembles d'événements dont certains auront été réellement vécus par les sujets avec des événements hypothétiques; des phénomènes de « halo » vont certainement prendre place dans ces évaluations.

Ce qui reste vrai est que le style d'attribution semble, chez le déprimé, caractérisé par une extrême rigidité. Lorsqu'une attribution causale est spécifiée pour les causes d'un événement, elle s'applique aussi aux conséquences de celui-ci. Lorsque l'origine des causes a été énoncée, ces causes sont associées, dans l'esprit du sujet, à des facteurs considérés comme permanents. Dans le système d'attribution, les causes et les conséquences ont tendance à se cristalliser dans des réseaux d'explication étroitement interconnectés. On a pu dire que les liens entre attributions causales et dépression devraient être interprétés en référence à une théorie de la motivation qui inclurait parmi les besoins secondaires la notion de « besoin de causalité personnelle » (Nuttin, 1980). Ce besoin d'explication serait plus élevé chez le déprimé, que chez les sujets non déprimés (Comiskey et Bonis, 1988).

Le concept de style d'attribution interne ou externe est très voisin de celui de « lieu de contrôle » (*Locus of control*) proposé par Rotter (1966) dans le cadre général des théories de l'apprentissage social. Il faut savoir cependant qu'une attribution interne (« C'est de mon fait », « Je n'ai pas pu contrôler») correspond à un lieu de contrôle externe («Si ce n'est pas moi qui ai exercé ce contrôle, il doit bien y avoir quelqu'un ou quelque chose qui l'a fait à ma place»). Il a donc bien fallu compléter ce questionnaire d'attribution par des items qui exploraient ce que les autres étaient capables de faire dans des situations comparables. Pour ce faire, on a étudié les jugements comparatifs. Les questionnaires sont devenus très sophistiqués. On demandait au sujet s'il pensait avoir pu contrôler tel événement négatif, mais si de plus dans la même situation, d'autres auraient, eux, pu contrôler l'occurrence de ces événements. De façon inattendue, les théories béhavioristes avaient enfanté les recherches les moins comportementales qui soient.

Dans ce cadre, le lien entre l'affect dépressif et l'agent cognitif serait fondé sur l'hypothèse de la croyance dans son propre pouvoir. La conviction d'exercer un contrôle sur l'environnement serait source de plaisir; à l'inverse le sentiment de non contrôle ou d'impuissance serait liée au déplaisir.

En invoquant le lieu de contrôle pour expliquer l'émergence d'affects dépressifs, les reformulations de la théorie de la résignation acquise font en quelque sorte basculer les thèses comportementalistes dans les thèses cognitivistes (Bonis et Comiskey, 1991). Malheureusement, les preuves en faveur d'une relation entre lieu de contrôle externe et dépression ne reposent que sur une poignée d'études corrélationnelles entre des notes à des échelles de dépression et des notes à des questionnaires de lieu de contrôle ou d'attribution (Abramowitz, 1969; Peterson *et al.*, 1978). La relation entre le contrôle externe et l'affect dépressif n'est pas clairement établie, elle varierait suivant le type de dépression ou l'intensité de celle-ci. La fidélité des mesures des dimensions d'attribution, qu'il s'agisse du lieu de contrôle ou du style d'attribution, est incertaine. L'ambiguïté de ces relations est accentuée par la mise en évidence d'un paradoxe que l'on peut formuler de la façon suivante.

Le paradoxe

Les déprimés ont tendance à reconnaître qu'ils ne maîtrisent pas les situations négatives (elles seraient hors de leur contrôle personnel, ils pensent que les autres auraient pu les contrôler), mais en même temps, ils présentent une tendance marquée à s'attribuer la responsabilité dans la survenue de tels événements négatifs (c'est de ma faute) et ils en éprouvent de la culpabilité. Ce paradoxe désigné par Abramson et Sackeim (1977) comme «Absence de maîtrise et auto-accusation» que l'on pourrait traduire par «non responsable et néanmoins coupable» ne semble pas imputable à des facteurs de méthodes, mais représente un certain mode de raisonnement qui serait propre à la dépression.

Les styles d'attribution et leur valeur explicative

On remarquera que les styles d'attribution sont en quelque sorte des «pièces rapportées» au modèle de la résignation acquise. Les instruments de mesure de ces styles sont des instruments «ad hoc», improvisés en quelque sorte pour les besoins de la démonstration. Ils n'ont pas été construits sur la base d'une théorie de l'attribution. Pourtant, une telle théorie était disponible au moment de la révision du modèle de la résigantion acquise par Alloy et Abramson. En effet, Kelley (1967) avait fait l'ébauche d'un modèle normatif expliquant la façon dont l'individu moyen, l'homme de la rue traitait les informations relatives aux causes d'un comportement. En 1971, on pouvait déjà dégager quelques règles générales sur lesquelles reposaient l'attribution des causes d'un comportement et les conséquences de telle attribution, plutôt que de telle autre sur le comportement subséquent. D'une part, on pensait que l'attribution de causes reposait sur l'existence de schémas cognitifs et que pour une situation donnée, l'attribution de la cause d'un comportement dépendait de la prise en compte d'au moins trois facteurs : la saillance (ou caractère distinctif du fait), la permanence (ou son caractère répété) et enfin la convergence (caractère consensuel de l'information). Ces règles répondent à une certaine rationalité. L'utilisation de ces trois sources d'information, saillance, permanence et convergence, avait été mise en évidence grâce à l'exploitation d'une méthode : la méthode des scénarios. Pour prendre un exemple, soit une scène entre deux protagonistes : X frappe Y, X est l'acteur, Y le stimulus. On informe le sujet expérimental que : 1°) X n'a frappé qu'Y (saillance), 2°) X a déjà frappé Y (constance du comportement) et 3°) «tout le monde frappe Y» (consensus). Dans ce cas, le sujet «moyen» attribuera la cause du comportement (frapper) non pas à l'acteur (X), ni à des circonstances extérieures, mais au sujet qui a subi l'action. Le raisonnement sous-jacent est, dans cet exemple, le suivant : «si Y a été frappé, c'est lui qui en est la cause». On sait bien peu de choses sur la façon dont les déprimés interprètent un scénario de ce type. Bentall et Kaney (1989) et Bentall (1991), qui ont appliqué cette méthodologie chez des déprimés, ont montré que ces derniers, comparés à des malades présentant des idées de persécution, ne présentaient pas des raisonnements si différents de ceux du sujet moyen.

On ne saurait évaluer la théorie de la résignation acquise sans considérer l'hypothèse selon laquelle la dépression résulte d'une attribution erronée. L'incapacité du déprimé à établir une relation entre sa réponse et les effets de celle-ci relève-t-elle d'une illusion perceptive, d'une perception incorrecte de la réalité ? Si tel est le cas on doit pouvoir objectiver chez les déprimés des écarts entre des fréquences d'occurrences objectives d'un événement et ses probabilités subjectives (ou prédiction de cet événement).

Les situations de renforcement aléatoire et le contrôle impossible

Un des moyens utilisés pour analyser la tendance à interpréter les causes des événements négatifs a consisté à mettre des sujets dans des situations expérimentales de « contrôle impossible ». Un cas particulier de ce type de situation est celui du renforcement aléatoire. En effet, dans ce cas, le succès comme l'échec sont imprévisibles et incontrôlables. Comment se conduisent les sujets déprimés dans ces types de situations ?

Les résultats obtenus dans ce domaine font apparaître un phénomène assez inattendu. Les déprimés, ici encore des étudiants ayant des scores élevés aux échelles de dépression, ont tendance à être très perspicaces. Ils comprennent très vite que le renforcement est aléatoire et les prédictions qu'ils font sur le succès ou l'échec s'ajustent bien aux probabilités objectives, tout au moins dans certains programmes comportant des probabilités de renforcement bien définies. Ce n'est pas le cas des sujets témoins qui auraient tendance à surestimer le lien entre leurs réponses et les conséquences de celles-ci, autrement dit à augmenter leurs probabilités subjectives par rapport aux probabilités objectives, lorsque l'issue est positive. Pour Alloy et Abramson (1979) qui ont mis ce phénomène en évidence, l'attitude des déprimés dans ce type de tâche est en quelque sorte plus rationnelle et les déprimés seraient sans doute plus tristes mais aussi plus avisés (« *sadder but wiser* ») alors que les témoins seraient victimes d'un « biais de corrélation illusoire ». Ils surestimeraient les liens entre une réponse et son issue, ils établiraient des liens de cause à effet, là où il n'y en n'a pas. Ils présenteraient notamment un optimisme excessif dans le cas où leurs réponses seraient suivies de succès, alors que ce succès n'est que le fait du hasard. Les situations de « contrôle impossible » ne permettent donc pas d'expliquer l'affect dépressif par des estimations incorrectes de l'occurrence de certains événements. On verra plus loin que ces données issues d'expériences de laboratoire, données dont la validité écologique pourrait être mise en question, ne concordent pas avec une autre théorie psychologique de la dépression, celle de Beck.

Le modèle animal de la résignation apprise est sans doute, parmi les modèles animaux des troubles psychiatriques, celui qui a eu le plus grand pouvoir heuristique. L'analogie entre le désespoir observé chez l'animal dans des situations inéluctables, et le désespoir observé chez le malade déprimé a en effet permis de tester l'influence de drogues anti-dépressives sur un modèle expérimental bien spécifié. Cet analogue entre comportement animal et humain a eu cependant ses limites. L'analogie du modèle de la situation s'arrête au niveau des explications. Les développements concernant les raisonnements inférentiels attribués aux déprimés dans la recherche des causes de l'adversité restent des hypothèses plausibles. On ne peut pas retenir non plus que l'apprentissage d'une « non contingence » constitue une cause unique, pas plus que l'on ne peut invoquer l'attitude qui consiste à faire reposer sur des styles d'attribution inadéquats, l'apparition de symptômes de dépression. La clinique psychiatrique offre en effet des cas exemplaires dans lesquels la dépression survient dans des situations de succès, comme une promotion professionnelle. La manie, caractérisée par l'élation, peut survenir, quant à elle, dans des situations très négatives comme le deuil.

MODÈLES COGNITIFS ET MODÈLES CONCEPTUELS

La théorie cognitive de Beck ou la dépression comme conséquence de dysfonctionnements cognitifs

La théorie cognitive de Beck (1967) se démarque des théories néo-behavioristes dans la mesure où les causes de la dépression et de l'humeur dépressive sont imputées non plus à des facteurs situationnels mais à des structures cognitives inadéquates. Comme les autres troubles mentaux, la dépression est la conséquence directe de troubles cognitifs. Ces troubles influent sur l'adaptation à la réalité. A l'inverse des conceptions classiques, les troubles de l'humeur ne sont plus des symptômes primaires mais plutôt des symptômes secondaires. Autrement dit, c'est le processus cognitif inadéquat qui engendre l'affect inadéquat. Si l'on parle de « théorie cognitive » de la dépression c'est bien parce qu'une primauté est accordée à des distorsions cognitives dans l'interprétation des événements. Le postulat cognitiviste de cette théorie est fondé sur l'idée que l'individu humain dispose d'un certain nombre de schémas, équivalents des constructions personnelles de Kelly (1955), pour interpréter le monde extérieur. Pour qu'une telle théorie soit étayée par les faits, il est nécessaire de donner des définitions précises de la structure et du contenu des schémas cognitifs inadéquats. Pour ce qui est des contenus, ils ont été décrits avec une extrême précision; les hypothèses concernant la structure des représentations sont moins bien spécifiées.

Les concepts : la notion de triade cognitive

Une première hypothèse très générale stipule que des structures cognitives identiques s'appliquent à trois domaines de connaissance, le moi, le monde extérieur et le futur. C'est la triade cognitive. Les contenus de pensée inadéquats qui affectent d'un biais négatif les éléments de cette triade sont eux-mêmes engendrés par des processus inadéquats. On peut distinguer des processus paralogiques, stylistiques et sémantiques. Ce sont ces processus qui fabriquent les contenus de pensée incorrects et qui affectent les trois éléments de la triade. On peut repérer ces constructions cognitives inadéquates dans différentes productions comme les rêveries, les rêves ou encore l'imagerie mentale. On distinguera les inférences arbitraires 1) qui éliminent dans l'interprétation d'un événement des interprétations plausibles, 2) des abstractions sélectives qui concentrent l'attention sur un détail isolé de son contexte, alors que d'autres caractéristiques de la situation apparaissent bien plus évidentes et plus disponibles, et 3) des généralisations abusives des sur ou des sous-estimations ainsi que des dénominations inadéquates.

Ces cognitions inadéquates seraient déclenchées par certaines situations particulières comme les situations de perte d'objet (*loss*) ou par des situations d'abandon. La référence aux théories psychodynamiques est ici évidente, cependant Beck ajoute que ces cognitions peuvent apparaître aussi dans des situations très banales. Quelles que soient les situations, lorsque de telles cognitions sont instanciées, elles ont tendance à s'organiser sous forme de schémas et surgissent de façon automatique et indépendamment de la volonté du sujet.

Quand il s'agit du «moi», ces processus ont pour effet d'abaisser le niveau de l'estime de soi; lorsqu'il s'agit du monde extérieur, ils entraînent un sentiment d'impuissance (*helplessness*), et lorsqu'il s'agit du futur un sentiment de perte d'espoir (*hopelessness*).

Le schéma suivant illustre la structure de la théorie de Beck.

Dans les premiers travaux, la recherche des arguments en faveur de la théorie s'est appuyée sur des moyens éclectiques qui vont de l'analyse de contenu d'entretiens psychothérapeutiques (Beck, 1963, 1964), à l'analyse des rêves de déprimés (Beck et Hurvitch, 1959 et Beck et Ward, 1961). On a même avancé l'idée qu'il existait un rêve «pathognomonique» de la dépression dans lequel le rêveur déprimé apparaissait toujours comme un perdant. De la même façon, des épreuves projectives ont été élaborées, comme le test des fantaisies centrées («*focused fantasy test*») qui permettait de dresser le portrait psychologique du déprimé. Par la

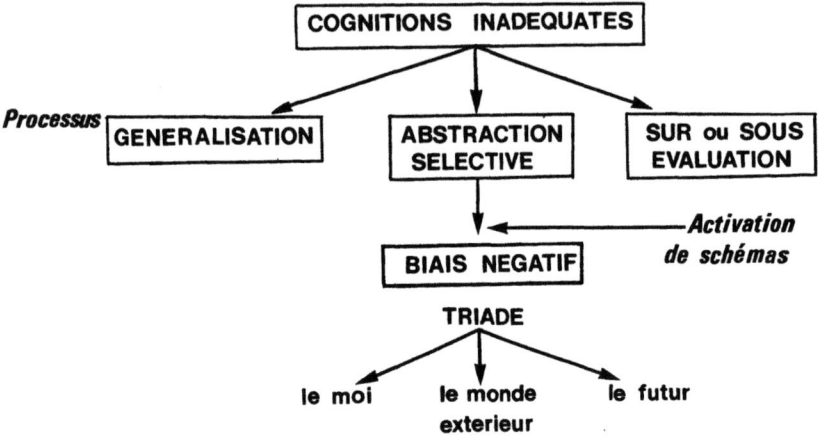

Fig. 5 – Le modèle de Beck (1967).
Ce schéma doit se lire de haut en bas. Au sommet figurent les «causes déterminantes», juste au-dessous viennent les processus qui expliquent la production du biais de raisonnement. A la base se trouvent les domaines sur lesquels ces processus s'appliquent.

suite, en raison du développement des thérapies cognitives, la validation de la théorie a été étayée par la recherche de preuves plus concrètes comme celles apportées par l'évaluation de l'efficacité des thérapies cognitives.

L'approche expérimentale du biais négatif et le paradigme du niveau d'aspiration

A côté des illustrations issues de l'observation clinique, il existe des travaux menés en laboratoire dont l'objectif a consisté à opérationnaliser deux des trois éléments de la triade : la vision négative du moi et du futur. C'est l'étude de Loeb *et al.* (1971). On sait que lorsqu'on propose à des sujets d'effectuer une tâche comportant plusieurs essais, et que l'on demande avant chaque nouvel essai de prédire la probabilité de réussite ou d'échec à l'essai suivant, et après chaque essai d'évaluer le degré de satisfaction, les sujets ajustent leur niveau d'aspiration à leurs performances réelles. Il est bien connu que des échecs successifs entraînent une réduction du niveau d'aspiration et que des succès répétés augmentent la «confiance en soi». Ces effets sont cependant modulés par des différences individuelles. Dans l'étude de Loeb *et al.*, on fait l'hypothèse que des sujets déprimés auront tendance à prédire des probabilités de succès inférieures (vision négative du futur) et qu'ils apprécieront de manière moins favorable leurs propres performances, alors même que celles-ci restent objectivement identiques à celles de sujets témoins (vision négative de soi). La tâche utilisée est une tâche de classement de cartes en temps limité. Les performances sont mesurées en termes de bonnes et de mauvaises réponses mais c'est le temps de réponses qui est choisi comme mesure de la performance. On observe effectivement que les sujets déprimés comparés à des témoins sous-estiment leurs performances réelles et ont tendance à s'attribuer avant chaque essai, des espérances de succès moins grandes. Ces deux résultats sont en faveur des hypothèses concernant la vision du futur et la vision du moi. Cependant, certaines données de cette expérimentation restent d'une interprétation délicate : ainsi le fait que c'est l'indice *rapidité de la réponse* qui est choisi comme indice de performance objective et non le nombre d'erreurs sur lequel repose l'évaluation de la probabilité de succès. Les travaux publiés par la suite ont montré que les déprimés avaient tendance :

– à sous-estimer la fréquence des renforcements positifs par rapport à leur fréquence réelle, ou qu'ils faisaient état d'un moins grand nombre de succès que des sujets non déprimés soumis aux mêmes programmes de renforcement ;

– à se montrer moins satisfaits d'eux-mêmes à niveau de réussite égal, dans le cas où ce niveau de réussite est rendu identique pour tous les sujets par des manipulations de l'expérimentateur.

Il existe cependant de nombreuses exceptions à ces tendances. Dans d'autres cas, les résultats obtenus sur des populations « sub-cliniques » ne se vérifient pas lorsque l'expérimentation est conduite chez des malades déprimés (Craighead *et al.*, 1979).

Une étude intéressante réalisée par de Montbrun et Craighead (1977) montre que, lorsque les estimations de succès et d'échec ne sont pas véhiculées par le langage, les déprimés se conduisent comme les témoins. Dans cette étude, le renforcement est donné par l'intermédiaire de diapositives de couleur. Au lieu d'informer verbalement le sujet de sa réussite ou de son échec, on lui apprend que son succès sera signalé par l'apparition de diapositives comportant des nuances qui vont du noir au gris, le gris « signifiant » l'échec. On introduit alors dans l'expérience des diapositives de nuance intermédiaire afin de savoir si le déprimé va les interpréter plutôt comme des succès ou plutôt comme des échecs. Dans ce cas, les déprimés ne présentent pas le biais attendu, ils n'interprètent pas les nuances intermédiaires comme des messages d'échec.

Ces résultats négatifs, ajoutés aux conclusions que nous avons précédemment rapportées d'Alloy *et al.* sur le plus grand « réalisme » des déprimés ont, au fil des années, contribué à introduire des doutes sur certaines hypothèses contenues dans la théorie de Beck. On peut se demander quelles sont les hypothèses qui tiennent et quelles sont celles qui ne tiennent pas.

Les limites de validité de la théorie cognitive de la dépression de Beck

Lorsqu'une théorie se déploie pendant une période temporelle de plusieurs décennies, et qu'elle devient un paradigme dominant, comme c'est le cas de la théorie de Beck, il devient difficile d'en apprécier les limites de validité et ce d'autant plus lorsque des modifications interviennent au cours de ce développement. On peut cependant examiner les aspects qui ont résisté à l'épreuve des faits et ceux sur lesquels une révision s'avère nécessaire. Dans cette évaluation, on insistera sur les aspects strictement conceptuels tels que la question des cognitions comme causes, la définition des schémas cognitifs inadéquats, et la notion de biais négatif.

La question des cognitions comme causes

Le postulat selon lequel les cognitions seraient les causes nécessaires des affects dépressifs est loin de faire l'unanimité et Beck lui-même n'a pas maintenu cette position avec une très grande fermeté. S'il écrivait en 1978 avec Kovacs que la façon dont «les gens pensent, affecte la façon dont ils ressentent, ce qu'ils font et comment ils réagissent» (p. 525), il reconnaîtra plus tard que «les distorsions cognitives ne sont pas les causes nécessaires des symptômes affectifs, végétatifs, motivationnels et comportementaux (que des facteurs biologiques peuvent aussi jouer un rôle causal) mais qu'ils constituent une composante majeure d'un état dépressif qui peut être la cible d'un traitement ou le moyen de réduire les autres symptômes» (1983, p. 2). A cette conception des processus cognitifs comme causes certains auteurs ont opposé une forme de causalité circulaire dans laquelle les cognitions sont à la fois causes et conséquences. Pour Teasdale (1983), en effet, il existerait une relation réciproque entre des pensées négatives induisant une humeur dépressive, qui à son tour modifierait l'interprétation négative de l'expérience. Cette modification résulterait du fait que l'affect négatif aurait pour effet de rendre plus accessibles les souvenirs négatifs. La conséquence serait un cercle vicieux dans lequel affect et cognition entretiendraient l'émergence des affects négatifs.

Un autre point qui fait problème dans l'exposé de la théorie est la notion de schéma.

La définition des schémas

D'un point de vue conceptuel la notion de biais cognitifs s'est peu à peu transformée. Dans les travaux plus récents, c'est le terme de schéma qui est utilisé. La définition des schémas reste cependant assez imprécise dans l'œuvre de Beck, elle est synonyme « d'attitudes dysfonctionnelles ». Elle renvoie à un ensemble de croyances davantage spécifiées par leur contenu (biais négatif) que par leur structure. Le terme de schéma, tel qu'il est utilisé par Beck, ne correspond pas à la définition qui lui a été donnée dans la psychologie cognitive contemporaine où il désigne très précisément « un ensemble structuré de concepts formant une connaissance générique sur les événements, les scénarios, les actions ou les objets, connaissance acquise par l'expérience » (Cohen *in* Eysenck (1990), p. 316). Les méthodes utilisées par Beck et son école pour accéder à ces « schémas » reposent principalement sur des questionnaires dont le prototype est « L'échelle d'attitudes dysfonctionnelles » mise au point par Weissman et Beck (1978). Ce questionnaire comporte une série de phrases à compléter de la forme : « Si j'avais toujours raison les autres me... » On peut se demander si de telles méthodes d'investigation directes permettent véritablement d'accéder à des représentations génériques, ou si elles n'extraient que des contenus introspectifs qui ne sont, pour reprendre une expression de Mandler que de « simples copies-carbone des expériences vécues » (1992, p. 63).

Les processus de raisonnement inadéquats

L'un des points forts de la théorie est que l'affect dépressif résulte d'une distorsion ou d'une déformation de la réalité, autrement dit qu'il existe un décalage entre le réel et le représenté. Différents processus cognitifs, en particulier la généralisation abusive et l'exclusion du positif, seraient les artisans de cette déformation présumée de la réalité.

La généralisation abusive

Ce processus cognitif inadéquat est décrit par une série d'exemples cliniques. Le scénario du « père déprimé » en constitue un cas exemplaire.

Voici comment Beck nous raconte la journée d'un père déprimé. Ce père constate le matin que ses enfants se préparant pour aller à l'école sont désobéissants et il pense : « Je suis un mauvais père qui élève mal ses enfants. » Il constate ensuite qu'un robinet d'eau a une fuite et il pense : « Je suis un mauvais mari qui ne prend pas assez soin de sa maison. » Il prend ensuite sa voiture pour se rendre à son travail et remarque que des voitures le dépassent sur la route, il pense : « Je suis un mauvais conducteur. » Il arrive ensuite sur son lieu de travail et constate qu'il y a une pile de dossiers amoncelés sur son bureau et il pense : « Je suis un mauvais employé. » Cette séquence d'interprétations est définie par Beck comme prototypique d'un processus de généralisation abusive. Ne procède-t-il pas en fait d'un autre processus qui relèverait davantage de l'implication logique Bonis (1996), sous presse). Le processus de généralisation se définit en psychologie cognitive comme un processus dans lequel à partir de l'observation de quelques éléments seulement, le sujet étend les propriétés de ces éléments afin de les inclure dans une classe plus large. Ce principe de généralisation est caractérisé par une propagation de la signification sémantique d'un élément à d'autres éléments. Cette propagation s'effectue de proche en proche et l'on pourrait dire que la pensée se déploie selon un mouvement centrifuge. L'analyse du scénario du père déprimé ne semble pas procéder de la sorte. Le raisonnement semble adopter un mouvement centripète de façon telle que chaque événement qui se produit vient renforcer une idée centrale, celle de l'indignité. C'est par une série d'implications que se construit cette induction généralisante. La construction des expériences vécues s'effectue selon une trame directrice qui a pour effet d'enrichir et de cristalliser un contenu de pensée négatif se rapportant au « soi ». A cet égard, les mécanismes interprétatifs du déprimé ne semblent pas si différents de ceux identifiés dans le délire d'interprétation (Grivois, 1991 ; Bonis, 1992).

L'exclusion automatique du positif

Une autre hypothèse, celle de « l'exclusion du positif », semble résister à l'épreuve des faits. Selon cette hypothèse, les déprimés excluraient de façon automatique les « cognitions positives ». Cette hypothèse qui a encore été réaffirmée par Beck en 1987, dans les termes suivants : « on s'attend à trouver chez les déprimés une diminution des idées et des souvenirs positifs, au moins jusqu'au point d'effacer toute évaluation personnelle favorable » (p. 7), n'est que partiellement vérifiée.

Certes, il est vrai que des déprimés obtiennent dans des questionnaires concernant le « concept de soi » (*Beck self-concept test*), des notes qui les différencient des autres malades psychiatriques, des anxieux notamment. Ce questionnaire se présente sous la forme d'énoncés comparatifs du genre : « Mieux que quiconque, je connais... » ou « mieux que la plupart des gens... » Sa validité de contenu est élevée et la note totale est très corrélée avec les questionnaires d'estime de soi. La méthode employée ici ne fait qu'extraire des contenus conscients, elle ne permet pas d'accéder à des processus automatiques ou inconscients.

Comme on va le voir maintenant, il n'est pas clairement établi de façon expérimentale que les déprimés présentent un biais négatif dans toutes les tâches de mémorisation, biais qui ferait qu'ils ne retiendraient que les informations négatives. Ce biais existe, mais il est plus limité que ne le veut la théorie. Il ne semble pas tout à fait vrai non plus que la dépression soit caractérisée par des représentations exclusivement négatives de leur moi.

On examinera les arguments expérimentaux qui ont été apportés à la théorie cognitivo-clinique de Beck. Ces arguments s'appuient essentiellement sur deux domaines de recherche, celui du traitement des informations et de la mémoire, et celui de la représentation, avec l'étude du concept de soi (*self-concept*).

Il est important de distinguer, dans les modèles expérimentaux sur la mémoire, biais négatif et dépression, les données relatives à la mémoire autobiographique, c'est à dire aux souvenirs personnels ou auto-référents dans lesquels le moi est impliqué, des données sur la mémorisation de tout autre matériel verbal ou non verbal.

Biais négatif et mémoire autobiographique

Ce sont les travaux de Lloyd et Lishman (1975) qui ont fourni les premiers arguments expérimentaux à l'hypothèse d'un biais de mémorisation négatif. Ces auteurs ont observé que des sujets déprimés avaient tendance à évoquer plus facilement des souvenirs personnels tristes que des souvenirs gais. Dans cette étude, il s'agissait d'évoquer un souvenir en réponse à la présentation de chaque mot d'une liste préétablie de mots neutres. Pour la moitié des mots de la liste, les patients devaient évoquer des souvenirs agréables, pour l'autre moitié des souvenirs désagréables. La facilité du rappel était mesurée par le temps de latence. Le calcul du rapport entre le temps mis pour évoquer les souvenirs déplaisants/ plaisants a montré une corrélation avec l'intensité de la dépression, mesurée par l'inventaire de Beck. Plus la dépression était élevée et plus ce rapport était négatif. Chez les sujets normaux ou seulement légèrement déprimés, le rapport était de signe positif indiquant que le temps de rappel était plus long pour les souvenirs déplaisants. Ce phénomène, désigné comme une plus grande accessibilité des souvenirs négatifs personnels, ne permet pas à lui seul de démontrer l'existence d'un biais sélectif. En effet, il est possible que la plus grande accessibilité reflète de façon très fidèle une réalité, à savoir que les déprimés ont effectivement à leur actif un nombre plus élevé de souvenirs négatifs. Si tel est le cas, ils n'est pas surprenant qu'à un meilleur échantillonnage de tels souvenirs corresponde une plus grande accessibilité. C'est pourquoi, la vérification de l'hypothèse d'accessibilité a été explorée par d'autres protocoles, notamment par l'étude de malades déprimés présentant des cycles diurnes de l'humeur très rapides (Clark et Teasdale, 1982), ainsi que par l'évaluation longitudinale de sujets déprimés retrouvant (ou non) après traitement une humeur normale (Clark, 1983). Chez ceux qui retrouvent une humeur normale, on observe que les souvenirs tristes deviennent moins facilement accessibles. L'approche expérimentale rejoint ici l'observation clinique, elle n'apporte ni fait nouveau, ni explication nouvelle. Mais, dans quelle mesure cette plus grande accessibilité est-elle dépendante de l'état affectif du sujet, autrement dit comment expliquer les mécanismes qui sous-tendent cette accessibilité? Les faits que nous venons de rapporter ne permettent pas de décider entre plusieurs interprétations. Est-ce l'existence de « biais » de nature cognitive (primauté de la cognition sur l'affect, noyau central de la théorie de Beck), ou bien est-ce l'influence de l'affect dépressif sur la cognition qui est responsable des effets observés? Il n'est pas possible d'écarter non plus l'hypothèse d'interactions réciproques entre affect et cognition (Bonis, 1996).

Il existe à ce jour deux modèles principaux, celui de Bower (1981) et celui de Teasdale et Barnard (1993), qui se proposent de rendre compte des mécanismes expliquant la relation entre dépression, biais de mémorisation et cognition. Ces deux modèles partagent un trait commun, en ce qu'ils proposent une explication des phénomènes cliniques observés dans la dépression à l'aide de concepts abstraits. Ils se distinguent l'un de l'autre par de nombreuses caractéristiques formelles et par les prédictions empiriques qui en résultent. Nous allons maintenant examiner ces modèles alternatifs.

Modèle clinique et modèle psychologique de Beck à Bower

La mémorisation de mots à valence négative et positive

Afin d'élucider la relation entre mémorisation et état affectif, le phénomène d'accessibilité a été étudié en laboratoire sur des sujets normothymiques chez lesquels des états affectifs ont été induits artificiellement. Plusieurs procédures d'induction ont été utilisées : la procédure de Velten (Teasdale *et al.*, 1980), qui consiste à faire lire des phrases tristes, la projection de films, de diapositives de visages, l'écoute de morceaux de musique ainsi que l'hypnose (Bower, 1981).

Ces expérimentations ont été précédées par des observations naturelles qui n'ont pas permis d'aboutir à un consensus sur la supériorité de la valence positive chez les sujets non déprimés.

La valence affective des mots : leur répartition dans la langue

Il y a plus de vingt ans, Boucher et Osgood (1969) ont baptisé «Hypothèse Pollyanna», un fait d'observation : la dissymétrie entre la fréquence des mots positifs et des mots négatifs. Cette dissymétrie se retrouverait dans plus de 13 langues différentes. Cette supériorité des mots positifs a été étayée par des études génétiques montrant que l'acquisition d'un vocabulaire «positif» précédait celle d'un vocabulaire «négatif». On pourrait considérer cette dissymétrie comme un phénomène universel. Le terme de Pollyanna a été donné en référence à l'héroïne d'un conte pour enfant très populaire aux Etats-Unis, héroïne dont la faculté était d'accepter toutes les choses du bon côté. Mais cette hypothèse a aussi de lointaines origines dans la philosophie chinoise qui distingue les principes du «Yin» et du «Yang», qui gouvernerait selon Osgood (1979), la cognition humaine, en organisant la pensée autour d'un bipolarisme entre le positif et le négatif. Cet effet «Pollyanna» se retrouve-t-il dans les phénomènes de mémorisation? Si les mots positifs de la langue sont plus fréquents, on devrait pouvoir montrer qu'ils sont plus accessibles à la mémoire.

Le traitement de la valence affective des mots et la dépression

L'une des conceptions les plus influentes dans l'étude des relations entre valence affective et état affectif est certainement la théorie de Bower (Martins, 1993). Nous avons déjà évoqué les caractéristiques de cette théorie. Rappelons en ici que l'idée centrale selon laquelle les émotions et les états affectifs interviennent dans le traitement des informations sous deux formes qui donneraient lieu à deux phénomènes, l'un appelé le phénomène de dépendance, lié à l'état émotionnel et l'autre le phénomène de congruence, lié à l'humeur. Le premier prédit un meilleur rappel dans le cas où c'est le même état émotionnel qui est éprouvé en phase d'apprentissage et en phase de rappel. Il est imputable à la similitude des «contextes émotionnels». Le second prévoit que lorsque les informations sont congruentes avec l'humeur, elles sont plus facilement traitées et mémorisées (des sujets tristes mémoriseront mieux des mots à valence négative que d'autres mots). Ces deux effets sont généralement présentés dans les manuels de psychologie comme qualitativement différents. En réalité, il est difficile de les considérer comme totalement indépendants. On peut présenter un effet de congruence sans pour autant présenter un effet de dépendance à l'humeur. En revanche, si l'on présente un effet de dépendance à l'état, il n'y a pas de raison de ne pas présenter aussi un phénomène de congruence. De la masse impressionnante des recherches consacrées à l'étude de ces deux effets, le phénomène de dépendance à l'état n'a pas pu être reproduit (Bower et Mayer, 1989). Ces auteurs qui ont promu le concept de dépendance à l'état, ont reconnu que cette hypothèse ne se vérifiait pas. Dans six recherches réalisées sur des sujets témoins chez lesquels des états affectifs avaient été induits artificiellement en phase d'apprentissage et en phase de rappel, les sujets tristes n'ont pas présenté un meilleur rappel dans des conditions de similarité entre les contextes d'apprentissage et de rappel. Il faut tout de même souligner une exception. Les résultat obtenus chez des déprimés par Tariot *et al.* (1986), ne permettent pas de rejeter cette hypothèse. Pour ce qui est de la congruence à l'humeur les conclusions sont plus favorables. Cet effet a été observé (Blaney, 1986; Bullington, 1991), mais il est loin d'être reproductible.

Dans certaines études, les sujets semblent se souvenir aussi bien des mots négatifs que des mots positifs. D'autre part, chez les sujets déprimés, les proportions respectives de mots positifs et négatifs observées sont souvent tout à fait comparables à celles de témoins (Frith *et al.*, 1983; Roth et Rehm, 1980). Il existe cependant quelques exceptions; Breslow (1981), Dunbar et Lishman (1984), sont parvenus à mettre en évidence, sous certaines conditions expérimentales bien définies, le biais de mémorisation attendu. Dans les cas où le matériel à mémoriser n'implique pas le sujet de façon personnelle, il y a autant de résultats en faveur du modèle que de résultats en contradiction avec celui-ci.

Dans d'autres études, les mots négatifs sont davantage retenus par les déprimés comme par les témoins. Ainsi, Bazin (1990), comparant des déprimés à des témoins dans des tâches de mémoire implicite (complètements de mots) et explicite (rappel indicé) de mots à connotation positive et négative, n'a pu mettre en évidence de biais spécifique en faveur du négatif chez les déprimés. Dans cette étude, les témoins comme les déprimés ont présenté une tendance systématique à mémoriser plus de mots négatifs. L'effet d'un re-test a montré que les malades améliorés sur le plan de l'humeur, avaient tendance à retrouver, en mémoire implicite seulement, plus de mots positifs que de mots négatifs, alors que les sujets témoins retrouvaient autant de mots négatifs que de mots positifs. Cet effet n'a pas été reproduit depuis. Les effets différentiels obtenus au re-test et seulement en mémoire implicite laissent supposer que le phénomène de mémoire sélective des valences pourrait ne se manifester que dans des procédures automatiques et ne pas apparaître dans des apprentissages conscients (mémoire explicite).

Le principe avancé par Beck selon lequel les contenus positifs sont totalement exclus des pensées du déprimé, ne semble pas devoir être retenu sur la base des travaux expérimentaux dérivés du modèle de Bower. Dans quelle mesure l'absence de vérifiabilité du modèle est-elle imputable à une mauvaise conceptualisation des rapports entre état affectif et traitement cognitif des valences ou à une insuffisance des observations expérimentales ?

Biais négatif, réseau sémantique associatif ou réseau interactif ? De Bower à Teasdale et Barnard

Pour Teasdale et Barnard (1993), qui ont proposé un modèle alternatif, la réponse est claire. C'est la modélisation des rapports entre affect et mémoire qui est en cause. Cette modélisation repose sur la notion de réseau sémantique, introduite par Quillian (1968) pour rendre compte de la représentation des concepts. Cette structure abstraite est composée de nœuds et régie par un principe dynamique d'activation. Dans cette modélisation les objets, les événements, les mots sont représentés en mémoire et reliés entre eux par des liens associatifs pour former un réseau sémantique. Ces nœuds sont activés lorsqu'un certain seuil est atteint, le processus de rappel dépend du niveau d'activation de ces nœuds. Bower a introduit l'idée qu'on pouvait se représenter de la même façon les émotions. Autrement dit, chaque tonalité émotionnelle pourrait aussi être figurée par des nœuds. L'activation d'un nœud émotionnel a pour effet de déclencher les comportements expressifs et les réactions végétatives qui accompagnent l'émotion. Dans le schéma qui est donné, les nœuds-émotions sont considérés comme indépendants ; l'activation d'un nœud-émotion (joie) en inhibe une autre (la tristesse). Cette façon de formaliser les émotions repose sur deux postulats : les émotions correspondent à des modules indépendants, les associations se forment par une activation qui se propage de proche en proche ; le système est horizontal, il ne comporte ni de profondeur ni de hiérarchie. Ce sont ces deux postulats qui ont été remis en cause. Ils ont entraîné une révision du modèle qui apparaît d'autant plus opportune que ce modèle ne parvient pas à rendre compte des phénomènes qu'il prédit.

Pour Teasdale et Barnard (1993), si le modèle du réseau associatif ne permet pas d'expliquer les biais du traitement des informations observés dans la tristesse ou la dépression, c'est pour des raisons formelles. Imaginons que plusieurs nœuds soient activés simultanément, l'activation va se propager de façon plus diffuse et donc plus divisée. Si l'activation se divise (ou se distribue) simultanément entre plusieurs nœuds, au lieu d'être plus élevée, l'activation d'un nœud sera plus faible et elle entraînera une moins grande accessibilité des représentations congruentes à l'humeur et donc une augmentation du seuil. Un modèle formel qui tiendrait compte de l'activation partagée entre plusieurs unités sémantiques et de leurs interactions devrait être plus approprié.

Une expérience cruciale est programmée pour invalider le modèle de l'accessibilité exclusive des représentations négatives (Teasdale *et al.*, 1995). Le principe de la tâche expérimentale consiste à inciter le sujet à former des inférences sur la base de phrases à compléter. L'exemple suivant constitue un modèle de phrase : « Si je pouvais avoir toujours raison, les autres me... » En vertu du principe d'accessibilité défini par la théorie de Bower, comme de la théorie des schémas négatifs de Beck (1976), les déprimés devraient compléter cette phrase par des énoncés « négatifs » du genre : « ne m'aimeraient pas » puisque ce sont les énoncés sémantiquement négatifs qui sont les plus disponibles en mémoire (Bower) et puisque le biais négatif est omnipotent dans la pensée dépressive (Beck). Or, les résultats expérimentaux montrent juste le contraire. Les phrases sont complétées par des inférences positives lorsque les sujets sont déprimés ; ceux qui récupèrent leur état normothymique après traitement, donnent des inférences négatives ; ceux qui ne récupèrent pas cet état normothymique continuent à donner des inférences positives et les sujets témoins proposent des inférences négatives. Pour expliquer ces faits contre-intuitifs, Teasdale et Barnard proposent le modèle appelé « Interaction entre Sous Systèmes Cognitifs » (ICS). En vertu de ce modèle, l'état émotionnel, en l'occurrence la dépression serait lié à un traitement plus complexe comportant des opérations de mise en relation entre plusieurs contenus sémantiques. Les sujets déprimés effectueraient ces opérations de façon plus ou moins silencieuse (consciente ou inconsciente) en faisant appel à des schèmes interactifs plus abstraits que le seul contenu sémantique (négatif ou positif). Dans le cas précis de cette étude expérimentale sur le complètement de phrases, la mise en relation de concepts interdépendants — comme par exemple, le mérite personnel, le goût du succès, le besoin d'approbation, autant de valeurs positives qui sont importantes pour le déprimé —, donnerait du relief aux contenus sémantiques positifs et c'est en raison de ce relief, que les inférences tirées de ces énoncés aboutiraient à des conclusions positives. La combinatoire de ces valeurs expliquerait la nature des implications que les déprimés dérivent de l'énoncé : « Si j'avais toujours raison... » Qu'une telle éventualité soit plausible représenterait pour les déprimés, un fait positif. Le modèle ICS situe donc l'intervention des émotions sur les cognitions (ici raisonnements inférentiels) à un niveau d'abstraction sémantique plus élevé que le modèle du réseau associatif qui ne s'appuie que sur les propriétés affectives attachées à des informations partielles (Teasdale et Barnard, 1991). Cette façon de conceptualiser la notion de schéma dépressif rejoint celle de Kendall et Ingram (1987) pour lesquels les schémas ont une structure propositionnelle qui organise les relations entre plusieurs domaines à partir de raisonnements inférentiels du type « si-alors » et ne se résument pas à de simples contenus de pensée.

Bien que le modèle alternatif proposé par Teasdale ne s'appuie encore que sur la base d'une seule vérification expérimentale, et qu'il soit, de ce fait, prématuré d'en apprécier la portée, il propose une nouvelle façon de concevoir les relations entre dépression et mémoire sémantique. Dans cette conception, l'accent est mis sur des structures cognitives abstraites qui organiseraient les contenus de pensée à différents niveaux. Le mérite de la théorie de Bower était d'être réfutable, on peut considérer qu'elle a été réfutée.

Dans la triade cognitive de Beck, le biais négatif était considéré comme caractéristique des représentations de soi. Les travaux réalisés dans le domaine du « concept de soi » permettent-ils de confirmer ce point de vue ?

Concept de soi et structures conceptuelles personnelles dans la dépression

A côté d'une représentation de soi régie par des contenus exclusivement négatifs, on a pu dégager un certain nombre d'autres propriétés de nature structurale qui semblent caractériser la conception que le déprimé à de lui-même.

De la description de soi au self-concept

Les données recueillies à l'aide de plusieurs études dans lesquelles des sujets déprimés étaient invités à s'évaluer sur des échelles d'adjectifs n'ont pas permis de montrer que la proportion des traits positifs était plus élevée que celle des traits négatifs (Clifford et Hemsley, 1987 ; Derry et Kuiper, 1981). Une revue détaillée de la littérature (Haaga *et al.* (1990), p. 220) ne permet pas non plus d'avoir une idée précise de l'existence d'un biais négatif dans la représentation de soi, tant les instruments d'évaluation et les groupes de comparaison sont différents d'une étude à l'autre. Ces instruments comportent en général des questions dont la validité de face est si grande que des attitudes de réponses, notamment la tendance à l'acquiescement, pourraient expliquer à elles seules une grande partie du score total. Il n'en va pas de même lorsqu'on utilise le méthodes mises au point dans le cadre de la théorie des constructions personnelles (« *Personal Constructs* ») de Kelly (1955) comme la grille répertoire.

Les résultats obtenus à l'aide de ces méthodes ont apporté des informations nouvelles sur la structure et le contenu des représentations de soi chez le déprimé. Ces différents aspects ont pu être mis en lumière soit grâce à des adaptations techniques du test initial de Kelly, soit grâce à l'application de différentes méthodes d'analyses statistiques. C'est pourquoi nous allons maintenant présenter ces résultats en précisant pour chacun d'eux les procédures mises en œuvre.

Questions de méthodologie

La technique de la grille répertoire a été «inventée» par Kelly pour valider sa conception cognitive du fonctionnement mental. L'une des hypothèses majeures est que l'homme de la rue possède un système conceptuel qui lui permet d'interpréter et de prédire les événements qui lui arrivent. Ce système conceptuel est gouverné par des constructions personnelles. Selon Kelly, les représentations conceptuelles sont régies par un principe de catégorisation qui, dans sa forme primitive, distingue ce qui est semblable et ce qui est différent. Les représentations conceptuelles reposent ainsi sur des oppositions, des «constructs» bipolaires qui organisent les cognitions. Cela ne signifie pas évidemment que dans la réalité les choses sont effectivement contrastées, mais seulement qu'il en est ainsi dans les représentations que nous nous faisons de ces choses. Cette propriété de notre esprit s'explique dans le cadre épistémologique d'une «Alternative Constructiviste». Les «constructs» sont ainsi les «prismes» qui modèlent notre représentation du monde. L'une des façons d'accéder à une telle représentation consiste à étudier la façon dont nous attribuons des propriétés à un ensemble d'éléments, en appliquant la technique de la grille répertoire. Dans sa forme la plus générale, la technique consiste à construire une matrice à double entrée comportant en ligne des objets (le plus souvent des personnes) et en colonne des attributs. Il existe de très nombreuses façons de faire générer par un individu donné les éléments des lignes et des colonnes (Slater, 1976, 1977; Rosenberg, 1977). Un principe à respecter si l'on veut vraiment accéder à l'analyse des représentations telles que le sujet les crée, et non telles que le psychologue clinicien ou chercheur voudrait qu'elles soient, consiste à faire produire spontanément par le sujet les dimensions qu'il utilise effectivement pour définir ces objets. Les dimensions peuvent différer suivant les sujets mais leur structuration reste la même, car cette organisation est une propriété fondamentale de notre esprit. Le moyen technique utilisé dans les premières études est la méthode des triades. Soit deux individus (les lignes de la matrice), le sujet est invité à indiquer en quoi ces deux individus se ressemblent et en quoi ils diffèrent d'un troisième et ainsi de suite. On obtient ainsi un espace descriptif caractérisé par des constructs bipolaires. Pour obtenir une représentation condensée de cette structure, il suffit d'appliquer à cette matrice individuelle des procédures d'analyse multidimensionnelle. Dans ses travaux originaux, Kelly utilisait une analyse multidimensionnelle permettant des mesures de similarité entre les éléments des lignes et ceux des colonnes.

Il existe de nombreuses variantes de ce test. Parmi les principales, on relève celles qui portent sur la technique d'extraction des constructs. La méthode des triades, trop lourde, est souvent remplacée par des évaluations sur des échelles numériques, sur les constructs eux-mêmes. Ceux-ci ne sont pas toujours bipolaires mais dans certains cas, unipolaires. Le sujet doit indiquer sur des échelles numériques le degré d'adéquation de la propriété, du construct, à l'élément (Fransella et Bannister, 1977; Button, 1982). Ces différentes versions ont été exploitées dans l'étude de la cartographie de l'espace des représentations personnelles et interpersonnelles.

A partir de telles grilles, on a tenté d'estimer les propriétés saillantes de la représentation de soi chez le déprimé. Lorsque la grille inclut un moi idéal, un moi «actuel» et d'autres personnes, il est possible de calculer des indices de distance entre moi idéal et moi actuel. Cette distance fournit une indication indirecte de l'estime de soi. Celle-ci serait plus grande chez les déprimés et indiquerait une moins grande estime de soi (Sheehan, 1981).

Dépression et complexité cognitive des représentations

Un autre aspect qui caractériserait le moi-déprimé serait lié à un manque de complexité. Certains auteurs ont tenté d'évaluer le degré de complexité ou d'indifférenciation de la structure conceptuelle, en dérivant un indice de différenciation (désigné «intensité» par Bannister, 1965). Cet indice correspond au pourcentage de variance exprimé par le premier facteur de l'analyse factorielle de la matrice. Dans différentes études, ce pourcentage est plus élevé chez les déprimés (Sheehan, 1982; Ashworth, 1982) mais il l'est souvent aussi chez d'autres malades psychiatriques comme les schizophrènes (Lida *et al.*, 1992). Utilisant une technique de Q-sort, qui est voisine de la grille répertoire, Linville (1985) a demandé à des sujets déprimés d'attribuer librement des traits aux différents rôles qu'ils pouvaient adopter dans la vie (relationnelle, familiale, sociale et professionnelle notamment). Elle a observé que les déprimés fournissaient des attributions plus redondantes et donc moins différenciées que des témoins. Dans cette étude l'indice utilisé pour mesurer le degré d'indifférenciation était la variable H, dérivée de la théorie de l'information, variable qui donne une idée de la dispersion des attributions. Linville a interprété cette plus grande redondance comme le reflet d'un manque de complexité cognitive (Bieri, 1955 ; Scott, 1969). Elle a pu montrer que le manque de complexité entraînait, chez ces sujets, une plus grande vulnérabilité vis-à-vis des aléas de la vie courante. La théorie qu'elle soutient repose sur l'idée qu'une représentation de soi diversifiée et nuancée protège des effets du stress, dans la mesure où plus le sujet est complexe, plus nombreuses seront les solutions qu'il pourra apporter à des situations déstabilisantes.

Ces résultats sur la relation inverse entre complexité cognitive et dépression ne sont pas incompatibles avec l'hypothèse du biais négatif chez les déprimés. Malheureusement, plusieurs critiques méthodologiques sérieuses ont été adressées à ces travaux (Hershberger, 1990). Le choix de l'indice de mesure de la complexité «intensité» a été mis à juste titre en question. Ces critiques sont valables aussi pour l'indice «H» utilisé par Linville. Pour bon nombre d'auteurs, le pourcentage de variance extrait par le premier facteur ne fournit pas une mesure satisfaisante du degré de différenciation ou de complexité cognitive pour plusieurs raisons. Non seulement il varie en fonction de la taille de la matrice mais également en fonction de la façon dont le sujet la remplit. Le fait de demander au sujet d'attribuer librement des traits entraîne que la densité de la matrice peut varier de façon notable d'un sujet à l'autre. De plus, il faut considérer qu'à une matrice qui serait remplie de façon aléatoire, correspondrait un pourcentage de variance peu élevé du premier facteur, puisque la variance serait répartie de façon équivalente sur l'ensemble des facteurs. Dans un tel cas extrême, assez hypothétique il est vrai, la faible valeur du pourcentage extrait par le premier facteur ne pourrait être interprétée comme un signe de complexité cognitive. Ces critiques n'ont pas manqué de jeter un discrédit sur la technique de la grille répertoire dans son ensemble, alors qu'elles ne s'appliquent qu'à un aspect limité de son exploitation statistique par l'analyse factorielle (Bonis *et al.*, 1994).

Biais négatif, représentation de soi et représentation d'autrui

Afin de clarifier les résultats dispersés et souvent contradictoires obtenus dans l'analyse du «*self-concept*» dans la dépression, le groupe de l'université de Rutgers aux Etats-Unis a proposé un modèle d'analyse des représentations de soi et utilisé de nouvelles méthodes d'analyse statistique de la grille répertoire. Ce modèle repose sur l'hypothèse selon laquelle la perception de soi ne peut être appréhendée sans référence à la perception d'autrui. Dans une telle perspective socio-cognitive, le «*self-concept*» est conçu comme une structure élaborée et hiérarchisée qui a pour fonction de former des identités, ou regroupements de traits et de personnes plus ou moins emboîtés les uns dans les autres. La technique utilisée pour le recueil des données consiste à faire générer spontanément des attributs puis à demander au sujet d'affecter ces attributs à des personnes, y compris à soi-même. Cette technique diffère de la grille répertoire de Kelly sur un point principal : le recueil des données ne repose pas sur le principe des triades. Cela simplifie considérablement la tâche du sujet. Le fait que les données soient générées spontanément est en accord cependant avec les principes théoriques de Kelly, qui visent à explorer la façon dont chaque sujet individuel se représente le monde. Dans la mesure où l'on cherche à extraire des catégories et non des dimensions, on utilise une méthode de classification, le modèle HICLAS (HIerarchical CLASses) appartenant à la famille des méthodes en *clusters* (De Boeck et Rosenberg, 1988).

Les caractéristiques principales du modèle HICLAS peuvent être résumées ainsi. Etant donnée une matrice comportant des attributs en colonne et des individus en ligne, avec dans les cases un score de 0 ou 1 selon que tel individu est caractérisé ou non par tel trait, il est possible de représenter de façon condensée les relations à l'intérieur des lignes et des colonnes et aussi entre lignes et colonnes. Ces relations sont établies sur la base d'un indice de proximité. L'application d'algorithmes de calcul permet de subdiviser dans l'ensemble des attributs, comme dans l'ensemble des traits, des «clusters». Il est possible en outre de décrire la façon dont les classes des deux ensembles s'articulent et de visualiser par un graphique les relations d'appartenance. Une autre propriété de ce modèle est qu'il permet d'établir un ordre hiérarchique conjoint sur les deux ensembles. Les ensembles ainsi formés correspondent à des objets qui partagent les mêmes attributs. De la même façon des ensembles d'attributs seront constitués sur la base du fait que ces attributs ont été utilisés pour décrire les mêmes objets.

Le graphique suivant illustre l'application de cette méthode à l'analyse d'une grille de malade déprimée.

Dans cet exemple, il s'agit d'une femme déprimée, qui a décrit 9 personnes proches de son entourage familial ainsi qu'elle-même sur la base de 20 attributs (adjectifs ou substantifs). La matrice des attributions a été exploitée jusqu'au rang 4, rang correspond à une adéquation satisfaisante des données au modèle de l'ordre de 0,77 % Dans ce graphique, les lignes brisées correspondent à la séparation entre les deux macro-ensembles formés par les individus et par les attributs. Les chiffres dans les cases indiquent respectivement le nombre d'attributs ou de personnes contenus dans chaque classe. Il y a cinq classes d'objets, elles correspondent res-

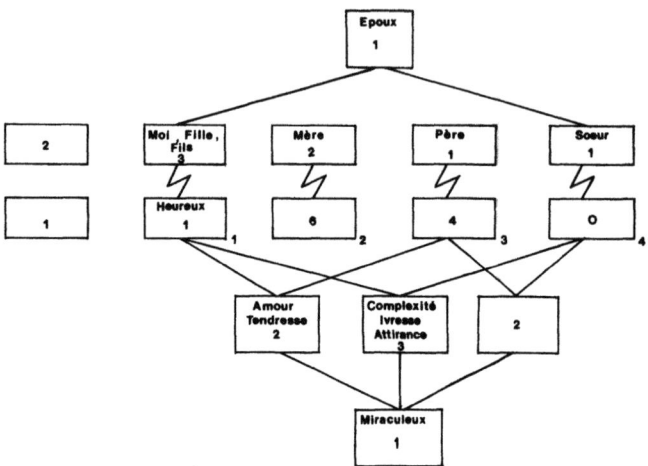

Fig. 6 – Structure du self-concept dans la dépression : un cas exemplaire.
Les chiffres dans les cases correspondent aux nombres d'éléments (personnes ou attributs) inclus dans chaque ensemble super-ordonné ou subordonné. On n'a indiqué ici que les attributs liés (traits pleins) par une relation d'association au sous-ensemble dans lequel figure le «Moi».

pectivement à : 1°) l'époux, 2°) Moi, ma fille et mon fils, 3°) père, 4°) mère et, 5°) sœur. De la même façon, il y a cinq classes d'attributs. Si l'on suit le chemin tracé par les lignes qui relient les objets (personnes) et les attributs, on constate que le trio formé par «Moi, mon fils et ma fille» sont dans la même classe. Ces trois personnes ont en commun les attributs suivants : heureux, amour, tendresse, complexité ivresse, attirance et miraculeux. On notera au passage, que les caractéristiques que cette malade déprimée s'attribue et attribue aux personnages qui lui sont voisins selon le modèle, sont loin d'être «négatives». Les classes-personnes sont ordonnées d'une façon hiérarchique, de même que les classes-attributs. Toutes les classes ne sont pas aussi bien définies. Par exemple, à la classe «sœur» correspond une classe d'attributs vide. L'organisation verticale des super et des sous-ensembles se fait de la façon suivante : une classe se situe sous une autre si et seulement si, les attributs qui ont été affectés à chacun des individus ont aussi été affectés à la classe qui se situe juste au-dessus. Sur la base de ce type d'analyse, il est possible de dériver des indices reflétant le degré d'élaboration de la structure. Une structure sera considérée comme très élaborée si elle possède les propriétés suivantes : une organisation hiérarchique à plusieurs niveaux, c'est à dire comportant au moins un super-ensemble qui subsume plusieurs sous-ensembles et si elle comporte des classes-attributs riches, constituées par plusieurs attributs et richement interconnectées. A l'inverse, une structure très peu élaborée sera constituée de classes indépendantes les unes des autres, voire de classes vides nullement reliées.

Sur la base de ces principes, Gara *et al.* (1993), Woolfolk *et al.* (1994) ont étudié les représentations de soi et d'autrui chez des déprimés. Les sujets devaient choisir 9 individus de la famille qui leur paraissaient importants pour eux, décrire 10 aspects différents de leur moi comme par exemple «moi comme je suis avec ma mère», «moi comme je suis avec mon père», etc. L'analyse des résultats a montré que les structures conceptuelles n'étaient pas moins élaborées chez les déprimés que chez les sujets témoins. Ces résultats ne sont pas en accord avec l'hypothèse d'une moins grande complexité des représentations de soi et d'autrui dans la dépression. Un résultat complémentaire important de cette recherche est apporté par l'analyse sémantique des attributs affectés aux différents «moi» et à autrui. A la liste des attributs générés de façon spontanée par les sujets, les auteurs ont ajouté 12 adjectifs à forte valence affective en demandant à leurs sujets d'indiquer le degré d'adéquation de chaque adjectif à chaque personne sur une échelle en trois points. Les adjectifs à forte valence affective ont été empruntés à l'échelle du différentiel des émotions (Izard *et al.*, 1974). Un examen systématique de l'attribution de ces adjectifs a montré que les proportions d'adjectifs négatifs étaient plus élevées chez les déprimés comparées à des contrôle sains, ce qui est en faveur du biais négatif. Cependant, cette proportion d'adjectifs négatifs était aussi élevée pour les descriptions du moi que pour les descriptions d'autrui. En conséquence, il n'est pas possible de conclure en faveur d'un biais négatif qui serait spécifique au moi puisque la vision négative s'étend aux personnes proches.

Représentation de soi chez le déprimé et tolérance aux attributions contradictoires

Une autre caractéristique intéressante des représentations de soi qui a été étudiée chez le déprimé est la présence ou l'absence de représentations non congruentes, contradictoires ou incompatibles. Slade et Sheehan (1979) s'inspirant des travaux de Heider (1946) sur l'équilibre d'une structure cognitive ont développé et programmé des mesures de «conflit» à partir de l'analyse approfondie des triades produites par les sujets. Pour Heider une triade est dite équilibrée s'il existe deux relations négatives entre ses éléments et une relation positive. Dans ce cas on a affaire à des relations transposables, symétriques et transitives. Rappelons qu'une triade correspond aux trois attributs qui permettent de spécifier les ressemblances entre deux individus, et la différence qu'ils présentent par rapport à un troisième. Soit, par exemple, la triade constituée par les trois qualificatifs suivants : antipathique, incapable de faire face à la réalité et heureux. Si le sujet qui a produit ces attributs considère que chez tel individu donné, antipathique et heureux sont incompatibles, de même qu'heureux et incapable de faire face à la réalité, alors que antipathique et incapable de faire face à la réalité sont étroitement corrélés, on aura affaire à une triade équilibrée. Le sujet aura accepté d'assumer qu'un individu puisse posséder de telles propriétés antagonistes. Si au contraire, antipathique est corrélé à la fois avec incapable de faire face à la réalité et à heureux cela signifiera qu'il n'accepte pas que des propriétés incompatibles puissent s'appliquer à la description d'une personne. Sheehan (1981) observe que les déprimés avant traitement, présentent des structures déséquilibrées, qui minimisent le caractère incompatible des propriétés. Après traitement ces structures s'équilibrent l'incompatibilité est assumée. Elle interprète ce phénomène comme une tendance des déprimés à former des représentations qui éliminent les conflits. Ce caractère est mis sur le compte d'une plus grande indifférenciation des représentations. De telles analyses n'ont pas été reproduites en dépit de l'informatisation des indicateurs de conflits proposée par Slade.

Dépression et « extrémisation affective » des représentations

Un phénomène qui a été observé dans différentes recherches concerne un autre aspect lié au contenu sémantique des représentations de soi. Pour Neimeyer (1985), ce qui caractériserait le mieux le concept de soi dans la dépression serait une utilisation particulière de la valence affective des attributions. Les déprimés se définiraient dans des termes dichotomiques et auraient tendance à construire leurs descriptions sur la base d'une dimension bipolaire opposant les traits positifs aux traits négatifs. Dans une étude comparative sur plusieurs groupes de malades psychiatriques, Space et Cromwell (1983) observent chez les déprimés la coexistence d'attributs très négatifs et très positifs. Cette extrémisation affective est mise en évidence grâce au calcul de la variance des valences. Cette variance serait plus étendue chez les déprimés. Ce même phénomène a été confirmé dans plusieurs études par Neimeyer. Il est difficilement conciliable avec l'hypothèse du biais négatif.

Au-delà du biais négatif, équilibres et décalages entre positif et négatif

Ni les théories néo-behavioristes, ni la théorie cognitive de Beck, n'ont permis de démontrer l'existence d'un biais cognitif, au sens de distorsion de la perception de la réalité. Deux éléments au moins vont à l'encontre de cette idée. D'une part, les déprimés seraient quelquefois plus réalistes, notamment dans des situations de renforcement aléatoire, d'autre part, s'ils rapportent davantage d'événements négatifs, rien ne prouve que de tels événements n'étaient pas, en réalité, plus fréquents. Il n'en résulte pas pour autant que, comme l'a prétendu Davis, «Le schéma négatif n'existe pas dans la dépression» (1979, p. 107). Il y a davantage de contenus négatifs dans les pensées du déprimé, mais la fréquence de ces contenus n'est pas nécessairement imputable à distorsions cognitives.

Divers auteurs ont tenté d'expliquer autrement que par des biais les phénomènes cliniques observés dans la dépression en cherchant une interprétation plus générale des rapports entre affect et cognition. On peut retenir au moins deux tentatives, la première porte sur le traitement des informations, la seconde sur le schéma de soi. Pour Schwartz et Garamoni (1989) les états mentaux positifs et négatifs sont gouvernés par un principe d'équilibre cognitif. La situation d'équilibre ne correspondrait pas, comme on pourrait le penser, à des proportions égales de positif et de négatif mais à une constante de 0,618. Cette constante, appelée «section d'or» est observée dans un cas particulier : lorque la portion la plus petite (a) est à la plus grande (b), ce que la plus grande est au tout. Bien que ce rapport ait été décrit dès l'antiquité, et que certains psychologues très sérieux l'aient invoqué, comme Fechner en psychophysique, Berlyne (1971), dans le domaine de la perception esthétique, ou encore Adams-Weber (1987) et Kahgee *et al.* (1982) dans le domaine de la psychologie des constructions personnelles, cette constante apparaît assez énigmatique. L'idée commune à ces différentes approches est que l'adaptation du sujet est optimale lorsqu'il porte une attention privilégiée aux éléments négatifs de son environnement dans une proportion de 62%, car cette proportion, la section d'or, correspondrait à un équilibre entre des éléments opposés. La pathologie serait marquée par toute déviation, en plus ou en moins, par rapport à cette proportion idéale. A noter qu'aucune explication scientifique de ce phénomène n'a jamais été donnée et que, cette proportion de deux tiers apparaît à certains plus magique que scientifique. Si cette conception se révélait testable, voire exacte, il faudrait évidemment réévaluer les travaux sur le biais négatif. En effet, les résultats en faveur (ou contre) la théorie des valences, ont reposé sur l'idée qu'il suffisait que le nombre de mots à valence négative soit statistiquement supérieur à celui des mots à valence positive pour que l'on puisse déduire l'existence d'un biais négatif. Or, si l'on tient compte de cette fameuse constante de deux tiers, il faut recalculer les écarts entre cette nouvelle norme et les données observés. Mais pour l'instant, la notion d'équilibre cognitif fondée sur la «section d'or» n'est l'objet que de spéculations.

La conception du biais négatif à propos de soi a été révisée par Higgings (1987). Pour ce dernier, l'affect dépressif n'est pas réductible au contenu pur et simple des représentations de soi. Ce qui fait que les gens sont déprimés, c'est l'écart qu'ils perçoivent entre les différentes représentations de soi (présent, actuel, idéal, souhaitable, etc.) et les représentations d'autrui. Le sentiment de malaise et l'affect négatif sont la résultante de ce décalage (*discrepancy*). Il est possible de mettre en rapport des différentes formes de décalage avec des affects différents. Dans cette perspective, l'affect dépressif résulterait d'un décalage plus important entre le moi réel (ou *self-concept*) et le self-idéal (c'est- à- dire les représentations et les croyances qu'un individu développe à propos des autres, de leurs espérances et de leurs désirs). Lorsque le décalage est important, il peut être la source d'attentes ou d'issues négatives. Il existe un certain nombre de présomptions, étayées par des études corrélationnelles qui sont en faveur de cette hypothèse. En demandant à des sujets de produire des estimations sur moi «tel que je suis», moi «comme ma mère voudrait que je sois», etc., Higgins a pu montrer qu'il existait bien des corrélations significatives entre la nature de l'affect et l'importance du décalage. Actuellement, les limites de cette théorie tiennent au fait que les investigations n'ont porté que sur des populations de sujets non cliniquement déprimés et sur évaluation de la dépression par des méthodes de questionnaire. L'idée proposée, une idée qui n'est pas entièrement nouvelle, on la rencontre dans toute la littérature sur la cognition sociale depuis Heider (1958), est que l'affect est finalement engendré par le manque de congruence entre deux éléments. Cette idée, très générale a d'ailleurs été exprimée, sous des formes diverses, dans plusieurs théories des émotions comme celle de Mandler (1975), de Carver et Scheier (1981) ou encore celle de Gray (1984). Il n'y a pas de raison qu'elle ne possède pas le même pouvoir heuristique dans les théories du «*self*».

Cinquième chapitre
Se représenter et modéliser l'expérience des émotions

INTRODUCTION

Dans les années 1980, les recherches sur l'émotion ont pris un tournant nouveau lié à l'exploitation de concepts issus de la psychologie cognitive d'une part, et des sciences cognitives d'autre part. Ces orientations ont profondément modifié notre façon d'appréhender les émotions, la construction de l'expérience émotionnelle en général, la différenciation entre les émotions en particulier. Deux notions principales ont été à l'origine de ces modifications. Il s'agit, d'une part, de la notion de représentation mentale et, d'autre part, de celle de représentations des connaissances sur les émotions. Les travaux, encore bien dispersés, qui ont été réalisés dans ce domaine ont donné, semble-t-il, une certaine crédibilité aux prophéties de Norman (1981) selon lesquelles les émotions font bien partie du programme des sciences cognitives ou de la science cognitive au singulier (Le Ny, 1989), Dans une première partie de cet ouvrage, nous avons vu comment, en s'interrogeant sur le problème de la représentation des connaissances sur le « système conceptuel des émotions », des chercheurs, combinant sémantique, logique, anthropologie et analyse statistique des données, ont fourni une description formelle du *domaine* conceptuel des émotions et de son architecture générale. Les émotions ont été considérées comme des prototypes, elles possèdent « un air de famille ». Les catégories d'émotions ne sont donc pas réductibles les unes aux autres et il faut inventer des modèles spécifiques à chaque catégorie. Cette double perspective, architecture cognitive du domaine des émotions, et architecture cognitive des émotions elles-mêmes, entraîne un changement important dans la façon de concevoir les émotions. Ce changement est, on va le voir, paradigmatique; il porte à la fois sur les objets d'études et sur les méthodes propres à ces nouveaux objets. L'analyse fine des représentations mentales associées aux émotions permet de jeter un nouveau regard sur les relations entre émotions et cognitions. Jusqu'à une date récente, deux conceptions opposaient de façon irréductible les spécialistes de l'émotion. Il y avait d'un coté ceux qui, considérant les émotions comme des patrons de réponses comportementales relativement fixes, s'attachaient à décrire un petit nombre d'émotions de base à partir de microanalyses des réponses et en particulier de réponse motrices correspondant à l'expression faciale. D'un autre coté, il y avait ceux qui attribuaient un rôle important aux facteurs cognitifs, plus précisément aux évaluations subjectives («*cognitive appraisal*»). Ce débat semble aujourd'hui complètement obsolète. La notion de représentation mentale ne préjuge en rien du caractère conscient ou inconscient des cognitions intervenant dans le processus émotionnel. La question n'est plus tant de savoir s'il y a ou non des représentations mentales associées à l'expérience émotionnelle. Elle ne se pose plus dans des termes aussi dichotomiques. Il s'agit en revanche de préciser la nature et le nombre exact de représentations nécessaires à la «reconstruction» d'une certaine expérience émotionnelle. Si l'on adopte ce mode de pensée, on verra qu'il n'est plus possible de traiter toutes les émotions de la même façon, comme s'il s'agissait d'expériences de même structure ou de même complexité. Chaque catégorie d'émotion réclame une analyse à la fois « sur mesure » et guidée par une explication plus abstraite. Cette démarche trouve, dans ce que nous appellerons les modèles représentationnels, une certaine identité. Le qualificatif de représentationnel est utilisé ici pour bien marquer une certaine spécificité par rapport aux modèles des composants cognitifs d'une part et aux modèles computationnels d'autre part.

DES APPRÉCIATIONS COGNITIVES
AUX REPRÉSENTATIONS MENTALES

Le commun dénominateur des «modèles représentationnels «réside dans l'idée que les émotions sont dotées d'un contenu conceptuel complexe et que les différentes représentations constitutives des états mentaux de nature émotionnelle ont un caractère propositionnel (Oatley et Johnson-Laird, 1987). On admet que le caractère propositionnel attribué aux états mentaux est un concept clé de la psychologie cognitive. Il faut bien reconnaître cependant qu'il existe encore bien peu de démonstrations expérimentales de ce caractère. On verra que cela est vrai aussi dans le domaine des émotions. Comme nous l'avons montré dans la deuxième partie de cet ouvrage, l'idée d'une participation des facteurs cognitifs dans la production d'une émotion est contenue et développée dans la plupart des théories cognitives de l'émotion (Lazarus, 1966) comme dans les travaux sur l'inventaire exhaustif des composants cognitifs (Scherer, 1984). Cependant, dans ces travaux, l'accent était mis davantage sur les descriptions des «cognitions-contenus de pensée», que sur des «cognitions-structures de pensée». C'est une première différence qui distingue les théories de l'appréciation cognitive (*appraisal*) des théories représentationnelles. Dans ces théories qu'il faudrait appeler en fait néo-cognitives ou encore constructivistes, la notion de structure des représentations se substitue à celle de contenu de représentation. Il n'est pas surprenant que plusieurs ouvrages théoriques consacrés aux émotions reprennent dans leur titre même l'expression de structure. Une autre différence, qui découle de la première, est évidemment liée aux méthodes. Les théories de l'appréciation reposent exclusivement sur des comptes-rendus verbaux, les théories cognitives s'appuient sur une gamme plus diversifiée de procédures expérimentales ou semi-expérimentales dans lesquelles le langage occupe une place prépondérante.

La mise en œuvre d'une approche de type représentationnel ne repose encore que sur un petit nombre de réalisations qui s'appuient sur l'analyse lexicale, les métaphores, les récits, les scripts et les scénarios de scènes de la vie quotidienne. On a vu ainsi bourgeonner dans la décennie 80 des recherches qui, à côté d'analyses des représentations génériques du système émotionnel en général, traitaient de microanalyses de certaines émotions particulières comme la colère, le chagrin, la jalousie, l'orgueil, qui ne figuraient pas toujours dans les études consacrées à l'expression des émotions.

Parallèlement à l'intégration du système des émotions dans la sphère de la psychologie cognitive, une modélisation des émotions normales et pathologiques en science cognitive et en intelligence artificielle s'est mise en place (Stein et Young, 1992). Ces modèles computationnels, principalement de type symbolique, ont eux-mêmes donné naissance à des systèmes experts. Le nombre de ces systèmes ne se compte encore que sur les doigts de la main. Ce qui est certain, c'est que les quatre ou cinq prototypes de ces «machines virtuelles» ne sont pas arrivés «sur le marché», un marché le plus souvent sans client, sans avoir été annoncées par des articles, finalement assez brefs, mais qui ont joué un rôle fondateur à la fois pour les modèles représentationnel et computationnel.

Il s'agit notamment de celui d'Abelson (1963) dans lequel est introduite la notion de cognitions valuées (*Hot cognitions*) et de celui de Simon (1967) dans lequel les grandes lignes d'un système émotionnel comme un processeur sériel sont tracées. La notion de cognition valuée est intimement liée à celle de croyance (*belief*). Les cognitions valuées s'appuient sur des croyances, c'est à dire des savoirs plus ou moins incertains. Lorsqu'un système cognitif est investi par des affects, quelle que soit leur valence, ces cognitions participent à la détermination du degré de certitude de la croyance.

Comparées aux approches descriptives et explicatives que nous avons examinées précédemment, les approches représentationnelles et computationnelles partagent donc un point de vue commun sur le statut des émotions dans la psychologie scientifique. Alors que les émotions étaient considérées dans les conceptions traditionnelles soit comme des conséquences, des causes des cognitions, voire même des états privés de toute élaboration cognitive, elles sont maintenant envisagées comme des cognitions, cognitions d'un certain type.

Dans ce que nous avons convenu d'appeler modèles représentationnels, il est utile de distinguer les représentations du *domaine* conceptuel des émotions ; il s'agit alors de se représenter le concept d'émotion, des représentations conceptuelles des émotions elles-mêmes en termes de propriétés cognitives abstraites qui sont organisées et possèdent une structure. Le domaine conceptuel des émotions est défini, on l'a vu dans la première partie de cet ouvrage, « en extension », c'est-à-dire à partir de la description de l'ensemble des éléments qui lui appartiennent. Dans les modèles représentationnels, chaque catégorie d'émotion est considérée « en intension (ou en compréhension) comme le produit d'un ensemble structuré de « représentations mentales ». Le terme de représentation est pris ici dans le sens que lui a donné Le Ny (1987), comme « un ensemble structuré de symboles ». Les représentations dont il s'agit sont souvent étudiées à partir de ce que le sujet veut bien en dire selon la méthode dite des *protocoles verbaux* qui a acquis sa légitimité dans des domaines mieux explorés de la psychologie cognitive, comme celui du raisonnement ou de la résolution de problèmes. On considère que l'une des façons de comprendre comment les sujets se représentent leurs émotions est de le leur demander ; selon l'expression consacrée par Ericson et Simon (1984), les protocoles verbaux sont pris comme des faits (« *verbal protocols as data* »).

Avant d'examiner les émotions comme représentations mentales, il convient de revenir sur la position de Zajonc selon laquelle certaines émotions seraient liées à des représentations certes, mais des représentations infra-cognitives, ainsi que sur la notion de cognitions dures («*Hard cognitions*»).

REPRÉSENTATIONS MOTRICES ET COGNITIONS «DURES»

L'idée que l'émotion repose sur des formes de représentations qui ne seraient ni mentales ni symboliques a été défendue par Zajonc, comme on l'a montré dans les chapitres précédents. Une version assez différente de cette conception a été proposée plus de quinze ans plus tard par Zajonc et Markus (1984). Dans cette version, il est admis que l'émotion peut se construire sur la base de «cognitions dures» inscrites dans le système moteur et principalement sur la motricité faciale. C'est dans cet esprit que ces auteurs affirment que «l'acte moteur peut à lui seul, sans rétroaction kinesthésique et sans transformation de cette rétroaction en cognition être mis au service de fonctions représentationnelles». Le simple retrait de la patte chez le chien en réponse à la sonnerie qui annonce l'imminence d'un choc, est déjà une représentation, «... bien que cet acte moteur ne soit associé à aucune structure associative, cette structure reste simple et elle ne réclame aucune proposition, aucune image ni aucun script» (p. 76-77). En opposition à ces représentations dures, il y a des représentations qualifiées de «faibles, douces, ou molles», comme on voudra, qui, elles, sont soit de nature propositionnelle, soit de nature analogique, selon le système formel du fonctionnement cognitif général que l'on adopte.

La psychopathologie offre il est vrai de nombreux cas dans lesquels des actes moteurs sont étroitement associés à des troubles de l'humeur. La maladie de Parkinson constitue un bon exemple. On y observe soit un ralentissement soit un «tremblement incoercible» («*shaking palsy*») qui sont concomitants à un affect triste. Certaines thèses psychopathologiques, réduisant la dépression au ralentissement moteur, montrent bien l'importance de ces représentations dures comme des caractéristiques de l'affect ou plus précisément de l'expression de l'affect (Widlöcher, 1983).

L'importance accordée aux représentations motrices dans la genèse des émotions n'est pas une idée nouvelle. Un tel point de vue a été exprimé par Wallon (1954) qui voyait dans la motricité les prémisses de toute vie affective. Dans «*Les origines du caractère chez l'enfant*», Wallon décrit comment les incertitudes posturales et le déséquilibre sont à l'origine de la peur, les réactions au chatouillement à l'origine du plaisir, l'impossibilité de décharge du tonus musculaire à l'origine de la colère. La ressemblance entre la conception wallonienne des émotions et celle de Zajonc et Markus s'arrête là. En effet, Wallon ne réduit pas l'émotion à des représentations motrices. Il ne les considère que comme des prémices de la vie affective. Sur la base de ces prémices motrices viendront s'articuler, dans une perspective dialectique, et à la faveur d'un processus de socialisation des représentations plus complexes.

En opposant des représentations motrices, dures, à des représentations mentales, considérées comme «molles», sous prétexte que l'on ne peut y accéder qu'à partir de «protocoles verbaux», Zajonc réaffirme la coupure épistémologique qu'il a établie entre émotion et cognition (Zajonc, 1968). En séparant l'expression des émotions, accessible à travers ces représentations dures et l'expérience des émotions, accessible à travers des représentations «molles», il consacre une position réductionniste. Autant il est légitime de considérer que certaines émotions puissent se construire sur la base de telles représentations, autant il est excessif de considérer que toutes les émotions se ramènent à des représentations motrices. La honte, la jalousie, le mépris, qui figurent dans le registre des émotions, se fondent sur des représentations qui peuvent être mises en rapport avec des représentations dures, elles nécessitent un minimum d'élaboration cognitive. Cette explication en termes de représentations dures rend compte des «émotions de base», elle ne permet pas d'expliquer des phénomènes, pourtant fréquents, dans lesquels l'acte moteur ne coïncide pas tout à fait avec l'expérience. Ces phénomènes peuvent être observés dans les cas où le sujet simule ou dissimule de façon intentionnelle son expérience privée. Ekman (1986) a bien illustré les décalages entre expression et expérience dans l'exemple clinique de Mary, cette malade déprimée qui dissimulait sa dépression en adoptant une expression souriante dans la ferme intention d'obtenir une permission de sortie de l'hôpital qui lui permettrait de réaliser son projet de suicide. Pour bien dissimuler, il faut avoir une représentation mentale minimale. Il existe aussi des cas psychiatriques, principalement la schizophrénie, où il peut exister une dissociation non intentionnelle entre expression et expérience. On parle alors de discordance (Huret, 1986). En opposant les représentations dures aux représentations «molles», Zajonc ignore la variété et la richesse conceptuelle des formes de représentations présumées «molles».

LES MODÈLES REPRÉSENTATIONNELS

Les émotions comme représentations mentales
Nature et formes de ces représentations

Il n'est pas possible de dresser aujourd'hui un inventaire exhaustif des représentations mentales qui interviennent dans la construction d'une expérience émotionnelle et dont la combinatoire rendrait compte de la taxonomie cognitive que nous venons de décrire. Mais on peut, en revanche, tenter d'analyser ce que l'on appellera quelques «fragments» ou parties de représentations mentales associés aux émotions. Parmi ces fragments, il en existe un petit nombre qui ont fait l'objet d'études empiriques. Il s'agit notamment des représentations de situations et d'événements, de réactions corporelles, de causes, de raisons et de justifications, d'actions, de buts et de conséquences ou encore de représentations de soi.

Ce champ de recherches est en train de s'organiser. On se limitera à illustrer ces points de vue représentationnels en prenant appui sur les outils et les matériaux qui ont été utilisés. Ces outils sont principalement le lexique, le langage figuré (les métaphores), les scripts, les scénarios de la vie quotidienne. L'objectivation des représentations mentales est encore inséparable des méthodes. On ne peut aborder de la même façon les représentations d'objets, comme les événements ou les situations, et les représentations de processus comme les représentations d'actions-orientées-vers-des-buts

L'inscription des représentations mentales des émotions dans le lexique

La référence à «une représentation de quelque chose» serait déjà inscrite dans le lexique des émotions. Pour Johnson-Laird (1988), ce lexique permet de délimiter un champ sémantique du concept d'émotion. Ces données ont été largement développées dans la première partie. On rappellera que l'analyse du lexique nous révèle deux grandes familles de mots-émotions. La première contient des unités indivisibles qui dénotent les émotions de base ou fondamentales dépourvues de «structure interne signifiante»; la seconde, des unités qui peuvent être décomposées en parties et qui dénotent des émotions complexes. Les émotions complexes ne pourraient s'expliquer autrement que par l'association d'une émotion de base à une représentation. L'ensemble des représentations serait constitué par des représentations d'objets impliquant une relation à quelque chose ou quelqu'un, des représentations de causes connues, des justifications, des buts et des représentations liées à un modèle du soi. Ainsi, on ne peut pas « expliquer » le mot « amour » sans référence à une personne, le mot « chagrin » sans référence à une cause, le mot « désappointé » sans l'associer à un but qui n'a pas été atteint, le mot « honte » par une représentation négative de soi par rapport à autrui, le « ressentiment » sans impliquer quelqu'un d'autre. Le champ sémantique des mots-émotions serait organisé d'une manière cohérente autour de ces modalités de connaissances de base « souvent partielles, et peut-être souvent erronées » (Johnson-Laird et Oatley (1989), p. 107) Ces auteurs proposent ainsi de dénoter 590 mots du lexique en les définissant à partir de ces cinq modes.

Les arguments apportés par l'analyse lexicale en faveur de l'existence de représentations qui seraient attachées à des émotions sont intéressants ; cependant, ils ne résistent pas à l'objection selon laquelle l'analyse du langage des émotions ne donne qu'une vision « oblique » de l'analyse de l'expérience des émotions.

L'inscription des représentations conceptuelles et symboliques dans le langage figuré : les métaphores de la colère

Le postulat théorique général énoncé par Lakoff (Lakoff et Johnson, 1980) selon lequel nos représentations mentales présentent des régularités, que ces régularités peuvent nous être révélées par l'analyse des structures linguistiques symboliques comme les métaphores, a été adopté dans la recherche des structures conceptuelles d'une émotion particulière : la colère.

Le langage figuré et en particulier les métaphores sont des reflets des connaissances que nous extrayons des expériences du monde extérieur dans cette conception du langage figuré comme véhicule d'un « réalisme expérientiel ». Le langage figuré s'appuie sur une double référence, une référence au monde extérieur (notamment social) et au monde intérieur (le vécu corporel). La famille des métaphores et des expressions idiomatiques représentant les émotions est d'une grande richesse et d'une grande diversité. Elle se prête tout particulièrement à la démonstration de la thèse générale de Lakoff selon laquelle des métaphores différentes par leur contenu manifeste sont l'expression d'une seule et même métaphore conceptuelle qui subsume nos expériences.

Pour Kövecses et Lakoff (1987), il s'agit d'explorer des métaphores de la colère, et de façon plus générale de toute expression de type idiomatique appartenant à l'expérience de l'émotion. On constatera alors que l'émotion n'est pas dépourvue de contenu conceptuel et qu'elle est dotée d'une riche structure conceptuelle.

Si le lexique des émotions et les dictionnaires peuvent nous permettre de progresser dans la description de telles structures, l'analyse systématique des métaphores et des métonymies utilisées dans une langue donnée constituent des matériaux privilégiés pour traduire le vécu corporel et social de nature émotionnelle. C'est dans cet esprit que ces auteurs ont dressé l'inventaire des métaphores de la colère dans l'anglais courant. L'analyse du corpus important de ces métaphores s'est appuyé sur la définition classiquement admise de la métaphore comme opération de mise en relation d'un domaine source, sur lequel chaque individu possède des connaissances, et du domaine « cible », en l'occurrence la colère, sur lequel sont transférées ces connaissances. Trois variations métaphoriques de la colère vont être analysées, la colère est chaleur, feu et folie.

Des expressions telles que « bouillir de colère », « exploser de colère » « perdre son sang froid », « écumer de colère », pour ne prendre que ces quelques exemples parmi tant d'autres, ne constituent pas une collection d'éléments disparates, elles contiennent un principe d'organisation commun. Une première constatation est que la plupart de ces expressions offrent une description de la colère à partir de ses manifestations corporelles. On passe alors à une métaphore plus générale : « la colère est chaleur ». Deux versions peuvent être dérivées selon que la chaleur s'applique à des liquides ou à des solides. Nous disposons de connaissances sur les domaines « source » (chaleur à propos des liquides et des solides) que nous pouvons transférer sur la colère ou domaine « cible ». On peut résumer les connaissances de sens commun sur les effets de la chaleur à un petit nombre. Nous savons que lorsque la chaleur augmente dans un liquide contenu dans un réservoir, il en résulte un certain nombre d'effets, le liquide monte, de la vapeur se forme, la pression augmente dans le réservoir; quand la pression augmente, il peut y avoir explosion à moins que l'on trouve des moyens de la faire baisser; quand quelque chose se met à bouillir, des éléments s'échappent hors du réservoir. A chacun de ces effets, correspond une très grande variété d'expressions métaphoriques qui expriment la colère dont nous n'avons donné que quelques exemples. La même illustration peut être faite à propos de l'autre métaphore générale sur la chaleur et les solides. Dans ce cas il s'agira du feu, du danger qu'il représente et du dommage physique qu'il entraîne. On trouvera alors : « se consumer de colère » « s'enflammer », etc. Une autre métaphore générale concerne l'assimilation de la colère à la folie. La colère, domaine cible, hérite des propriétés de la folie; la colère est vue comme un danger, une agression dont le sujet qui l'éprouve est la victime.

Ainsi, les expressions qui composent l'émotion « colère » apparaissent comme des exemplaires d'une seule et même métaphore conceptuelle de base. Il faudrait évidemment vérifier que ces métaphores ne sont pas contingentes d'une langue particulière, et qu'elles ont des équivalents dans d'autres langues, ce qui n'a pas encore été fait. L'important pour Kövecses et Lakoff est d'avoir montré qu'il existait non seulement des régularités dans de telles représentations imagées, mais aussi et surtout, que l'on peut dériver un certain nombre d'inférences cohérentes, de connaissances, voire de prédictions à partir de telles expressions. Le système de représentation conceptuelle de la colère ainsi extrait répond à une certaine logique dans la mesure ou les conditions antécédentes aboutissent à des conséquences prévisibles. Cette structure cognitive ne rend cependant pas compte de la colère « froide ».

Si la métaphore thermodynamique permet d'expliquer le vécu corporel, il existe d'autres expressions idiomatiques qui permettent d'interpréter le vécu social. Ainsi par exemple, il existe bon nombre d'expressions dans lesquelles la colère est conçue en termes de « lutte », comprenant des adversaires, des agresseurs et des victimes.

A partir de l'analyse de telles expressions figurées, il est possible de reconstruire le scénario de la colère, ce qui permet de concevoir une théorie implicite ou de sens commun de la colère. Mais, dans le cas de la métaphore « la colère est folie », la difficulté est plus grande car nous connaissons sans doute moins bien le domaine « source », celui de la psychiatrie, que le domaine source de la thermodynamique.

Les représentations que nous formons sur les émotions ne sont donc ni des idées flottantes, ni des idées « molles ». Au sein d'une culture et d'une langue donnée, il est possible de définir une représentation conceptuelle dure. Son caractère abstrait laisse envisager la possibilité d'explorer les régularités observées dans une langue et de les comparer à celles d'une autre langue et d'une autre culture.

Au-delà des expressions langagières, l'exploration systématique de l'expérience de la colère dans la vie quotidienne

L'analyse des métaphores de la colère donne une description formelle ou abstraite de l'état de colère. Cependant, certains aspects psychologiques importants sont laissés dans l'ombre, notamment les objets, les motifs de la colère, les réactions du sujet à sa propre colère ainsi que le problème du «pourquoi». Cette description du «comment» s'apparente assez bien, comme on va le voir maintenant, à une autre représentation de la colère, celle fournie par une analyse des récits de colère.

Dans une vaste étude portant sur plus de 80 sujets des deux sexes, Averill a obtenu un corpus de récits. Les sujets devaient décrire l'expérience la plus intense de colère qu'ils avaient pu éprouver au cours de la semaine précédant l'examen. Ils devaient indiquer en plus l'objet ou la cible de la colère, la nature de l'incitation et les impressions ressenties, les réponses faites, les motifs les réactions de l'agent à l'origine de la colère, ainsi que les réactions du sujet lui même à sa propre colère. Les instruments utilisés pour extraire ces descriptions étaient extrêmement variés, questions ouvertes, réponses à choix forcé ou sur des échelles d'estimation ; l'ensemble comportant plus de 90 items. L'exploitation de ces données a abouti à d'intéressantes conclusions sur la diversité des formes de la colère, là où la plupart des recherches sur l'expression résumaient cette émotion à l'attaque et à l'agression. On en retiendra quelques-unes. Le déclenchement de la colère est conditionné à deux raisons principales qui sont : 1) la violation de normes sociales comme, par exemple, la rupture d'un accord entre deux partenaires, et 2) l'humiliation ou l'appréhension d'une agression physique qui viole les normes sociales si l'incident est injustifiable ou évitable, comme par exemple, la négligence d'un protagoniste ou son manque de prévoyance. Dans ces deux conditions, la colère a pour fonction d'empêcher que de telles violations ne se reproduisent.

L'analyse factorielle des réponses sur les motifs avancés pour justifier l'explosion de colère a permis de dégager trois dimensions importantes qui suggèrent l'existence de trois modalités différentes de colère : une colère malveillante, une colère constructive et enfin une colère *sui generi* («*fractious anger*»). On peut donc classer des formes de l'expérience telles qu'elles sont construites à partir des motifs spontanément exprimés par les sujets. Averill (1979) a proposé, sur la base de l'exploitation de ces données, une théorie spécifique de l'émotion colère qui s'intègre dans une conception fonctionnaliste des émotions, conception dans laquelle les émotions sont considérées comme des constructions sociales qui exercent une certaine fonction de régulation.

Averill, s'appuie sur une conception dramaturgique des émotions au sens où c'est l'analyse de scènes considérées dans leur dimension temporelle qui doit nous donner la clé pour comprendre ce domaine. Averill, psychologue et anthropologue, propose le concept de drame social («*social drama*») pour introduire l'idée que le script prototypique d'une émotion s'inscrit dans un cadre social et qu'il est dicté par des contraintes sociales et culturelles.

La colère est alors définie comme « une réponse socialement constituée qui aide à la régulation des relations personnelles à travers la menace de représailles en raison des préjudices estimés. Elle est interprétée comme une passion, plutôt que comme une action qui fait en sorte que la prescription culturelle générale de ne pas faire du tort à autrui ne soit pas violée » (p. 71).

L'analyse systématique de récits de l'expérience de colère dans la vie quotidienne vient apporter des preuves à l'appui de cette conception de la colère.

Elle révèle que les motifs invoqués (il faudrait bien sûr savoir dans quelle mesure les comptes-rendus verbaux recueillis ne reflètent pas des rationalisations *a posteriori*) sont d'une grande richesse. A coté de ceux qui permettent d'expliquer la colère comme un processus d'agression ou de revanche vis à vis d'un tort subi, ou présumé tel, il existe des motifs qui pourraient être considérés comme altruistes puisqu'ils tendent à présenter la colère comme le support d'un renforcement d'une relation, d'une modification du comportement d'autrui dans l'intérêt personnel de celui-ci, ou encore des motifs qui incitent l'agent à la réparation. On peut voir que la colère, contrairement à une opinion largement répandue, ne se ramène pas à l'agression, n'a pas seulement une fonction de menace mais aussi une fonction de régulation sociale. La perspective fonctionnaliste adoptée par Averill tranche de façon singulière par rapport à certaines approches biologiques qui ont simplifié l'analyse de la colère en la réduisant aux comportements d'attaque (« *fight* ») et d'agression.

Le script comme description formelle des événements générateurs d'émotions. La notion de scénario-paradigme

La notion de *script* a été introduite très tôt dans le domaine des émotions pour expliquer l'acquisition d'une réaction émotionnelle. Tomkins (1979) s'est interrogé sur les conditions naturelles qui engendrent chez un individu particulier une émotion particulière. Il a suggéré l'idée que l'on pouvait donner une description formelle ou schématique des événements qui conduisent à la production d'une émotion.

Les *scripts* sont des enchaînements de séquences stéréotypées de la vie quotidienne. Ils contiennent un petit nombre d'informations, nombre cependant suffisant pour prédire ou expliquer un comportement émotionnel. La notion de « scène » constitue l'élément de base de l'expérience vécue. Toute scène même la plus élémentaire contient au moins un affect et au moins un objet auquel cet affect peut être rapporté. Il est utile de distinguer des scènes transitoires ou passagères qui n'ont pas ce pouvoir de structurer l'expérience d'une émotion. Prenons l'exemple d'une scène familière : «traverser une rue». Cette scène comporte une idée de danger, elle peut engendrer des affects comme la peur. Ce n'est pas pour autant qu'elle constitue un «scénario-paradigme» de l'émotion «peur». En effet, pour être paradigmatique, un scénario doit être composé d'un ensemble structuré de scènes. Ce concept de scénario reflète une conception «dramaturgique» de l'expérience individuelle. Les scénarios-paradigmes se caractérisent par trois propriétés : l'indétermination, la pluralité et la pluridétermination. Leur indétermination est définie par la notion de «*happening*» : tant qu'un événement nouveau ne s'est pas produit, on ne peut pas savoir si la scène nucléaire va devenir une scène prégnante. Leur caractère pluriel se traduit par le fait qu'il n'y a pas à proprement dit d'expérience vécue qui soit unique ou singulière; une scène ressemble toujours plus ou moins à une autre scène. Leur caractère pluridéterminé signifie que chaque expérience a, non pas une seule, mais plusieurs fins possibles, ce qui signifie qu'un même scénario peut conduire à des programmes d'action différents. En d'autres termes, le scénario-paradigme peut se concevoir comme un récit avec un début, une fin et un fil conducteur, qui est la trame du récit. Deux processus distincts, *l'amplification* et la *magnification*, relient les scènes aux affects. Les scènes amplifient les affects. Dans l'enchaînement des scènes en scénario, les affects ne sont plus simplement amplifiés mais magnifiés. La magnification est le produit d'un processus de répétition ou de reproduction grâce auquel un scénario paradigme va se construire par élimination de certaines propriétés secondaires pour ne garder que des propriétés génériques. La répétition n'est pas une reproduction à l'identique, une scène qui se reproduit, se répète toujours à une différence près au moins.

Ainsi, pour construire un *script*, on assemblera des scènes éphémères ou transitoires, des scènes récurrentes ou habituelles, des pseudo-scènes. Chacune d'entre-elles ne nécessite que de petits programmes pour traiter l'information et ne s'appuie que sur des stratégies relativement simples. Les scènes plus génériques comportent une trame («*plot*») qui résulte de la connexion de plusieurs scènes. Comment se réalise cette assemblage?

La construction de ces scènes nucléaires se ferait par un processus de catégorisation et de recatégorisation. Ces processus ne sont pas si différents de ceux qui est à l'œuvre dans des domaines mieux connus comme par exemple celui de la formation des concepts. A la faveur de la répétition de certaines expériences, les propriétés représentatives des situations vont être extraites. Une «figure» unique finit par se dégager en se détachant d'un fond, c'est à dire des variations contextuelles de la situation. Le concept de scénario-paradigme correspond à cette bonne forme, «*gestalt*». Tomkins (1979) utilise des métaphores statistiques, celle de l'analyse factorielle et de l'analyse de la variance, pour faire comprendre les étapes nécessaires à l'extraction des dimensions caractérisant les scènes nucléaires (c'est la notion de valeur vraie) et à l'élimination des caractéristiques contingentes (c'est la notion de variance due à l'erreur). Bien que la notion de script et de scénario-paradigme soit souvent évoquée à propos des émotions, ce concept n'a été finalement illustré dans les approches psychologiques que par des «analyses de cas».

Un exemple clinique : le cas de Laura

Il s'agit d'un bébé, une petite fille qui vient d'être hospitalisée et qui souffre de la séparation d'avec ses parents. Elle est amenée à subir différents examens médicaux qui engendrent de fortes réactions émotionnelles. Elle est suivie par un psychothérapeute et un enregistrement cinématographique de son comportement durant cette hospitalisation est utilisé pour suivre l'évolution de son état psychologique. Lors de son retour en famille, comment vont se manifester les effets de cette expérience (nucléaire) d'hospitalisation? On constate que son état va fluctuer et passer de périodes d'apaisement à des périodes de perturbations intenses. Un «événement» sera la cause d'une nouvelle perturbation. C'est la visite de son psychothérapeute, dans l'espace sécurisant du foyer familial. Pourquoi cette visite entraîne-t-elle des effets délétères? C'est à cause de l'intrusion du psychothérapeute qui la plonge dans une situation dont un élément se répète (la présence du thérapeute), l'ensemble n'étant pas tout à fait identique. Le lieu, «foyer» familial, hérite ainsi de certaines propriétés qui étaient propres à la situation d'hospitalisation. L'intrusion du psychothérapeute dans cet environnement sécurisant crée une seconde scène nucléaire. Quelques temps plus tard, les parents de Laura décident de visiter une exposition de peinture et Laura est emmenée dans son berceau au musée. Dans ce contexte, lieu nouveau, apparaît un visiteur muni d'une caméra, détail ancien. Laura se met à pleurer et à crier, ses affects négatifs sont amplifiés. Cet homme n'est pas son psychothérapeute, il ne l'enregistre pas, et cependant les propriétés homme-caméra sont devenues les déclencheurs de l'émotion. Ces fragments de scènes liés à la présence d'un homme avec un appareil photographique suffisent à «magnifier» les affects négatifs de Laura. Le terme de magnification renvoie au processus par lequel une scène chargée d'affects, négatifs en l'occurrence, s'est connectée à une autre scène en se dotant des mêmes affects que la scène initiale. Le processus d'amplification se rapporte à la production d'affects dans les scènes nucléaires.

La conception des scénarios de Tomkins est à la théorie des émotions ce que la conception de «*script*» et de schéma de Bartlett (1932) est à la théorie de la mémoire. Malheureusement, cette conception esquissée dès 1962 par Tomkins et développée en 1979, n'a pas eu la puissance heuristique de celle de Bartlett et elle n'a pas encore donné lieu à autant de développements. Cela tient sans doute à la personnalité scientifique de Tomkins, psychologue, mais psychologue inclassable, héritier à la fois des idées de Hebb, des théories systémiques, et psychanalyste néo-freudien. Il y a cependant dans l'œuvre de Tomkins des idées très novatrices sur la façon de définir des unités, des récits de vie, d'envisager la façon dont ces unités se construisent pour parvenir à former des récits prototypiques. Cette approche des émotions par la description formelle de «scènes», approche que l'on peut qualifier de dramaturgique, au sens de drame individuel, sera, à peu d'exception près (Oatley, 1992a), principalement exploitée par des philosophes (De Souza, 1980, 1987) et des sémioticiens (Greimas et Fontanille, 1991).

Il y a une parenté évidente entre la notion de scénario paradigme telle qu'elle a été esquissée par Tomkins à propos des émotions et des affects, et celle qui a été développée par Abelson (1981) en psychologie cognitive. En effet, dans les deux cas on cherche à extraire une organisation des connaissances sur des situations. La dimension séquentielle de ces situations est au premier plan. De même que dans l'exemple célèbre du script du restaurant qui nécessite que l'on sache décortiquer les séquences : «s'installer, commander le menu, payer l'addition, etc.», le scénario-paradigme comporte des étapes. Dans l'exemple de Laura il y a «être hospitalisée, revenir au foyer, aller au musée». La construction se fonde sur la base des propriétés de la situation et surtout de la mise en relation de certains traits récurrents à travers plusieurs scènes. Le résultat final des opérations aboutit à une représentation concise des critères prototypiques qui vont générer l'affect et l'entretenir ; cette représentation possède une certaine logique, ou pour reprendre l'expression de De Souza (1980) une «rationalité minimale».

Un autre exemple :
l'exploitation d'un genre littéraire, le récit autobiographique

L'exploitation des récits littéraires à des fins d'analyse psychologique a toujours exercé chez les psychologues une certaine fascination, teintée quelquefois d'ambivalence. Ainsi Gréco (1967) dans son chapitre intitulé «Épistémologie dans les sciences humaines» se demandait «Qui peut nous faire mieux comprendre la jalousie que l'auteur d'Othello ? » et Norman (1981) déplorait en quelque sorte que l'on consente d'abandonner au poète ou au romancier l'étude de la construction des émotions et de leur rôle dans la formation de la personnalité. Cette situation est en train de changer. Sous l'impulsion de pionniers, tels que Rosenberg et Jones (1972), l'analyse systématique de récits autobiographiques commence à se développer en se dotant de méthodes psychologiques. Le travail de J. Haviland (1984) est à cet égard assez exemplaire dans la mesure où elle a tenté d'illustrer le concept de scénario-paradigme de Tomkins en analysant l'évolution des affects à partir d'un cas singulier, celui de Virginia Woolf, et sur la base d'analyse systématique des productions littéraires de cet auteur. L'évolution conjuguée des événements traumatiques et des affects a été analysée sur une longue période allant de l'adolescence à l'age adulte. La méthode utilisée est empirique, elle relève encore de l'analyse traditionnelle du contenu. Pendant quatre ans J. Haviland a fait coder les textes autobiographiques de Woolf par ses étudiants. Le corpus a été partagé en trois périodes, l'enfance, l'adolescence et l'age adulte. L'étude de la répartition des fréquences de cinq affects dans les textes : la joie, la détresse, la colère, la honte, le mépris, plus l'émotivité, qui correspond à un affect indifférencié, a montré une continuité dans l'expression des affects au cours du temps. C'est la joie et le désespoir qui représentent les affects le plus souvent exprimés, quelle que soit la période considérée et indépendamment des événements traumatiques qui sont survenus dans la vie de Virginia Woolf. Le cas de Woolf est à la fois singulier et exemplaire, et il n'est pas surprenant qu'il ait suscité d'autres tentatives d'analyse (Miall, 1989)[1]. Dans une perspective voisine de celle de Haviland, Pezoud *et al.* (1993), utilisant une méthode d'analyse statistique de données textuelles (Logiciel Alceste, Reinert, 1990) ont bien retrouvé cette continuité dans les affects. La méthode utilisée ici est plus objective que l'analyse de contenu. En effet, son principe repose sur le repérage automatique des cooccurrences entre les mots extraits des textes autobiographiques de Woolf. L'interprétation d'un observateur humain n'intervient pas dans cette phase de l'analyse, c'est l'ordinateur qui utilise le tableau des cooccurrences entre les unités lexicales et les segments du texte pour construire des classes. Chaque classe est constituée par le regroupement d'unités qui apparaissent ensemble dans le texte. Grâce à l'utilisation de ces procédures, les auteurs ont pu établir des correspondances ou des contrastes entre les affects exprimés et les variables liées aux situations tels qu'elles sont décrites par l'auteur. L'avantage de cette méthode est qu'elle permet de visualiser les correspondances et les oppositions dans différents plans factoriels. Pour prendre un exemple, le premier facteur de cette analyse oppose les affects positifs représentés par les mots pleins comme « aimer, heureux, admirer, jeu » et les éléments situationnels représentés par les mots « viol, argent, maison, mur » qui renvoient à des scènes décrites.

Il est probable que dans les années à venir on voit se développer l'exploitation des narrations comme tests des théories psychologiques des émotions. Cette voie a été tracée dans le domaine des théories de la personnalité. L'exemple le plus célèbre est l'exploitation des « Lettres de Jenny » qui ont servi de base à une théorie descriptive des traits de personnalité. Le plaidoyer d'Oatley (1992a et b) en faveur de l'exploitation des narrations se situe dans ce mouvement. Mais il est clair que les narrations offrent plus qu'un lexique, elles permettent une analyse de la « syntaxe » et de la grammaire des émotions. De tels travaux pourraient alors venir compléter les analyses exemplaires de certaines émotions (comme la jalousie) réalisées par les sémioticiens (Greimas et Fontanille, 1991).

L'analyse des autobiographies et des récits littéraires offre des moyens d'accès à la description formelle des scénarios-paradigme. Ce type d'analyse n'est pas sans susciter des résistances à la fois de la part des littéraires et des psychologues. Les premiers y voient une tentative profondément réductionniste du texte et de son auteur ; les seconds, considèrent, sans que ce point de vue soit péjoratif, que ces productions sont quelquefois inauthentiques et qu'elles ne sauraient en conséquence constituer des éléments sérieux pour une analyse cognitive des représentations et des comportements émotionnels parce que les narrations littéraires comportent trop d'indétermination et d'ambiguïtés (Miall, 1989). Ces deux points de vue sont également légitimes. Même si les narrations littéraires constituent de précieux modèles, dans la mesure où ils nous aident à comprendre la cohérence du monde de nos émotions, dans la vie quotidienne les émotions ne se présentent pas sous une forme romancée, et l'un des objets de la psychologie est bien d'expliquer les émotions telles qu'elles se produisent dans la vie quotidienne.

L'étude « in vivo » des émotions et la microanalyse des « tranches de la vie quotidienne »

Ainsi, l'enregistrement systématique des événements de la vie quotidienne tels qu'ils se déroulent en temps réel, heure après heure, jour après jour constituent un matériel non moins intéressant que le récits littéraires pour analyser les stratégies individuelles ou collectives de résolution des émotions et des conflits. Cette composante stratégique a été explorée de façon relativement récente par le groupe de Nancy Cantor à l'Université de Princeton. L'étude minutieuse du déroulement des tâches de la vie quotidienne («*task life pursuit*») doit être considérée comme une méthodes d'approche naturaliste. La méthodologie employée n'est pas très éloignée de celle que l'on utilise aujourd'hui en ergonomie pour décrire des postes de travail ou le fonctionnement d'un groupe professionnel dans la résolution d'un problème technique. Elle consiste à recueillir des corpus de données biographiques et à condenser les micro-séquences des événements de la vie de tous les jours. L'utilisation de populations, homogènes dans le sens où elles sont confrontées à des «emplois du temps» voisins comparables, est une condition de la bonne marche des recherches de ce genre. L'étude d'une communauté d'étudiantes (*sorority*) vivant en internat fournit une illustration de cette méthode. Ces groupes ont été suivis de façon longitudinale. Il leur était demandé de rapporter dans un journal qu'elles avaient à rédiger dans la soirée, les tâches de la journée dans lesquelles elles s'étaient senties personnellement impliquées. Durant la journée, elles devaient évaluer l'importance affective des événements qui se présentaient effectivement. L'idée générale qui est à l'origine de ces recherches est évidemment d'analyser de façon concrète les styles d'adaptation au milieu estudiantin à partir de la répartition objective des activités intellectuelles et affectives et d'extraire de ces observations systématiques les stratégies développées pour maintenir un état agréable dans ces activités quotidiennes. Quelques faits intéressants ont été ainsi mis en lumière. Ils portent sur la façon dont ces étudiantes gèrent leur temps et partagent ou associent satisfaction au travail et satisfactions liées aux échanges socio-affectifs avec leurs consœurs. Ces régulations présentent dans l'ensemble une flexibilité remarquable. On peut dégager des styles d'organisation différents selon la façon dont les sujets calibrent les coûts et les bénéfices. Il y a des étudiantes qui, le travail étant au premier plan des valeurs, se privent des bénéfices liés aux échanges sociaux et travaillent pendant le week-end sans profiter de ces moments libres pour les renforcer, alors que ces échanges devraient leur apporter des bénéfices affectifs et adaptatifs dans leur travail intellectuel. Il y en a d'autres qui cherchent à harmoniser de façon maximale la répartition de leurs activités de façon à maintenir les activités nécessaires à la satisfaction de leurs besoins affectifs dans le but de réaliser un équilibre dans leur vie communautaire.

D'autres travaux utilisant une méthodologie voisine ont porté sur des sujets présentant un «pattern A». Suivant les descriptions quantifiées de Bortner *et al.* (1967) ces sujets sont caractérisés par un comportement ambitieux, un esprit de compétition, une recherche permanente de réussites sociales et professionnelles, une tendance à l'hyperactivité et un importante hostilité réprimée. Ces traits comportementaux les rendraient vulnérables à des maladies ou des rechutes de maladies cardio-vasculaires. On a pu montrer que ces sujets avaient tendance à « se convaincre » que certaines tâches de la vie de tous les jours réclamaient des solutions, alors qu'il n'en était rien. Leur stratégie se révèle à court terme peu efficace puisque les efforts qu'ils font pour répondre à des demandes qui n'existent pas auront des effets délétères sur les tâches qui restent effectivement à accomplir (Harlow *et al.*, 1989).

Les travaux que nous venons d'examiner, qu'il s'agisse de scripts paradigmatiques ou de descriptions de la répartition des ressources mises au service de l'adaptation à un milieu naturel, se caractérisent par le fait qu'ils insistent sur un déroulement temporel, sur une séquence. Ils introduisent la dimension chronologique qui manquait aux situations d'expérimentation en laboratoire.

Cette dimension chronologique dans ses aspects rétrospectifs et prospectifs a été l'une des préoccupations majeures de l'école de Chicago. La méthodologie ne s'applique plus à des observations *in vivo*, mais *in vitro*.

Les émotions comme représentations d'actions-orientées vers un but

Eprouver une émotion c'est avant tout percevoir un changement dans le déroulement d'une situation telle qu'elle est vécue, et être capable de s'engager dans des actions qui vont permettre la transformation des « états de buts » (*goal states*) dans le cas où ils seront ou non acceptables. Les états de but ont des propriétés intentionnelles ; ils sont projetés dans le futur. Le système représentationnel des émotions est dynamique, il procède par constructions et réorganisations continuelles, il est régulé par deux contraintes générales, le maintien des états agréables, et la modification des états désagréables. L'initiative de changement est nécessairement précédée par une analyse des valeurs attachées aux informations. Ce processus d'appréciation de la valeur est différent du processus d'*appraisal*, dans le sens où il tient compte de la signification globale de la situation. Une autre façon d'exprimer cette idée serait de dire qu'il porte sur de composantes à la fois cognitives et conatives du système formé par le « sujet-situation ». Pour être efficace, ce processus de transformation doit s'appuyer sur des informations affectées de valeurs, il se focalisera sur les causes, les conséquences et les agents. On verra dans les exemples suivants comment les émotions se différencient justement par le nombre et la nature des informations focales. C'est sur la base d'une définition en termes de la dynamique de l'action que le groupe de Chicago va s'attacher à mettre en lumière les connaissances nécessaires à la formation d'une émotion. Dans cette optique, il n'y a pas de différence fondamentale entre *éprouver* et se *représenter* les émotions.

Cette définition des émotions en termes de « changements » est voisine de celle exprimé par Oatley (1992) selon lequel les émotions surgissent dans les phases de transition ou de jonction (« *junctures* ») entre séquences d'actions projetées ou en cours de réalisation. Le processus d'évaluation invoqué s'appuie sur des connaissances, des croyances et des intentions, autrement dit le concept de cognitions « chaudes » d'Abelson. Les chercheurs de l'équipe de Chicago se sont efforcés d'opérationnaliser ces idées jusqu'alors restées dans le domaine spéculatif. Ce sont des scénarios émotionnels, matérialisés par des cas « vignettes », qui vont constituer les outils d'analyse et nous faire mieux comprendre l'enchaînement des causes, des conséquences et des actions avec les buts.

C'est sur la base de cette conception générale des émotions que la démonstration d'une différenciation entre la tristesse et la colère va s'appuyer. La joie est caractérisée par la réalisation d'un but, le programme d'action consistera à maintenir cet état de but. La colère, comme la tristesse, sont engendrées par la mise en échec de certains buts. Le sujet dans cette conjoncture va tenter de projeter un programme pour réinstaller, remplacer ou aménager les buts initiaux. Pour ce faire il va traiter les informations sur les causes et les raisons de l'avortement du projet initial. Ces informations vont lui permettre d'évaluer et de faire des inférences sur la probabilité de rétablir cet état initial. L'attention sera focalisée différemment suivant qu'il s'agira de la colère ou de la tristesse. Alors que la production de la colère résultera de l'attention portée aux causes, aux agents, la tristesse sera produite par une attention focalisée sur les conséquences de la mise en échec des buts. Le résultat est que ces deux émotions n'ont pas les mêmes effets sur la programmation de nouvelles actions. En effet, dans un cas il y a poursuite ou réinstallation du but projeté, dans l'autre cas il y a abandon. Un sujet qui serait incapable de mettre en relation les causes et les conséquences et de les prendre en compte simultanément ne parviendrait pas à différencier avec suffisamment de précision ses états internes, il ne parviendrait pas à élaborer des inférences justes sur la probabilité de réinstallation des buts initiaux.

De quelle façon ces hypothèses peuvent-elles être démontrées ?

La méthodologie utilisée par le groupe de Chicago est lourde. Elle consiste à construire des scénarios dans lesquels on fait varier de façon systématique les facteurs présumés critiques *grosso modo* : la cause, l'agent, la conséquence d'un événement. Ces scénarios possèdent une structure formelle stricte. Ils sont construits sur la base d'une certaine idée de la grammaire des récits, au sens où ils sont bien formés et que leur forme canonique est la même pour toutes les émotions qui vont être étudiées. Ils contiennent des informations factuelles relatives à un événement ou «quelque chose que l'on n'a pas souhaité s'est produit», «une chose que l'on a souhaitée, à laquelle on ne s'attend pas nécessairement et, qui se produit». Ces scénarios sont brefs; l'histoire est condensée en quelques lignes.

L'exemple suivant permet de mieux comprendre le principe de ces expériences qui ont été conduites dans une perspective développementale, un point qui ne peut être abordé ici.

Exemple d'un épisode narratif correspondant à la joie utilisé chez un jeune enfant (école maternelle).

«Le jouet préféré de Jimmy est cassé, et il en voudrait bien un autre.» Cet énoncé résume la situation initiale.

Trois conditions sont présentées qui décrivent des «issues» différentes :
1° Quelqu'un apporte à Jimmy un cadeau, c'est une voiture, Jimmy a maintenant quelque chose pour jouer;
2° X joue avec Jimmy, X oublie son jouet, Jimmy téléphone à X pour le lui dire, X dit à Jimmy qu'il peut garder le jouet;
3° Jimmy qui joue sur la plage, découvre un jouet qui a été mis au jour par le retrait d'une vague.

Ces trois issues de la situation initiale sont évidemment très différentes. Dans la première, la possibilité de «réinstaller» le jeu est occasionnelle; dans la seconde, il existe un agent qui rend possible cette réinstallation; dans la troisième l'agent n'est pas un agent humain. On peut imaginer sur la base de cette structure matricielle des «épisodes narratifs» des variantes qui correspondront aux autres émotions. C'est ce qui a été fait.

Afin d'analyser la façon dont ces épisodes sont interprétés par les sujets, un ensemble de questions vont être posées. Elles concernent l'état affectif du protagoniste de l'histoire, (ex : «Comment Jimmy se sent-il lorsqu'il lui arrive cette aventure?), les raisons de cet état et les inférences sur ce qui s'est effectivement produit. On cherche à extraire des inférences qui portent sur les effets du changement de l'état («Jimmy a retrouvé un jouet»), les souhaits, les projets et les désirs du protagoniste de l'histoire.

L'exploitation systématique des réponses fournies permettra d'évaluer comment le sujet interrogé combine causes, agents et conséquences.

C'est grâce à ces méthodes que l'on peut dégager la structure des représentations des émotions. Ces travaux ont notamment permis de mettre en lumière, mais aussi de vérifier l'existence de combinaisons de représentations des causes, des agents et des conséquences. Comparées aux approches lexico-sémantiques ; ils donnent un support empirique, grâce aux procédures et aux analyses statistiques qu'ils utilisent. Des différences importantes dans la combinatoire de ces représentations ont été établies entre la joie, la colère et la tristesse. On peut les résumer ainsi. La différenciation entre les émotions positives et négatives se fait sur la base d'une combinaison entre les buts et les issues. Des enfants, même très jeunes, sont capables d'établir des mises en correspondance de cette nature ; cette capacité à différencier émotions positives et négatives est très précoce. La joie est davantage inférée à partir des issues. Dans l'exemple du scénario « Jimmy » l'attention est portée à l'information : « Jimmy a de nouveau un jouet » plutôt qu'à « Jimmy voulait un jouet pour s'amuser ». Le fait que les sujets, même ceux qui ont à peine trois ans, expliquent les scénarios en termes d'issues montre qu'ils traitent de façon privilégiée le changement (plus de jouet-encore un jouet) et non ce qui n'a pas changé, la permanence des états (« continuer à désirer un jouet »). En ce qui concerne les émotions tristesse et colère, la distinction ne peut pas se fonder sur les représentations de causes car elles sont trop voisines — « perte ou offense » — et ceci bien que la tristesse soit plus souvent inférée à partir d'une perte que d'une offense. L'intervention d'un agent animé qui commet de façon intentionnelle un préjudice n'est pas non plus une condition suffisante, car la colère peut naître d'une situation dans laquelle l'agent est soit animé, soit inanimé. Elle peut être engendrée par l'entremise d'un agent qui exécute une action de façon intentionnelle ou non intentionnelle. En revanche, la condition nécessaire pour que la colère se déclenche est la conjonction entre l'obstruction d'un but et la détermination à réinstaller ce but. Pour ce qui est de la tristesse, c'est l'articulation entre les causes et les conséquences qui la définit et la focalisation sur les conséquences qui la distingue de la colère.

Ce point de vue pourrait paraître spéculatif si les auteurs n'avaient démontré qu'à propos d'un même scénario, les très jeunes enfants pouvaient inférer soit un état de colère, soit un état tristesse parce qu'ils ne focalisaient pas leur attention sur les conséquences et ne traitaient que les causes.

La contribution expérimentale du groupe de Chicago débouche actuellement sur une description formelle des émotions en termes propositionnels du type «vouloir et avoir». Ainsi la joie est de l'ordre du vouloir et de l'avoir (et à un moindre degré du «ne pas vouloir et ne pas avoir»), la colère et la tristesse sont de l'ordre «ne pas vouloir et cependant avoir». Des analyses linguistiques permettront sous peu de repérer l'utilisation de ces formes propositionnelles dans les expressions spontanées des récits d'émotions.

Comparée aux récits littéraires, aux observations naturelles des activités de la vie quotidienne, la méthodologie des scénarios, telle qu'elle est employée par l'école de Chicago, nous en apprend davantage sur la construction cognitive des émotions. Les récits autobiographiques nous révélaient quelque chose sur l'expérience émotionnelle et les événements qui lui étaient attachés. L'analyse de ces récits pouvait difficilement échapper à une perspective idiographique. Le principe qui consiste à faire interpréter des scénarios déjà construits en référence à une théorie des émotions, et avec des hypothèses précises, permet de dériver des règles plus générales du comportement émotionnel. A coté de ces règles générales, se dégagent des règles spécifiques propres à chaque catégorie d'émotion.

Les différents travaux que nous venons d'évoquer fournissent un modèle général de fonctionnement du système émotionnel «normal». Dans ce système on a vu que les représentations mentales contribuaient à la production d'une expérience émotionnelle. Toutes les émotions ne nécessitent cependant pas autant de représentations. Les représentations ne sont des «causes» nécessaires que pour expliquer certaines émotions et on pourrait dire que la quantité de représentations nécessaires n'est pas la même pour toutes les émotions. De la même façon, on pourrait affirmer qu'il existe des différences individuelles dans l'aptitude à «se représenter» une expérience émotionnelle. Le concept «d'intelligence émotionnelle» proposé par Salovey et Mayer (1990) correspond bien à cette idée.

La question des différences individuelles dans la structuration cognitive des expériences émotionnelles

Le concept d'intelligence émotionnelle

On savait depuis longtemps qu'il existait des différences individuelles en matière d'émotivité, c'est à dire de réactivité émotionnelle. L'émotivité est d'ailleurs conidérée comme l'une des principales dimensions de la personnalité, elle figure parmi les «*Big-Five*» c'est à dire les cinq dimensions représentatives des réponses à l'ensemble des questionnaires de personnalité disponibles et ayant reçu une validation factorielle. La notion d'intelligence émotionnelle est différente de celle d'émotivité. Elle correspond à la façon dont les sujets « identifient et organisent les habiletés spécifiques requises pour comprendre et pour éprouver des émotions » (Cantor et Harlow (1994), p. 312). Ce concept s'appuie sur des variables de personnalité qui ne sont pas entièrement nouvelles, comme par exemple, la conscience de soi, l'empathie. Le contenu de cette dimension est défini de façon encore assez vague. Il nécessite un certain nombre de connaissances, celles relatives à la perception et l'évaluation des expressions émotionnelles chez soi-même et chez autrui, la capacité à réguler de façon adaptative l'expression de ses propres émotions et aussi l'aptitude à utiliser ses propres émotions pour planifier l'action, inventer de nouvelles stratégies, et pour créer des comportements nouveaux. Parmi ces aspects, ceux qui sont sans doute les plus faciles à mesurer concernent le domaine de la perception et l'évaluation des émotions chez autrui. Il existe des données développementales qui montrent que cette capacité évolue avec l'âge. Il en est de même pour la capacité à dénommer et étiqueter les émotions. Mais ces compétences élémentaires, tout en étant accessibles à des tests, ne permettent pas encore d'aboutir à une « mesure » globale de l'intelligence émotionnelle qui posséderait des propriétés psychométriques comparables à celles de l'intelligence académique. Le terme de « quotient émotionnel », récemment utilisé par Goleman (1995) n'a à cet égard qu'une valeur métaphorique.

En revanche, les différences individuelles dans ces capacités représentationnelles propres aux émotions semblent pouvoir être cernées de façon plus précise par l'étude de populations de sujets qui présentent des traits regroupés sous le terme d'alexithymie.

Le concept d'alexithymie

Ce concept est issu de la clinique et principalement de la médecine psychosomatique. Proposé par Sifneos en 1973, l'alexithymie désignerait soit l'incapacité à exprimer verbalement ses émotions, on a parlé « d'illetrisme émotionnel » — soit l'aptitude à se protéger de ses émotions en ne les exprimant pas avec des mots. Des différences interindividuelles notables ont été mises en évidence à partir de l'analyse approfondie des productions verbales de malades somatiques et neuropsychiatriques présentant ou non ce trait. Ainsi, Rad *et al.* (1982) ont montré que le lexique employé pour décrire l'anxiété et l'hostilité était plus pauvre chez les sujets alexithymiques comparés à des névrosés. L'étude de J.-L. Pédinielli *et al.* (1989) réalisée sur l'analyse de récits de la maladie chez des malades présentant des troubles respiratoires, avec ou sans alexithymie, a permis de confirmer l'existence de différences de profils d'énoncés très différents chez les malades alexithymiques. Dans cette étude, les malades étaient invités à répondre librement à deux questions, « Racontez-moi votre maladie » et « Dites-moi comment c'est arrivé ». Les réponses libres à ces deux questions ont été analysées par des méthodes factorielles lexicales. Ces méthodes permettent a) de dresser un profil d'énoncé typique des réponses à chaque question à partir des fréquences d'occurrence des ou du lexique utilisé et, b) d'extraire, dans l'ensemble des énoncés effectivement produits, ceux qui sont les plus représentatifs d'un groupe de sujets donné. On a ainsi pu mettre en relief le fait que les malades alexithymiques, à la différence des autres, n'opéraient pas de « mises en relation » du récit de la maladie avec d'autres événements. Les différences portaient moins sur l'utilisation plus ou moins fréquentes de « mots émotionnels » que sur la structure essentiellement factuelle chez les premiers et plus cognitivement élaborée chez les seconds. L'origine étymologique du mot alexithymie pourrait laisser penser qu'il s'agit d'un déficit spécifique de l'expression verbale. Cette conception de l'alexithymie est bien trop limitative. Il s'agirait en fait de troubles liés à des fonctions symboliques et représentationnelles. La pauvreté du langage serait le reflet d'un déficit plus profond, celui de la fonction symbolique. Dans ce sens, la notion de « pensée opératoire » introduite par Marty et De M'Uzan (1963) et considérée comme voisine de l'alexithymie rend mieux compte de tels aspects. La métaphore neurologique de « commissurotomie fonctionnelle » employée par Buchanan *et al.* (1980) a été utilisée pour rendre compte de cette difficulté à passer de la chose au mot. Tenhouten *et al.* (1986) ont mis en évidence le fait que les malades neurologiques commissurotomisés chez lesquels on pouvait légitimement invoquer des dissociations entre représentations verbales et représentations symboliques utilisaient moins fréquemment des mots chargés de connotations affectives et moins d'adjectifs pour commenter les séquences de films pourtant fortement émouvants qui leur avaient été présentés.

Ces observations systématiques contribuent à étayer l'hypothèse selon laquelle il existerait des différences individuelles dans ce que Lane et Schwartz (1987) ont appelé « Les niveaux de conscience ou d'organisation de l'expérience émotionnelle ». Selon cette hypothèse, il serait possible de concevoir l'existence de cinq niveaux distincts d'organisation cognitive de telles expériences : sensori-moteur, déclaratif, pré-opératoire, concret et enfin formel. Les auteurs font ici explicitement référence à un cadre théorique emprunté à Piaget, pour ce qui est des stades, et à Werner, pour ce qui est de la dynamique entre l'intégration et la différenciation. Ce n'est qu'au niveau formel que les sujets seraient capables de décrire des états émotionnels différenciés non seulement à propos d'eux-mêmes mais aussi à propos d'autrui.

C'est sur la base de cette théorie que Lane *et al.* (1990) ont proposé un instrument d'évaluation des niveaux de conscience émotionnelle (LEAS). L'instrument se présente sous la forme d'une série de vignettes, résumant en deux ou quatre phrases des situations relatives à la colère, la peur, la joie et la tristesse. Il y a cinq réponses possibles pour chaque vignette. Elles ont été imaginées de façon à explorer les cinq degrés de conscience ou d'élaboration cognitive de la situation.

L'exemple suivant, qui correspond à l'émotion « tristesse », donne une idée de la procédure.

« Votre meilleur ami et vous-même travaillez dans le même secteur. Un prix est attribué chaque année au meilleur travail dans le domaine. Vous travaillez dur tous les deux pour obtenir le prix. Un soir, on annonce les résultats, c'est votre ami qui l'a emporté. Quels sont vos sentiments, et quels sont ceux de votre ami ? »

Les réponses possibles sont les suivantes :

1) « Je ne me préoccupe pas de gagner des prix... »

2) « Cela m'a rendu malade... »

3) « Je me sentirai probablement triste à ce sujet pendant quelques jours et j'essayerai de savoir ce qui n'a pas marché... »

4) « Nous serons très heureux mon ami et moi... »

5) « Je serais sûrement déprimé, dans ces conditions un ami est un adversaire comme un autre... mais je me sentirais aussi, heureux pour mon ami... »

6) « Je serais sûrement déçu de ne pas avoir eu le prix mais aussi heureux que ce soit mon ami qui l'ait gagné... »

Ces cinq réponses correspondent respectivement aux cinq niveaux d'élaboration évoqués plus haut. La première ne comporte pas d'expression d'émotion, la seconde à une niveau d'expression émotionnelle limité à des impressions physiologiques, dans la troisième, l'émotion est évoquée, mais elle est relativement indifférenciée. Au niveau 4 apparaît un mot correspondant à une émotion bien différenciée (la joie). Les réponses des niveau 5 et 6 ne sont proposées que si les sujets sont parvenus à identifier une émotion dans les niveaux inférieurs. Le score maximal est obtenu lorsque les sujets sont capables de différencier les émotions chez eux-mêmes et chez autrui.

Il s'agit là d'un prototype de questionnaire dont nous ne pouvons donner ici qu'un abrégé. Pour l'instant la validité concourante de cet instrument a été établie par des calculs de corrélation avec d'autres échelles mesurant la maturité affective, le niveau de développement individuel et la qualité de la représentation objectale. Plus récemment, des épreuves expérimentales basées sur la reconnaissance de l'expression émotionnelles de photographies (visages chimériques) ont été mises en relation avec le score de niveau de conscience émotionnelle. Il semble bien que plus ce niveau est élevé et plus les sujets sont capables de traiter et de différencier des expressions faciales émotionnelles complexes. Ce n'est donc pas tant la capacité à étiqueter des émotions que cet instrument mesure mais bien une compétence plus subtile, celle qui consiste à mettre en relation plusieurs émotions entre elles. Ce qui est certain, c'est que les procédures employées dans l'évaluation de l'alexithymie, bien qu'elles reposent en grande partie sur l'exploitation d'un matériel verbal, ne conduisent pas à réduire le phénomène d'alexithymie à un simple déficit langagier, mais elles éclairent l'existence d'un déficit cognitif.

LES APPROCHES COMPUTATIONNELLES

Les approches représentationnelles que nous venons d'examiner partagent toutes la conviction que les émotions sont dotées d'une structure cognitive. L'expérience de l'émotion repose sur des inférences et donne naissance à des actions dont on peut comprendre les motifs et les enchaînements. Si l'on admet ce point de vue, une théorie scientifique de l'expérience des émotions est possible, et si elle est possible on doit pouvoir exprimer dans un langage plus formel les règles qui régissent les comportements émotionnels. L'objectif des modèles computationnels consiste justement à proposer une formalisation de l'expérience des émotions selon un langage informatique ou, pour être plus précis, le langage de l'ordinateur. L'ambition de tels modèles est de parvenir à simuler les émotions en introduisant dans des programmes ces connaissances nécessaires, les règles de combinaison qui vont gérer ces connaissances et ces croyances, les transformer de façon à aboutir à une « émotion de synthèse » ou une émotion artificielle.

ALDOUS : un prototype

Comparés à d'autres domaines, comme par exemple la perception, l'émotion a souvent été considérée comme le domaine qui se prêterait le moins aisément à une formalisation « en machine », à une implantation sur un support par définition non-vivant.

C'est paradoxalement dans ce domaine que les premiers prototypes de systèmes artificiels ont été créés. En effet, moins de six ans après la conférence de «Darmouth College» (1956) qui marque les débuts de l'intelligence artificielle, un autre colloque plus confidentiel se tenait à Princeton. C'est dans les actes de ce colloque, publiés dans un volume intitulé «*Computers Simulation of Personality*» (Tomkins et Messick, 1963), que l'on peut trouver la description de prototypes simulant des émotions. parmi lesquels figure la description d'ALDOUS (Loehlin, 1963). ALDOUS est bien un automate qui «réagit» de façon émotionnelle à des situations. Son répertoire émotionnel est limité, il ne «comprend» qu'une émotion positive : le désir, et que deux émotions négatives : la colère et la peur. Il est néanmoins capable de gérer des combinaisons de ces trois émotions. Lorsque ces émotions atteignent un certain degré d'incompatibilité, lorsqu'elles deviennent fortement antagonistes, elles génèrent des conflits. Dans ce cas, ALDOUS présente une inhibition de l'action. Concrètement, l'ordinateur devient incapable d'afficher des réponses d'approche et d'évitement. Ainsi, ALDOUS est programmé pour répondre à des situations qu'il catégorise en agréables ou désagréables, il imprime un chiffre qui indique l'impact de celles-ci sur ses sentiments et ses émotions. Il utilise son expérience antérieure. On peut fabriquer un «ALDOUS» plutôt sensible au présent ou plutôt sensible au passé, il suffit de faire varier les occurrences de situations positives et négatives dans le système. Dans ce prototype, l'ordinateur n'est utilisé que comme un simple calculateur, il n'extrait pas des connaissances à partir du langage naturel et ne communique pas avec son concepteur par la parole, comme le fait déjà un autre prototype du processus névrotique (Bonis et Fargeas, 1994). Néanmoins, ALDOUS est cependant bien un précurseur dans la génération des modèles computationnels des émotions.

L'histoire des modèles computationnels des émotions est en train de se faire. Il serait prématuré de vouloir dresser un état de la question. On se contentera de donner dans les paragraphes qui suivent quelques indications qui permettent de classer les modèles actuellement disponibles.

On peut distinguer *grosso modo* trois familles de modèles. La première famille est composée de prototypes visant à valider une théorie générale des émotions. Entrent dans cette première famille des modèles comme GENESE (Scherer, 1993) que nous déjà évoqué dans la première partie de cet ouvrage et ACRES (Frijda et Swagerman, 1987). La seconde famille est composée d'exemplaires qui ont tous pour objectif prioritaire de relier compréhension des émotions et compréhension du langage. Selon les cas, il s'agit de montrer que la compréhension d'un récit bénéficie de la prise en compte des émotions, ou que la compréhension des émotions réclame des compétences dans l'analyse des récits.

La troisième famille est constituée par des modèles qui visent à rendre compte d'une théorie locale attachée à une catégorie d'émotion particulière. C'est le cas de PARRY (Colby, 1975) qui modélise la théorie de la honte de Tomkins pour expliquer la pensée paranoïaque. Ces trois familles reposent essentiellement sur des modèles computationnels de type symbolique. Ces modèles s'appuient sur l'hypothèse que, pour pouvoir modéliser, il faut disposer d'un système de représentations des connaissances sur le domaine. Ce sont ces représentations qui vont être traduites dans le langage de l'ordinateur.

ACRES : un modèle computationnel ou un système expert?

Le programme ACRES (*Artificial Concern REalisation System*) s'appuie par la thèse générale énoncée par Simon (1967) à propos des émotions et des motivations. Selon Simon, on peut concevoir le système émotionnel comme un système qui aurait à gérer des buts multiples avec des ressources limitées. De tels systèmes se caractérisent par l'existence de hiérarchies entre les buts à atteindre, ils procèdent à des interruptions d'action de façon à traiter chaque but séquentiellement afin de ne pas immobiliser ni entraver le fonctionnement général. Les mécanismes permettant d'interrompre une action déchargeraient ainsi le processeur central en résolvant chaque but par opérations de type sériel. La solution de chaque but isolé aurait pour fonction de satisfaire à chaque étape des objectifs partiels, satisfaction qui permet de passer à l'étape suivante. L'avantage du traitement sériel est qu'il permet une adaptation coup par coup à un environnement présentant des dangers imprévisibles. Simon, n'exclut pas l'hypothèse d'un traitement en parallèle, il se contente d'insister sur le traitement sériel. Nous sommes en 1967 et les travaux sur le traitement en parallèle ne sont pas encore très développés. Un petit nombre de spécifications ont été ajoutées par Frijda à cette description générale. Le système doit posséder des mécanismes de détection capables de saisir ce qui dans l'environnement fait l'objet de préoccupations (*concerns*), être capable de «jauger» les événements externes de façon à savoir s'ils correspondent ou non à des standards («*match*» et «*mismatch*»), il faut qu'il sache agir pour intervenir sur le cours des événements, il doit avoir une idée de la probabilité de succès des actions qu'il engage, disposer d'actions pré-programmées, sorte de «subroutines» qui permettent de résoudre un problème au moindre coût. Comme la plupart des actions se déroulent dans un environnement social, il doit disposer d'un répertoire de signaux sociaux.

Le programme ACRES, écrit en Prolog, est loin de tenir compte de toutes ces spécifications. Il se compose en réalité de longues séquences de cycles d'analyse reconnaissance-inférences-actions. Pour prendre un exemple, ACRES est capable de reconnaître le concept « amour » dans le sens où il génère des énoncés relatifs à des situations, des circonstances compatibles avec cette émotion, en revanche, il rejette les énoncés incompatibles avec cette émotion. L'énoncé compatible fourni comme exemple « Vous ne me faites pas attendre, c'est gentil » qui est interprété par le système comme un témoignage d'amour, ne paraît pas incompatible avec d'autres interprétations en termes d'émotions positives.

En fait, ACRES est davantage un système expert qu'un modèle computationnel. Mais à la différence des systèmes experts promus dans des disciplines appliquées comme la psychiatrie, qui ont pour objet de se substituer à un expert (le psychiatre) pour parvenir à une décision pratique (le diagnostic), ACRES propose l'expertise d'une théorie, celle de Frijda. On peut se demander à quelle finalité répond un système expert qui n'a pas d'intérêt pratique. Il est difficile de partager le point de vue des concepteurs selon lequel l'intérêt majeur d'ACRES est de souligner la dimension fonctionnaliste des émotions.

BORIS, OpED et DAYDREAMING : trois exemples

Trois systèmes computationnels au service de la compréhension du langage ou de la compréhension des émotions ?

Ces trois systèmes computationnels ont été conçus par un groupe de chercheurs travaillant initialement ensemble à l'Université de Yale, Michael Dyer et Wendy Lehnert. Ils partagent une motivation commune, assez éloignée de la recherche sur les émotions : enrichir le domaine de compréhension de récits jusque là limité à l'interprétation de « *scripts* » dont le plus connu est celui du « Restaurant ». Ce célèbre exemple serait trop simple pour être généralisable. Ce genre de *script* décrit des séquences de situations clôturées, dépourvues d'incertitude et d'intentionnalité. Dyer forme le projet de modéliser la compréhension d'histoires plus complexes, L'exemple sur lequel repose cette argumentation est le « Divorce ». BORIS s'appuie sur une conceptualisation des émotions proposée par Roseman (1991). Celle-ci distingue quelques composantes utiles à la catégorisation des émotions qui sont : l'état de motivation (vouloir-ne pas vouloir), l'état de fait (vouloir et/ou avoir-ne pas avoir), l'agent (cause ou raison de l'issue), la légitimité (issue juste ou non). Ces composantes vont permettre de réécrire de façon formelle le récit émotionnel. Le prototype « Boris » fournit une application de cette démarche. Il traite de la compréhension d'un texte relatant une histoire de divorce.

Considérons l'extrait suivant : « Depuis des années Richard n'a pas eu de nouvelles de son ami d'Université Paul auquel il a emprunté de l'argent, qu'il ne lui a pas rendu. Il forme le projet de revoir ce vieux copain. Quand une lettre arrive de San Francisco, Richard est anxieux de savoir comment va Paul.

Malheureusement les nouvelles ne sont pas bonnes. La femme de Paul demande le divorce. Elle veut garder la voiture, la maison, les enfants, etc.»

Pour comprendre cette histoire, il est nécessaire d'avoir des connaissances sur les émotions ; un aspect des récits qui a été profondément ignoré par les spécialistes de l'intelligence artificielle.

Dyer propose de représenter les connaissances sur les émotions à l'aide de composantes de base dont les principales sont : l'état (positif ou négatif), le personnage qui ressent l'émotion la plus fondamentale, la situation de but dans laquelle cette émotion surgit. Ces composantes permettent de décrire le lexique de BORIS. Ainsi par exemple le mot « heureux », qui apparaît dans la suite du texte sera défini par un état affectif positif, une situation dans laquelle un objectif est atteint. Les mots du lexique tels qu'ils sont implantés dans le système possèdent des définitions univoques, ce qui n'est pas tout à fait le cas des mots de la langue courante.

S'il est facile de représenter des énoncés comme «*Richard était anxieux de savoir comment Paul était*». La représentation d'une proposition comme «*Malheureusement, les nouvelles n'étaient pas bonnes*» réclame un plus grand nombre d'opérations sur le texte. Il est nécessaire pour comprendre cette portion de texte, de faire des inférences sur les relations interpersonnelles qu'entretiennent les deux protagonistes de l'histoire. C'est parce que Richard développe une certaine forme d'empathie à l'égard de Paul, que l'adverbe «*Malheureusement*» prend son sens. Boris intègre des thèmes interpersonnels dans son programme. Ces thèmes sont implantés sous forme de règles d'inférence. Ces règles sont exprimées sous forme de « tables » qui font que si X est un ami de Y et que X se trouve dans un état positif, alors Y se trouvera aussi dans un état positif, si X est dans un état négatif et Y dans un état positif, il y a conflit entre les affects et on peut inférer selon les cas une relation d'amitié ou d'inimitié.

C'est donc sur la base d'un certain nombre de règles de réécriture que Boris parvient à deviner, interpréter ou comprendre la signification générale de l'histoire d'un divorce. Des émotions telles que la colère ou le bonheur peuvent être représentées ou réécrites de façon plus abstraite et plus économique. Pour la colère : une situation dans laquelle X éprouve une situation négative dirigée contre Y parce que Y a fait échoué un but de X. Dans ce schéma on a bien une émotion particulière, située sur l'axe bipolaire, et qui se présente comme l'échec du but d'un protagoniste, échec causé par un agent. Dans le cas de la joie, il y a aussi une émotion positive particulière dans laquelle les buts ont été satisfaits, cependant le lexique n'introduit pas de spécification de l'orientation vers le but. Ni dans la joie, ni dans la colère ne figure le mode propositionnel tandis que dans le cas d'émotions comme celles représentées dans l'adjectif « craintif », le mode s'exprime par le fait que l'expérience de la crainte se caractérise par une attente. De même dans l'adjectif « déçu », il y a non seulement une polarité négative, mais aussi un but qui a échoué et de plus un « mode » puisque la situation d'échec redoutée a été réalisée. Dans le cas du soulagement (*relief*), le pattern est décrit comme une situation positive dans laquelle le but a été atteint alors que l'éventualité (indésirable attendue) ne s'est pas réalisée. Ces règles de réécriture évoquent celles proposées en 1987, par Oatley et Johnson-Laird et discutées dans la première partie de l'ouvrage, mais elles ont été exploitées par Lehnert *et al.* dès 1983.

Les limites de Boris : insuffisance de l'analyse du lexique ou difficulté à intégrer dans le système des buts multiples ?

Plusieurs raffinements du système ont été apportés de façon notamment à aider BORIS à interpréter une gamme d'émotion plus vaste ; dans ce cas, il suffit d'augmenter le lexique, pour comprendre des émotions plus complexes qui exigent une mise en relation plus subtile et des composantes plus nombreuses. Dyer souligne lui même que le système de représentations ne parvient pas tout à fait à modéliser des formes d'émotions complexes comme le regret. Cette nuance émotionnelle est un exemple de complexité dans la mesure où on est en présence d'une émotion négative à propos d'un but qui n'a pas été satisfait et qui a entraîné une autre émotion négative, la culpabilité ; ces deux émotions ont pour effet d'engendrer de nouveaux buts destinés à remédier à l'échec des buts initiaux. Il faudrait disposer d'une théorie de la combinatoire des affects. Néanmoins les compétences de Boris sont doubles puisqu'il est capable d'inférer des émotions à partir d'une description en termes de « buts », et de reconnaître à partir d'une émotion particulière les conditions antécédentes qui ont motivé cette émotion. Un second pas dans la modélisation sera franchi par Dyer (1987) avec DAYDREAMER, autre prototype qui raconte l'histoire d'un jeune homme désireux d'inviter une actrice à prendre un verre, l'actrice refuse l'invitation. L'ambition de DAYDREAMER est non seulement de comprendre des récits mais aussi d'imaginer des solutions virtuelles, c'est-à-dire différentes issues possibles devant un même scénario. Les autres versions de modélisation des émotions réalisées par le groupe de Yale, dont les membres ont essaimé dans d'autres universités, reposent en fait sur des aménagements des systèmes informatiques, des améliorations technologiques pour représenter les connaissances en général, celles des émotions en particulier. Ces développements relèvent davantage de l'étude des rapports entre science cognitive et compréhension du langage que science cognitive et compréhension des émotions.

PARRY et la théorie de la honte

PARRY est généralement considéré comme une modélisation de la pensée paranoïaque et du délire de persécution. Ce point de vue est légitime mais cependant incomplet (Bonis et Fargeas, 1994). Colby (1975) le père de PARRY, a pour objectif de construire un système artificiel qui validerait sa conception du délire de persécution. Cette conception du délire se distingue des conceptions courantes dans la mesure où elle accorde une place prépondérante aux affects dans la genèse de la paranoïa alors que d'autres théories privilégient d'autres hypothèses comme celle de l'homosexualité, de l'homéostasie ou de l'hostilité. Colby, qui opte pour l'hypothèse de la honte, emprunte la théorie générale des affects négatifs de Tomkins (1963). Si bien qu'il n'est pas possible de comprendre le prototype « PARRY » sans avoir un abrégé de cette théorie.

La théorie des émotions de Tomkins : un abrégé[2]

Cette théorie s'appuie sur la distinction de trois classes distinctes d'émotions qui organisent huit affects principaux. Ces affects sont désignés par des couples dans lesquels les deux termes correspondent à deux degrés d'intensité différente. On distingue les *affects positifs* à savoir de l'intérêt excitation, le plaisir et la joie ; les affects *« de remise en place »* (*resetting*), la surprise et le sursaut, et enfin les *affects négatifs* constitués par la détresse-angoisse, la peur-terreur, la honte-humiliation, le mépris-dégoût, la colère-rage.

Comme tous les autres affects fondamentaux qui régissent la vie affective du sujet, la honte est ancrée dans le biologique. Elle se reflète dans l'expression faciale par une direction du regard vers le bas qui tend à éviter le tabou du regard d'autrui. Comme toutes les autres émotions humaines, la honte possède ses déclencheurs innés et le nombre de stimulus qui sont susceptibles d'acquérir par un processus d'apprentissage social ce sentiment est illimité. Mais ces phénomènes expressifs ne permettent pas d'expliquer le fonctionnement d'un système de production de la honte.

Un ensemble de principes régit la combinatoire de ces affects.

Quatre règles principales résument cette combinatoire dont les fondements s'appuient sur plus d'une quinzaine d'hypothèses théoriques. Ces règles sont : 1) l'induction, 2) la contagion, 3) l'énergie et 4) l'accrétion (agglomération ou majoration). Les deux premières règles interviennent dans la honte.

Le premier principe, l'induction, postule qu'un affect possède une tendance à être augmenté par tout affect antagoniste ; le second, la contagion, repose sur l'hypothèse que chaque affect possède une tendance inhérente à s'auto-entretenir et à entretenir aussi les affects qui appartiennent à la même classe que lui. De plus, pour chaque classe d'affects, il existe une règle qui veut que les classes ne soient pas « perméables ». Il y a disjonction entre la classe des émotions positives et négatives, les règles d'additivité ou de soustractibilité ne s'appliquent pas. A l'inverse, l'addition peut se faire à l'intérieur d'une même classe d'affects, en particulier les affects négatifs, la honte-humiliation est un somme de timidité, mais aussi de culpabilité.

La honte est réglée par ces deux principes, l'induction et la contagion, et elle a le pouvoir de moduler d'autres affects, de les amplifier, voire de les supprimer. Imaginons un sujet humilié ; les signes de réconfort ou d'apaisement qui pourraient lui être prodigués par un protagoniste de la situation n'auront pas pour effet de réduire ce sentiment, mais au contraire de l'exacerber en vertu du principe que les émotions et en particulier les émotions négatives possèdent la propriété de s'auto-entretenir et de s'amplifier. La dynamique des affects en général et de la honte en particulier est illustrée par Tomkins à l'aide de deux métaphores : la « boule de neige » et « l'iceberg ». Le phénomène dit de « la boule de neige » correspond à l'idée qu'un affect donné aura tendance à « recruter » toutes les autres forces affectives disponibles à son profit de façon à les « monopoliser » selon un principe systémique d'autonomie. Le phénomène « iceberg » correspond à l'idée que lorsqu'un affect est dominant, il a tendance à s'installer pour occuper le devant de la scène selon un principe gestaltiste de figure-fond.

Colby n'a pas exploité l'ensemble de la théorie des émotions de Tomkins ; il n'a tiré parti que de certains aspects, en particulier le caractère systémique, et il a retenu l'idée que le monde cognitif du paranoïaque était gouverné par des stratégies qui visent à lutter contre le désarroi engendré par la honte-humiliation. La conception de la paranoïa adoptée par Colby se résume à un noyau persécutif associé à des croyances erronées dont le contenu propositionnel s'articule sur l'impression d'être tourmenté, blessé, déconsidéré par un autrui (individuel ou collectif). Ces convictions sont inébranlables et inaccessibles à l'évidence du contraire. La pensée paranoïaque se fabrique à partir du sentiment de sa propre inadéquation, lorsque ce sentiment est activé par un « input » approprié, une réaction se déclenche, elle s'actualise dans des procédures de traitement des informations symboliques, la fonction de ces procédures est de contenir ou de supprimer l'émergence de l'affect négatif.

La fabrication de PARRY repose sur la construction d'un entretien prototypique entre un psychiatre et son malade, entretien qui modélise les efforts vains du malade pour renverser le point de vue défavorable qui menace son intégrité. L'exemple suivant permet d'illustrer les emprunts de Colby à Tomkins. Soit un moment de l'entretien dans lequel deux émotions négatives, la peur et la honte, sont présentes. La question anodine du psychiatre « Comment ça va ? » sera interprétée par un paranoïaque comme une véritable insulte. L'intention bienveillante du psychiatre (signal d'apaisement) ne parvient pas à réduire l'affect négatif du malade, elle l'exacerbe au contraire et ceci en vertu des différents principes évoqués précédemment : l'induction en particulier.

Le système

Il consiste à concevoir le cas fictif d'un malade hypothétique et exemplaire qui possède les symptômes majeurs de la paranoïa. Le modèle comporte une entrée avec un double système de traitement des informations (les énoncés) émanant du sujet et de son psychiatre. La sortie du système est relativement simple, elle est constituée d'un ensemble fini de phrases toutes faites dont certaines seront sélectionnées par le programme si le malade est bien un paranoïaque.

Dans son principe, le système, se présente sous la forme d'un « *script* » au sens où il y a des séquences élémentaires correspondant à des actions (les prises de parole) des protagonistes de l'entretien qui ne se déroulent pas de façon désordonnée. Comparé au script du « Restaurant » s'asseoir, commander son menu et payer, la dépendance temporelle de ces actes conversationnels est évidemment plus complexe.

Ainsi entre le premier «Bonjour, je suis le docteur X» et «Au revoir» vont se succéder des cycles d'action-interprétation-action.

La figure 7 donne une idée de ces cycles d'analyse. On peut voir que deux analyseurs, grammatical et sémantique, sont nécessaires au traitement des énoncés, ils permettent d'établir une liste de concepts. L'analyseur grammatical ne présente pas de spécificité, il est de même nature que ceux utilisés dans toute les recherches sur le langage naturel. L'analyseur sémantique est en revanche tout à fait original puisqu'il doit traiter les croyances (ou cognitions valuées). Les affects interviennent à ce niveau. Pour reprendre l'exemple de l'ouverture de l'entretien, si le «Comment allez-vous?» est interprété par le malade comme une agression verbale, c'est parce que l'ordinateur a construit cette interprétation en couplant l'énoncé avec l'état émotionnel ponctuel de celui auquel cette phrase s'adresse. Si la phrase survient dans le système alors que l'état de «peur» est élevé, l'analyseur sémantique classera cet énoncé comme une «question malveillante» plutôt que dans le registre des questions bienveillantes. La peur n'est pas le seul facteur qui permet de construire l'interprétation; d'autres affects peuvent participer, comme la colère ou la méfiance, en vertu des règles de combinaison prédéfinies. Sur la base de ce principe général, on construit des règles particulières. Ainsi par exemple, si l'énoncé évoque une menace physique, la peur sera augmentée, si c'est une menace psychologique, c'est la colère qui va monter. A l'inverse, lorsqu'aucune intention malveillante ne sera détectée, le système est programmé de façon telle que l'état émotionnel va changer, la peur va diminuer, et d'autres émotions négatives vont diminuer elles aussi selon des rythmes propres à la combinatoire des émotions. Cette dynamique du système est réglée par l'appréciation de la valeur de vérité des croyances extraites des énoncés et sur l'intensité des affects orchestrée par les échanges discursifs. Ce qui fait «bouger» le système, c'est-à-dire ce qui le fait passer d'un cycle d'interprétation à un pattern d'action, c'est principalement l'affectation d'une règle d'inférence à une croyance en rapport avec le niveau de l'affect. Les patterns d'action peuvent être brutalement interrompus. Si, par exemple, l'état de honte monopolise le système dans ce cas l'énoncé anodin «Comment allez-vous?» va être interprété comme «Vous êtes fou» et le «malade va quitter la pièce» ou plutôt, le programme va s'interrompre.

Parce qu'il repose sur des opérations et des interprétations sémantiques, PARRY est bien le prototype d'un modèle computationnel de type symbolique. Il se distingue en cela d'un autre modèle de la paranoïa, de type connexionniste, ébauché par Vinogradova *et al.* (1992).

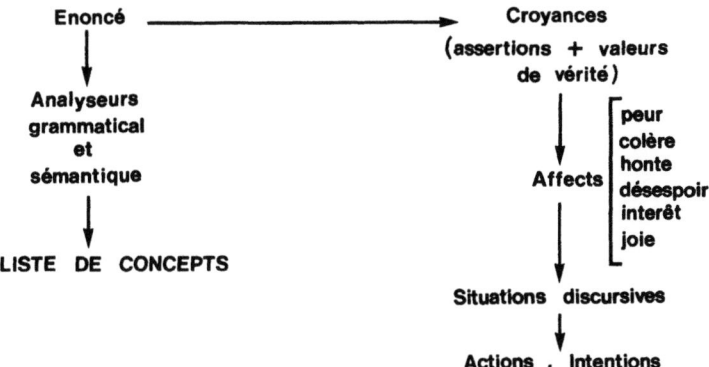

Fig. 7 – Schéma d'un cycle d'analyse (d'après Colby, 1975).
Ce schéma donne un aperçu des opérations de traitement et de transformation d'un énoncé en langage naturel. Sur la partie gauche, sont indiquées les principales étapes et les outils informatiques qui contribuent à réduire les ambiguïtés d'un énoncé particulier, en vue d'établir les bases de données sous formes de listes. Sur la partie droite figurent les étapes du passage des énoncés valués, aux représentations d'action que ces énoncés génèrent lorsqu'ils sont pondérés par les différents affects.

Les modèles qui viennent d'être présentés apportent un certain crédit à l'idée que l'on peut concevoir, pour reprendre une formule de Dyer, «l'émotion comme une tâche computationnelle» ou un problème pouvant être résolu au moyen de modèles symboliques.

NOTES

[1] L'étude de Miall a consisté à extraire un schéma narratif standard et à montrer l'importance des affects dans la compréhension des récits. Ce point de vue ne peut être développé ici. (On se reportera à l'ouvrage de Martins (1993) pour plus de détails sur cette problématique parallèle à la compréhension des émotions elles-mêmes.)
[2] Il n'est pas possible de donner, dans les limites de cet ouvrage, un exposé détaillé de la théorie des émotions de Tomkins. Cette théorie intégratrice se présente comme une approche à la fois biologique, systémique et psychodynamique des processus émotionnels normaux et pathologiques envisagés tant du point de vue de l'expression que de l'expérience. Le lecteur se reportera aux quatre volumes que Tomkins a consacrés à ce sujet.

Conclusions

En 1941, Elizabeth Duffy proposait d'expliquer le phénomène «émotion» sans utiliser le concept d'émotion, elle suggérait de supprimer celui-ci pour le remplacer par celui d'activation. Le concept d'activation s'est révélé simple, économique, mesurable et la théorie de l'activation a bien résisté à l'épreuve des faits. Dans le projet de Duffy, il y avait cependant une forte provocation teintée d'une certaine naïveté. Les théories que nous avons examinées dans les chapitres précédents montrent que la dimension intensive ne suffit pas à rendre compte des émotions. Il ne suffit pas de supprimer le mot pour se débarrasser de la chose. Les émotions n'ont pas disparu de la scène psychologique. Les traités lui consacrent toujours un chapitre, même si c'est quelquefois pour déplorer que ce domaine soit encore si peu reconnu par la psychologie contemporaine (Richelle et Seron, 1994). Mais, il y a plus encore : dans la décennie 80, on a vu paraître presque simultanément plusieurs ouvrages théoriques, essentiellement en langue anglaise, sur la structure cognitive des émotions, marquant une résurgence de l'intérêt pour le sujet. Les théories modernes présentées dans ces ouvrages font apparaître une grande diversité des théories des émotions.

La légitimité du concept d'émotion doit finalement beaucoup à cette diversité des théories, elle doit beaucoup aussi à la reconnaissance de la diversité des émotions elles-mêmes et des recherches sur leur taxonomie.

Diversité des conceptions et diversité des émotions

Il n'y a pas à l'heure actuelle une théorie dominante de l'expérience des émotions mais une collection de théories. De plus, toutes les théories avancées ne s'appliquent pas de la même façon à toutes les émotions. Pour emprunter le terme utilisé par Kelly pour rendre compte des théories implicites, celui de «*range of convenience*», il y a des théories qui conviennent mieux à certaines émotions qu'à d'autres, parce qu'elles rendent compte de façon plus fidèle du phénomène considéré.

Degrés d'adéquation d'une théorie générale à un sous-domaine

Pour reprendre un exemple qui a été largement développé à différentes reprises dans ce livre, la théorie de la dépendance à l'humeur, fondée sur le modèle du réseau sémantique, théorie selon laquelle l'induction d'un état émotionnel particulier a pour conséquence d'activer des souvenirs en relation étroite avec l'état induit, ne cadre pas très bien avec l'émotion de tristesse ni avec celle de dépression. Pourquoi ? Parce qu'un état émotionnel triste «recrute» plusieurs contenus sémantiques et repose sur un certain nombre de mises en relation de ces contenus. Or, le réseau sémantique tel qu'il a été utilisé par Bower propose une représentation modulaire qui néglige les mises en relation. L'interdépendance entre plusieurs contenus sémantiques aboutit à la construction de significations d'ordre supérieur. Ce sont ces relations d'interdépendance entre des contenus positifs et négatifs, entre représentations de soi et d'autrui qui sont justement activées à la faveur de l'installation de cet état émotionnel, elles se désactivent lorsque la tristesse disparaît. Ce sont ces significations plus complexes et plus organisées qui différencient la tristesse des autres états émotionnels. Cette différenciation se fonde sur des propriétés structurales, plus abstraites que les différences de contenus tristes-non tristes. Si cette théorie n'est pas «bonne» pour la tristesse, elle est peut-être acceptable pour rendre compte d'autres états émotionnels, comme la joie, probablement en raison de la moins grande complexité cognitive de cette émotion. Si l'on veut comprendre l'émotion tristesse, il faut donc ajouter quelque chose à la théorie de Bower, remplacer par exemple, comme Teasdale l'a suggéré, le modèle du réseau associatif, dans lequel un module émotionnel s'associe à un module sémantique selon un ordre horizontal, par celui d'un réseau interactif dans lequel les significations sont organisées selon un ordre vertical déterminé par des relations hiérarchiques.

A un niveau d'analyse plus général, les théories cognitives qui expliquent les émotions par un certain nombre de représentations n'ont pas grand chose à dire sur les émotions de base puisque celles-ci sont définies par leur patron de réponses psychophysiologiques, que leur déclenchement correspond à des «causes universelles» et parce qu'elles répondent à des finalités adaptatives précises. En revanche, il y a des émotions complexes qui ne peuvent être expliquées que par le recours à des opérations mentales. Ces émotions complexes sont telles, non seulement parce qu'elles sont des composées, mais aussi parce que leurs «causes» sont multiples, que leurs effets difficiles à prévoir ne se laissent pas enfermer dans l'alternative de la fuite ou de l'attaque.

Se débarrasser du «mot» émotion ne résout pas les problèmes mais, s'embarrasser des «mots-émotions» non plus. La définition du domaine des émotions s'est largement nourrie de l'analyse des mots du lexique, quelquefois des expressions figurées comme les métaphores et l'étude de l'expérience des émotions a reposé principalement sur des faits de langage. La place qui a été accordée à ces faits dans le présent ouvrage pourra sembler démesurée pour ceux qui considèrent que ces mots, ces expresssions constituent en réalité un obstacle à l'étude du phénomène[1]. Elle reflète néanmoins l'état des travaux actuels. Cette longue tradition, qui semblait propre à la psychologie des émotions jusqu'à une date assez récente, c'est-à-dire jusqu'au moment où, avec la théorie des prototypes, elle a été utilisée pour représenter l'architecture d'un domaine conceptuel, s'est profondément renouvelée. On est passé d'un vocabulaire descriptif des émotions à un «atlas» des émotions et à une cartographie. Les faits de langage ont été utilisés, moins pour décrire, que pour expliquer les émotions; moins comme une fin, mais plutôt comme un moyen pour accéder à une analyse plus abstraite et plus formelle.

Ressemblances et différences entre les théories de l'expérience émotionnelle

Reconnaître qu'il existe des théories différentes des émotions est une chose, montrer en quoi elles diffèrent en est une autre. Leur comparaison s'avère difficile pour plusieurs raisons. Elles sont loin d'avoir un même objectif. Elles se différencient notamment selon qu'elles cherchent à décrire le comment, le combien ou le pourquoi. Certaines ne sont encore que dans leur prime enfance et on ignore quelle sera leur durée de vie[2]. Il y a des théories à large spectre, d'autres qui fournissent des explications plus locales, limitées à une seule émotion, comme par exemple la théorie de la colère d'Averill (1971). Elles diffèrent aussi selon qu'elles sont orientées vers une perspective développementale, comparatiste, sociale ou anthropologique. Il existe des moyens pratiques pour identifier les resssemblances et les différences entre théories et théoriciens, pour les comparer. L'analyse factorielle des correspondances permet de résumer et de se représenter des voisinages entre théories. Nous donnons dans cette conclusion l'ébauche d'une telle comparaison. Les théories de l'expérience des émotions du sujet adulte se différencient principalement par une double opposition l'accent mis sur la conscience ou sur l'action, sur la perception ou sur l'estimation. Ces deux oppositions permettent en effet de classer de façon cohérente leurs principaux représentants comme l'illustre la figure suivante issue d'une analyse empirique.

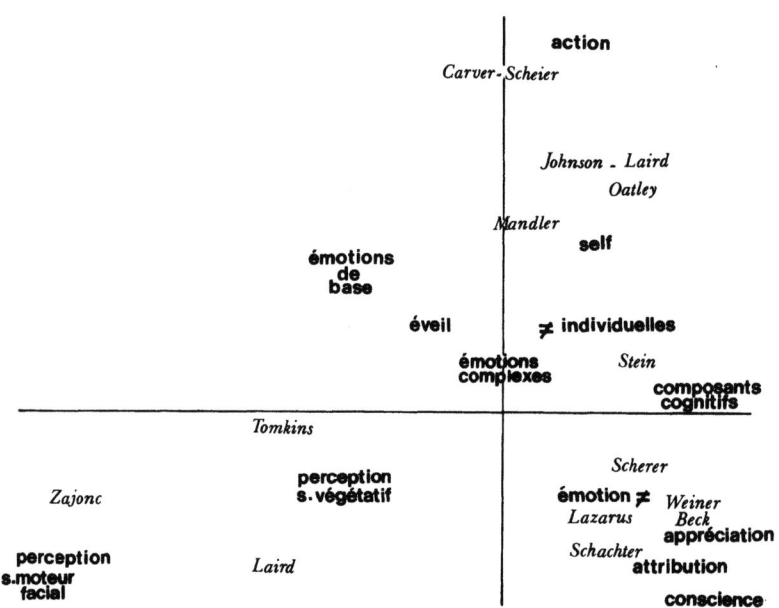

Fig. 8 – Ressemblances et différences entre les théories de l'expérience des émotions. Cette figure résume les résultats d'une analyse des correspondances réalisée sur le tableau croisé, formé par 12 principaux auteurs (italiques) de théories de l'expérience des émotions, et 13 caractéristiques (caractères gras) de ces théories. On voit que sur le premier axe (horizontal), il existe une opposition marquée entre d'un côté (pôle positif) les composants cognitifs, l'appréciation, l'attribution et la conscience et de l'autre, la perception des signes moteurs, faciaux ou neurovégétatifs. Sur l'axe 2 (vertical) l'opposition est formée par l'action (pôle positif) et la conscience (pôle négatif).

Cette analyse empirique visualise des ressemblances et des différences de surface entre théories. Elle ne fait peut-être pas suffisamment ressortir une distinction plus générale qui porte sur ce que l'on pourrait appeler le statut des émotions. On peut dégager deux grandes familles de théories suivant que l'émotion est conçue comme un *état*, dont on analyse les composantes, ou comme un *processus*, dont on analyse les étapes.

Décrire, expliquer et se représenter ne sont pas des démarches cloisonnées

Pour mettre à jour nos connaissances sur les émotions, nous avons adopté une présentation des recherches selon une division tripartite, décrire, expliquer et se représenter. Cette division est sans doute artificielle. Elle laisserait penser que les approches descriptives sont dépourvues de fonction explicative, que les approches explicatives sont indépendantes de la description et que l'analyse des représentations des connaissances sur les émotions n'a pas grand chose à voir avec les émotions telles qu'elles sont vécues. Cette façon de penser n'est pas totalement fausse, mais elle n'est pas totalement juste non plus. Il n'y a pas aujourd'hui de cloison aussi franche entre les descriptions, les explications et les représentations. Il serait faux de dire que les modèles descriptifs, qu'il s'agisse du circumplex ou des prototypes, sont a-théoriques, et doublement faux puisque le terme théoriser signifie d'abord, dans son acception étymologique, observer. Le circumplex tente de représenter le système des émotions sous la forme d'une continuité parfaite, il se donne les moyens de le montrer en s'appuyant sur le traitement des mots-émotions selon un modèle mathématique strict. L'hypothèse de la continuité des formes de l'expérience émotionnelle n'est pas tirée au hasard. Elle est enracinée dans la conviction profonde qu'il existe une évolution des émotions, que cette évolution est graduelle, procède par des changements extrêmement discrets, si discrets d'ailleurs qu'il faut recourir à des méthodes parfois très sophistiquées pour les rendre perceptibles. Les émotions se combinent pour se transformer en des entités plus complexes et toutes les combinaisons ne sont pas également possibles. Le modèle des prototypes n'est pas non plus a-théorique[3]. L'idée que les émotions correspondent à des configurations de caractères et non à des ensembles disjoints, que ces caractères ont organisés selon un ordre et emboîtés les uns dans les autres n'est pas sortie d'un chapeau. Elle correspond à la conviction profonde que les états mentaux (et les émotions qui en font partie) ne sont pas fractionnés en entités indépendantes les unes des autres. La taxonomie sémantico-lexicale proposée par le groupe d'Oxford ne retient pas une psychologie des «facultés émotionnelles». L'utilisation des règles de réécriture du genre : éprouver du regret c'est être triste parce «quelque chose» qui a été voulu ne s'est pas produit ou parce que quelque chose que l'on n'a pas voulu est arrivé, conduit déjà à une explication. La définition des émotions complexes comme états mentaux de nature propositionnelle dans cette même taxonomie est déjà, elle aussi, une explication en termes de processus et de mise en rapport avec le présent et le passé. On aurait du mal à tracer une frontière entre la description proprement dite et l'explication. Ces analyses sémantiques sont finalement assez voisines de celles développées dans le domaine de la représentation des connaissances sur les émotions par le groupe de Chicago. Comme on l'a vu dans la dernière partie de cet ouvrage, comprendre la tristesse c'est se représenter des causes et des conséquences qui s'expriment dans le discours par des attitudes propositionnelles du type « vouloir que, croire que, etc. »

Les théories de l'expérience des émotions et leur champ d'application

On a dit que toute théorie digne de ce nom de théorie se devait d'expliquer des phénomènes qui ne relèvaient pas de son domaine propre. Les théories de l'expression « expliquaient » certaines formes de communication et d'interactions sociales. Les théories de l'expérience expliquent-elles quelque chose, et si oui, quoi ? On peut dire, d'une part, que ces théories sont davantage orientées vers l'explication du fonctionnement du sujet. Il existe aujourd'hui une masse considérable de travaux expérimentaux qui, adoptant le modèle du traitement de l'information, ont permis de montrer comment les émotions influaient sur différents processus, l'attention, la mémoire, la décision, le raisonnement et l'ensemble des grandes fonctions de la vie mentale. Une place importante est toujours accordée à l'influence de l'émotion sur les performances, mais les études de l'influence de l'émotion sur les processus cognitifs et les stratégies deviennent de plus en plus nombreuses. Les perpectives cognitives évoquées à propos de l'anxiété et de la dépression ont à cet égard une valeur exemplaire.

Le bilan de ces données empiriques laisse cependant la place à de nombreuses incertitudes en particulier sur les effets de l'anxiété sur les fonctions attentionnelles. L'anxiété peut à la fois entraîner une attention plus sélective et une attention plus diffuse. La situation n'est pas meilleure pour les effets de la dépression, dans un autre domaine celui du raisonnement. L'affect dépressif peut être associé à des biais de raisonnement, comme à des raisonnements, sinon plus rationnels, du moins plus réalistes. On peut se demander si l'étude des rapports entre états affectifs et traitement de l'information ne met pas au défi les modèles normatifs de l'attention, de la mémoire et du raisonnement en usage dans la psychologie de laboratoire. S'il en était ainsi, on pourrait considérer que les théories des émotions incitent à l'adoption de méthodes et de modèles plus compliqués que ceux en usage dans cette discipline. Dans ce sens, les théories des émotions semblent apporter plus de nouvelles méthodes d'approche que de nouvelles explications. Il serait présomptueux de dire que ces théories expliquent des domaines autres que le leur, mais elles orientent vers de nouveaux moyens d'explication. Les travaux menés sur l'analyse des narrations, sur la représentation des connaissances sur les émotions constituent le témoignage d'un certain virage épistémologique. La psychologie des émotions est à un carrefour. D'une part, la définition des émotions en termes d'états mentaux de nature propositionnelle, ou en termes d'actions orientées vers un but, définition qui ne sont pas sans évoquer celle proposée dans la «*Rhétorique des passions*» d'Aristote, offre une réelle alternative à une analyse des émotions réduite à des patrons expressifs de réponses. D'autre part, les apports de la science cognitive et la construction de machines virtuelles laisseraient penser que l'on est en train de passer, à la faveur du paradigme cognitiviste, des «fictions mathématiques» du béhaviorisme Hullien, à des fictions informatiques. Le carrefour est sans doute assez dangereux et certains ne manqueront pas de crier : «Au secours! La philosophie revient», tandis que d'autres, se montreront très sceptiques vis a vis de l'utilité des machines à fabriquer de l'émotion synthétique. Entre ces deux directions, une psychologie des émotions doit pouvoir se frayer un chemin.

NOTES

[1] «Je crois que la psychologie cognitive ne sera jamais capable de construire les fondements viables d'une analyse des émotions tant qu'elle n'abordera pas de front la question du rôle du langage dans la conceptualisation des émotions, et qu'elle ne cherchera pas à dépasser les obstacles que le langage dresse entre l'investigation des émotions et les émotions elles-mêmes» (Wierzbicka (1992), p. 286).
[2] Cela est vrai notamment pour les théories computationnelles qui ne semblent plus bénéficier du soutien qui leur avait été accordé, aux Etats-Unis dans les années 1980-1990 (Lehnert, communication écrite personnelle, 1991).
[3] Nous ne partageons pas l'opinion exprimée par Clore et Ortony selon laquelle «Quand les psychologues ont découvert que les moineaux étaient de meilleurs exemplaires d'oiseaux que les poulets, ils n'ont rien appris sur les oiseaux, c'est pourquoi, les ornithologues peuvent et doivent ignorer ce genre de travaux en toute sérénité» (1991, p. 48). La découverte du caractère prototypique de certaines émotions a donné naissance à des développements importants pour la compréhension de ces phénomènes.

Bibliographie

Abelson R.P., Computer simulation of « hot » cognition, in : S.S. Tomkins and S. Messick (Eds), *Computer simulation on personality*, New York, Wiley and Sons, 1963, p. 277-298.

Abelson R.P., Psychological status of the script concept, *American Psychologist*, 1981, *36*, 715-727.

Abramovitz S.I., Locus on control and self reported depression among college students, *Psychological Reports*, 1969, *25*, 149-150.

Abramson L., Seligman M., Teasdale J., Learned helplessness in humans : Critique and reformulation, *Journal of Abnormal Psychology*, 1978, *87*, 49-74.

Abramson L.Y., Sackeim H.A., A paradox in depression : Uncontrollability and self-blame, *Psychological Bulletin*, 1977, *84*, 838-851.

Adams-Webber J.R., *Personal Construct Theory : Concepts and applications*, Winchester, Wiley, 1979.

Adams-Weber J.R., The golden section and structure of self-concepts, *Perceptual and Motor Skills*, 1977, *5*, 703-706.

Adcock C.J., A comparison of the concepts of Cattell and Eysenck, *British Journal of Educational Psychology*, 1965, *35*, 90-97.

Alker H.A., Beyond Anova psychology in the study of person-situation interactions, in : D. Magnusson and N.S. Endler (Eds), *Personality at the crossroads : Current Issues in Interactional Psychology*, Hillsdale, New Jersey, Lawrence Erlbaum, 1977, p. 243-260.

Alloy L.B., Abramson L.Y., Judgement of contingency in depressed and non-depressed students : Sadder but wiser?, *Journal of Experimental Psychology*, 1979, *108*, 441-485.

Allport G.W., Odbert H.S., Trait-names : A psycholexical study, *Psychological Monograph*, 1936, *47*, 211.

Andrich D., *Rasch models for measurement, Qualitative applications in the social sciences*, Newburg Park, Sage, 1988.

Aristote, *Rhétorique des passions*, Paris, Rivages (édition 1989, postface de Michel Meyer).

Ashworth C.M., Blackburn, I.M., Mc Pherson F.M., The performance of depressed and manic patients on some repertory grid measures : A cross-sectional study, *British Journal of Medical Psychology*, 1982, *55*, 247-255.

Averill J.R., A semantic atlas of emotional concepts, *JSAS Catalog of Selected Documents in Psychology*, 1975, *5*, 330 p.

Averill J.R., Anger, in : *Nebraska Symposium on Motivation*, Lincoln, Nebraska University Press, 1979, p. 1-79.

Averill J.R., A constructivist view of emotion, in : R. Plutchik and H. Kellerman (Eds), *Emotion : Theory, research and experience. Vol. 1, Theories of Emotion*, New York, Academic Press, 1980, p. 305-339.

Averill J.R., Emotion and anxiety : Sociocultural, biological and psychological determinants, in : A. Oksenberg Rorty (Ed), *Explaining emotions*, Berkeley, California University Press, 1980, p. 37-71.

Averill J.R., *Anger and agression : An essay on emotion*, New York, Springer, 1982a.

Averill J.R., Emotions : Hard or soft-wired?, *Behavioral and Brain Sciences*, 1982, *5*, 424 (*b*).

Bandura A., *Principles of behavior modification*, New York, Rinehart and Winston, 1969.

Bannister D., The rationale and clinical relevance of repertory grid technique, *British Journal of Psychiatry*, 1965, *3*, 315-842.

Bard P., On emotional expression after decortication with some remarks on certain theoretical views (part I and II), *Psychological Review*, 1934, *41*, 309-329, 424-449.

Bartlett F., *Remembering : A study in experimental and social psychology*, Cambridge Mass., Cambridge University Press, 1932.

Bass B.M., Berg I.A., *Objective approaches to personality assessment*, New York, Van Nostrand, 1959.

Bazin N., Mémoire, état émotionnel et valence affective, *L'Encéphale*, 1991, *17*, 503-510.

Beck A.T., Thinking and depression, *Archives of General Psychiatry*, 1963, *9*, 324-333.

Beck A.T., *Depression : Clinical, Experimental, and Theoretical Aspects*, New York, Hoeber, 1967.

Beck A.T., *Cognitive Therapy and the Emotional Disorders*, New York, International Universities Press, 1976.

Beck A.T., Cognitive models of depression, *Journal of Cognitive Psychotherapy. An International Quarterly*, 1987, *1*, 5-37.

Beck A.T., Hurvitch M., Psychological correlates of depression, *Psychosomatic Medicine*, 1959, *21*, 50.

Beck A.T., Steer R.A., Epstein N., Brown G., Self-concept test, *Journal of Consulting and Clinical Psychology*, 1990, *2*, 191-197.

Beck A.T., Ward C.H., Mendelson M., Mock J., Eerbaugh J., An inventory for measuring depression, *Archives of General Psychiatry*, 1961, *4*, 561-571.

Bem D.J., Self perception theory, in : L. Berkowitz (Ed), *Advances in experimental social psychology*, vol. 6, 1972, New York, Academic Press, p. 2-62.

Bendig A.W., Bruder G., The effect of repeated testing on anxiety scales scores, *Journal of Consulting Psychology*, 1962, *26*, 392.

Bentall R., Kaney S., Dewey M., Paranoïa and social reasoning : An attribution theory analysis, *British Journal of Medical Psychology*, 1991, *30*, 13-23.

Berlyne D.E., *Conflict, arousal and curiosity*, New York, Mc Graw Hill, 1960.

Berlyne D.E., *Aesthetics and psychobiology*, New York, Appleton Century Crofts, 1971.

Berlyne D.E., Madsen K.B., *Pleasure, Reward and Preference*, New York, Academic Press, 1973.

Bermond B., Nieuwenhuyse B, Fasotti L., Schuerman J., Spinal cord lesions, peripheral feedback and intensity of emotional feelings, *Cognition and Emotion*, 1991, *5*, 201-220.

Bigot T., Bornstein S.J., Schème paradoxal de comportement lors de prises d'otages, *Annales de Psychiatrie*, 1988, *3*, 196-206.

Bieri J., Cognitive complexity-simplicity and predictive behavior, *Journal of Abnormal and Social Psychology*, 1955, *51*, 263-268.

Blaney P., Affect and memory : A review, *Psychological Bulletin*, 1986, *99*, 229-246.

Block J., *The Q sort method in personality assessment and psychiatric research*, Springfield, Illinois, Ch. Thomas, 1961.

Block J., *The challenge of response sets*, New York, Appleton Century Crofts, 1965.

Bonis M. de, La loi de Yerkes-Dodson. Problèmes méthodologiques liés à sa vérification, *L'Année Psychologique*, 1968, *68*, 121-141.

Bonis M. de, Anxiétés pathologiques et anxiété normale, II, Comparaison de la structure factorielle des réponses à la MAS de Taylor et à une échelle de symptômes, *Revue de Psychologie Appliquée*, 1970, *23*, 3-47.

Bonis M. de, *Contribution à l'étude de l'anxiété par la méthode des questionnaires*, Thèse de 3e Cycle, Université René Descartes, Paris V, 1972, 228 pages, 40 tableaux, 184 références, Annexe : Les questionnaires d'anxiété pour adultes (84 p.).

Bonis M. de, Evaluations subjectives et réponses physiologiques dans une situation de stress, *L'Année Psychologique*, 1974, *74*, 473-486.

Bonis M. de, Une approche psychologique de la dépression. La théorie cognitive de A.T. Beck, in P. Pichot (Ed.), *Les voies nouvelles de la dépression*, Paris, Masson, 1978, p. 101-108.

Bonis M. de, L'idée d'interaction entre niveaux expressifs : émotions, représentations et cognition, *Bulletin de Psychologie*, 1986, *377*, 913-921 (*a*).

Bonis M. de, Modèles psychophysiologiques de l'anxiété chez l'homme : Implications en Psychiatrie, in : P. Pichot (Ed), *L'Anxiété*, Paris, Masson, 1986, p. 57-66 (*b*).

Bonis M. de, Visages, expression des émotions et mensonges, in : B. Cyrulnik (Ed), *Visage, sens et contresens*, Paris, Eshel, 1988, p. 101-114.

Bonis M. de, Critique méthodologique des modèles de personnalité, *Confrontations Psychiatriques*, 1989, *30*, 313-326.

Bonis M. de, Logique et délire. Raisons et déraisons. Analyse des figures de raisonnement illogique dans «*Histoire du précédent écrit*» de J.J. Rousseau, *Revue Internationale de Psychopathologie*, 1992, *6*, 182-209.

Bonis M. de, Thinking and Depression : Structure in content, in : J.D. Laird et J. Flacks (Eds), *Emotion and Psychopathology*, à paraître, 1996.

Bonis M. de, Emotions, psychologie cognitive et cognitivisme. in : *La relation entre Cognition et Emotion*, XXVes journées d'études de l'Association de Psychologie Scientifique de Langue Française, Coïmbra, 1995.

Bonis M. de, Bazin N., Perruchet P., *The Pollyanna hypothesis revisited : A comparative study of explicit and implicit words between depressive vs control subjects*, ISRE, Sarrebruck, juillet 1991.

Bonis M. de, Comiskey F., Connaissances, cognition et méta-cognitions : trois questions pour une psychopathologie cognitive de la dépression, in : A. Féline, P. Hardy, M. de Bonis (Eds), *La Dépression : Etudes*, Paris, Masson, 1991, p. 74-87.

Bonis M. de, Fargeas X., Les modèles computationnels, in : D. Widlöcher (Ed), *Traité de psychopathologie*, Paris, PUF, 1994, p. 223-249.

Bonis M. de, Ferrey G., Anxiété-trait, Anxiété-état, changement réel, changement apparent, *L'Encéphale*, 1975, *1*, 53-60.

Bonis M. de, Guelfi J.D., Somogyi M., Observations psychiatriques en langage naturel, statistique textuelle et classification des dépressions, *Psychiatrie et Psychobiologie*, 1990, *5*, 1-11.

Bonis M. de, Lebeaux M.O., Simon M., Boeck P. de, Pichot P., Measuring the severity of depression through a self report inventory. A comparison of logistic, factorial and implicit model, *Journal of Affective Disorders*, 1991, *22*, 55-64.

Bornstein R.F., Exposure and affect : Overview and meta-analysis of research, 1968-1987, *Psychological Bulletin*, 1989, *106*, 265-289.

Bortner R.W., Friedman M., Rosenman R.H., Familial similarity in Pattern A behavior, *Journal of Chronic Diseases*, 1967, *20*, 371.

Boucher J., Osgood C.E., The Pollyanna Hypothesis, *Journal of Verbal Learning and Verbal Behavior*, 1969, *8*, 1-8.

Bower G.H., Mood and Memory, *American Psychologist*, 1981, *36*, 129-148.

Bower G.H., Mayer J.D., Failure to replicate mood dependent retrieval, *Bulletin of the Psychonomic Society*, 1985, *18*, 39-42.

Bower G.H., Mayer J.D., The state of mood and memory research : A selective review, in : D. Kuiken (Ed), *Mood and Memory, Theory, Research and Applications*, London Sage Publications, 1991, p. 133-168.

Bowlby J., *Attachment and loss*, vol. 1. Attachment, New York, Basic Books, 1969.

Brenitz Sh., *The Denial of Stress*, New York, International University Press, 1983.

Breslow R., Koksis J., Belkin B., Contribution of the depressive perspective to memory function in depression, *American Journal of Psychiatry*, 1981, *138*, 227-230.

Brickman P., Redfield J, Harrison A.A., Crandall R., Drive and predisposition as factors in the attitudinal effects of mere exposure, *Journal of Experimental and Social Psychology*, 1972, *8*, 31-44.

Broadbent D.E., Broadbent M., Anxiety and attentional bias : State and trait, *Cognition and Emotion*, 1988, *2*, 165-183.

Bruner J., Another look at New Look I, *American Psychologist*, 1992, *47*, 780-783.

Bruner J., The view from the Heart's Eye : A Commentary, in P.M. Niedenthal and S. Kitayama (Eds), *The Heart's Eye*, San Diego, Academic Press, 1994, p. 269-286.

Buchanan D.D., Waterhouse G.H., West S.C., A proposed neuropsychological basis on alexithymia, *Psychotherapy and Psychosomatics*, 1980, *34*, 246-255.

Bullington J.C., Mood Congruent Memory : A replication of symmetrical Effects for both Positive and Negative Moods, in D. Kuiken (Ed), *Mood and Memory*, London, Sage Publications, 1991, p. 121-132.

Buss D.M., Craik K.H., The Act Frequency Approach to Personality, *Psychological Review*, 1983, *90*, 105-126.

Button E. (Ed), *Personal Construct Theory and Mental Health. Theory, Research and Practice*, London and Sidney, Croom Helm, 1982.

Byrne D., Anxiety and the experimental arousal of affiliation need, *Journal of Abnormal and Social Psychology*, 1961, *63*, 660-662.

Cannon W.B., The James Lange Theory of emotion : A critical examination and an alternative theory, *American Journal of Psychology*, 1927, *39*, 106-24.

Cantor N., Harlow R.E., Social Intelligence and Personality : Flexible life task pursuit, in : R.J. Sternberg and P. Ruzgis (Eds), *Personality and Intelligence*, Cambridge, Cambridge University Press, 1994, p. 137-168.

Cantor N., Mischel W., Prototypes in person perception, in : L. Berkowitz (Ed), *Advances in experimental social psychology*, New York, Academic Press, 1979.

Cantor N., Smith E.E., French R., Mezzich J., Psychiatric diagnosis as prototype categorization, *Journal of Abnormal Psychology*, 1980, *89*, 181-193.

Carver C.S., Sheier M.F., *Attention and Self-regulation : A control-theory approach to human behavior*, New York, Springer-Verlag, 1981.

Carver C.S., Scheier M.F., Origins and functions of positive and negative affect : A control-process view, *Psychological Review*, 1990, *97*, 19-35.

Cattell R.B., Advances in the measurement of neuroticism and anxiety in a conceptual framework of unitary theory, *New York Annals Academic Science*, 1962, *93*, 815-839.

Cattell R.B., The structuring of change by P-technique and incremental d-R technique, in : C.W. Harris (Ed), *Problems in measuring change*, Madison, Wisconsin, University of Wisconsin Press, 1963, p. 167-198.

Cattell R.B., *Personality and mood by questionnaire*, San Francisco, Jossey Bass, 1973.

Cattell R.B., Scheier I.H., The nature of anxiety : A review of thirteen multivariate analyses comprising 814 variables, *Psychological Reports*, 1958, *4*, 351-388.

Chiba H., Analysis of controlling facial expression when experiencing negative affect on an anatomical basis, *Journal of Human Development*, 1985, *21*, 22-9.

Chwalisz K., Diener E., Gallacher D., Autonomic arousal feedback and emotional experience : Evidence from the spinal cord injured, *Journal of Personality and Social Psychology*, 1988, *5*, 202-220.

Claridge G.S., *Personality and arousal : A psychophysiological study of psychiatric disorders*, Oxford, Oxford University Press, 1967.

Clark D.M., Teasdale J.D., Contraints on the effects of mood on memory, *Journal of Personality and Social Psychology*, 1984, *93*, 401-407.

Clifford P.L., Hemsley D.R., The influence of depression on the processing of personal attributes, *British Journal of Psychiatry*, 1987, *150*, 98-103.

Clore G.L., Ortony A., Foss M.A., The psychological foundations of the affective lexicon, *Journal of Personality and Social Psychology*, 1987, *53*, 751-766.

Clore G.L., Ortony A., What more is there to emotion concepts than prototypes?, *Journal of Personality and Social Psychology*, 1991, *60*, 48-50.

Colby K.M., *Artificial paranoïa : Computer simulation of the paranoid process*, New York, Elmsford, Pergamon Press, 1975.

Comiskey F., Bonis M. de, Représentations de la causalité et dépression, *L'Encéphale*, 1988, *14*, 53-58.

Craighead W.E., Hickey K.S., Montbrun B.G. de, Distortion of perception and recall of neutral feedback in depression, *Cognitive Therapy and Research*, 1979, *3*, 291-298.

Cronbach L.J., The two disciplines in scientific psychology, *American Psychologist*, 1957, *12*, 671-684.

Cronbach L.J., Beyond the two disciplines of scientific psychology, *American Psychologist*, 1975, *30*, 116-126.

Dana C.L., The anatomic seat of emotions : A discussion of the James-Lange theory, *Archives of Neurology and Psychiatry*, 1921, *6*, 634-639.

Darcourt G., Pringuey D., *Anxiété, Dépression, rupture ou continuité?*, Paris, Ellipses, 1987.

Darwin Ch., *The expression of emotions in man and animals*, London, John Murray, 1872.

Davis H., Self-reference and the encoding and subjective organization of personal information in depression, *Cognitive Therapy and Research*, 1979, *3*, 97-110.

Davison G.C., Valins S., Maintenance of Self-attribued and Drug-attribued behavior change, *Journal of Personality and Social Psychology*, 1969, *11*, 25-33.

Davitz J.R., *The language of emotion*, New York, Academic Press, 1969.

Delay J., *Les dérèglements de l'humeur*, Paris, PUF, 1946.

Delay J., *La Psychophysiologie humaine*, Paris, PUF, 1948.

Derry P.A., Kuiper N.A., Schematic processing and self-reference in clinical depression, *Journal of Abnormal Psychology*, 1981, *90*, 286-297.

De Boeck P., Rosenberg S., Hierarchical Classes : Model and data analysis, *Psychometrika*, 1988, *53*, 361-381.

De Riviera J., *A structural theory of emotions*, New York, International University Press, 1977.

DSM-III-R., *Manuel diagnostique et statistique des troubles mentaux*, Paris, Masson, 1989, (Coordination de la traduction française, J.D. Guelfi).

De Sola Pool I., *Trends in content analysis*, Chicago, University of Illinois Press, 1959.

De Sousa R., The rationality of emotions in : A. Oskenberg Rorty (Ed), *Explaining Emotions*, Berkeley, University California Press, 1980, p. 127-152.

De Sousa R., *The Rationality of Emotions*, Cambridge, MIT Press, 1987.

Diderot D., *Le paradoxe sur le comédien*, (édition posthume 1830), Paris, Flammarion, 1981.

Dixon N.F., *Subliminal perception. The nature of a controversy*, London, Mc Graw Hill, 1971.

Dubois D., Catégorisation et cognition dix ans après : Une évaluation des concepts de Rosch, in : D. Dubois (Ed), *Sémantique et cognition : catégories, prototypes, typicalité*, Paris, Editions du CNRS, 1991.

Duffy E., An explanation of emotion without the use of the concept emotion, *Journal of General Psychology*, 1941, *25*, 283-289.

Duffy E., The psychophysiological significance of the concept of arousal or activation, *Psychological Review*, 1957, *64*, 265-275.

Dumas G., *La théorie de l'émotion par William James*, Paris, Felix Alcan, 1906.

Dunbar G.C., Lishman W.A., Depression, Recognition, Memory and Hedonic Tone : A signal detection analysis, *British Journal of Psychiatry*, 1984, *144*, 376-382.

Dyer M.G., The role of affect in narratives, *Cognitive Science*, 1983, *7*, 211-242.

Dyer M.G., Emotions and their computations : Three computer models, *Cognition and Emotion*, 1987, *1*, 323-347.

Easterbrook J.A., The effect of emotion on cue utilization and the organization of behavior, *Psychological Review*, 1959, *66*, 182-201.

Ekehammar B., Magnusson D., Ricklander L., An interactionist approach to the study of anxiety, *Scandinavian Journal of Psychology*, 1974, *15*, 4-14.

Ekman P., Friesen W.V., *Unmasking the face*, Englewood Cliffts, N.J., Prentice-Hall, 1975.

Ekman P., Friesen W.V., *The facial action coding system*, Palo Alto, Consulting Psychologist Press, 1978.

Ekman P., *Menteurs et mensonges. Comment les détecter?*, Paris, Belfond, 1986.

Ellis H.C., Ashbrook P.W., Ressource allocation model of the effects of depressed mood states on memory, in : K. Fiedler and J. Forgas (Eds), *Affect, Cognition and Social Behavior*, Toronto, Hogrefe, 1988.

Ellworth P.C., Smith C.A., Shades of joy : Patterns of appraisal differentiating pleasant emotions, *Cognition and Emotion*, 1988, *2*, 301-331.

Endler N.S., The case for person-situation interactions, *Canadian Psychological Review*, 1975, *16*, 12-21.

Endler N.S., Hunt J.Mc.V., Rosenstein A.J., An S-R inventory of anxiousness, *Psychological Monographs*, 1962, *76*, 17 p.

Endler N.S., Hunt J.Mc.V., Sources of behavioral variance as measured by the S-R inventory of anxiousness, *Journal of Personality*, 1966, *65*, 336-346.

Endler N.S., Hunt J.Mc.V., Triple interaction variance in the S-R inventory of anxiousness, *Perceptual and Motor Skills*, 1968, *27*, 1098.

Epstein S., Fenz W.D., Steepness of approach-avoidance gradients in humans as a function of experience theory and experiments, *Journal of Experimental Psychology*, 1965, *70*, 1-12.

Erdelyi M.H., A new look at the New Look : Perceptual defence and vigilance, *Psychological Review*, 1974, *81*, 1-25.

Ericson K.A., Simon H.A., *Protocol analysis*, Cambridge, Mass, MIT Press, 1984.

Eysenck H.J., A theory of the incubation of anxiety/fear responses, *Behaviour Research and Therapy*, 1968, *6*, 309-321.

Eysenck H.J., Cicero and the state-trait theory of anxiety : Another case of delayed recognition, *American Psychologist*, 1983, *38*, 114.

Eysenck H.J., Eysenck S.B.G., *The structure and measurement of personality*, London, Routledge and Kegan Paul, 1969.

Eysenck M.W., *The Blackwell Dictionary of Cognitive Psychology*, Oxford, 1990.

Eysenck, M.W., *Anxiety : The cognitive perspective*, Hove, Lawrence Erlbaum, 1992.

Eysenck M.W., Mc Leod C., Mathews A., Cognitive functioning in anxiety, *Psychological Research*, 1987, *49*, 189-195.

Favez-Boutonier J., *L'angoisse*, Paris, PUF, 1955.

Fehr B., Russell J.A., Concept of emotion viewed from a prototype perspective, *Journal of Experimental Psychology (General)*, 1984, *113*, 466-486.

Féline A., Les dépressions hostiles, in : A. Féline, P. Hardy et M. de Bonis (Eds) *La Dépression : études*, Masson, Paris, 1991, p. 33-49.

Felipe A.I., Evaluative versus descriptive consistency in trait inferences, *Journal of Personality and Social Psychology*, 1970, *47*, 627-638.

Fenton G.W., Recent advances in the study of anxiety, in : M. Roth, N. Noyes Jr. and G.D. Burrows (Eds), *The study of anxiety, Handbook of Anxiety, Clinical and Cultural Perspectives*, Elsevier Science Publishers B.V., 1988.

Fenz W.D., Specificity in somatic responses to anxiety, *Perceptual and Motor Skills*, 1967, *24*, 1183-1190.

Fenz W.D., Epstein S., Manifest anxiety : Unifactorial or multifactorial composition, *Perceptual and Motor Skills*, 1965, *20*, 773-780.

Fenz W.D., Epstein S., Gradients of psychological arousal of experienced and novice parachutists as a function of an approaching jump, *Psychosomatic Medicine*, 1967, *29*, 33-51.

Folkman S., Lazarus R.S., Coping as a mediator of emotions, *Journal of Personality and Social Psychology*, 1988, *54*, 466-474.

Fraisse P., Emotion in : *Encyclopedia Universalis*, Paris, 1980, p. 143-146.

Fransella F., Bannister D., *A Manual For Repertory Grid Technique*, London, Academic Press, 1977.

Frijda N.H., *The Emotions*, Cambridge, Cambridge University Press, 1986.

Frijda N.H., Comments on Oatley and Johnson-Laird's : «Towards a cognitive theory of emotions», *Cognition and Emotion*, 1987, *1*, 51-58.

Frijda N.H., Swagerman J., Can computers feel?, Theory and design of an emotional system, *Cognition and Emotion*, 1987, *1*, 233-257.

Frith C.D., Stevens M., Jonhstone E.C., Effetcs of ECT and depression on various aspects of memory, *British Journal of Psychiatry*, 1983, *142*, 610-7.

Gara M.A., Woolfolk R., Cohen L., Goldston B.D., Allen R.B., Novalany J., Perception of self and other in major depression, *Journal of Abnormal Psychology*, 1993, *102*, 93-100.

Gaver W.W., Mandler G., Play it again, Sam : On liking music, *Cognition and Emotion*, 1987, *1*, 259-282.

Gellhorn E., The neurophysiological basis of anxiety, *Perspective in Biological Medicine*, 1965, *8*, 488.

Gibbons R.D., Clark D.C., Von Ammon Cavanaugh, Davis J.M., Application of modern psychometric theory in psychiatric research, *Journal of Psychiatric Research*, 1985, *19*, 43-55.

Goleman D., *Emotional Intelligence*, New York, Bantam Books, 1995.

Gong-Guy E., Hammen C., Causal perceptions of stressful events in depressed and nondepressed outpatients, *Journal of Abnormal Psychology*, 1984, *93*, 19-30.

Gordon R.M., *The structure of emotions*, Cambridge, Cambridge University Press, 1987.

Gosselin P., Kirouac G., Doré F.Y., Components and Recognition of Facial Expression in the Communication of Emotion by Actors, Interpersonal relations and Group processes, *Journal of Personality and Social Psychology*, 1995, *68*, 83-96.

Graf P., Mandler G., Activation makes words more accessible but not necessarily more retrievable, *Journal of Verbal Learning and Verbal Behavior*, 1984, *23*, 553-568.

Gray J.A., The psychophysiological basis of Introversion-Extraversion, *Behavior Research and Therapy*, 1970, *8*, 249-266.

Gray J.A., *The psychology of fear and stress*, London, Weidenfeld and Nicolson, 1971.

Gray J.A., Causal Theories of Personality and How to Test Them, in : J.R. Royce (Ed), *Multivariate Analysis and Psychological Theory*, London, Academic Press, 1973, p. 409-463.

Gray J.A., The neuropsychology of anxiety, *British Journal of Psychology*, 1978, *69*, 417-434.

Gray J.A., *Elements of two process theory of learning*, London, Academic Press, 1975.

Gray J.A., *The neuropsychology of anxiety : An enquiry into the functions of the septo-hippocampal system*, Oxford, Oxford University Press, 1982.

Gray J.A., Anxiety and personality, in : M. Roth, R. Mayer Jr and G.D. Burrows (Eds), *Handbook of anxiety*, vol. 1 : *Biological, clinical and cultural perspectives*, Elsevier Science Publishers, 1988, p. 231-258.

Gréco P., Epistémologie de la Psychologie, *Logique et connaissance scientifique*, in : J. Piaget (Ed), Paris, La Pléiade, 1967, p. 927-991.

Green A., *L'affect*, Paris PUF, 1946.

Greenwald A.G., New Look 3, Unconscious Cognition Reclaimed, *American Psychologist*, 1992, *47*, 766-779.

Greimas A.J., Fontanille J., *Sémiotique des passions, des états de choses aux états d'âme*, Paris, Seuil, 1991.

Guttman L., The basis for scalogram analysis, in : S.A. Stouffer, L. Guttman, E.A. Suchman, F.P. Lazarsfeld, S.A. Star and J.A. Clausen (Eds), *Measurement and prediction*, Princeton, New Jersey, Princeton University Press, 1950, p. 172-212.

Haaga D.A.F., Dyck M.J., Ernst D., Empirical status of cognitive theory of depression, *Psychological Bulletin*, 1991, *110*, 215-236.

Haan N., A proposed model of ego functioning coping and defence mechanisms in relationship to IQ change, *Psychological Monograph*, 1963, *77* (8 whole n° 571).

Haan N., Coping and defence mechanisms related to personality inventories, *Journal of Consulting Psychology*, 1965, *29*, 373-378.

Hamilton M., The assessment of anxiety states by ratings, *British Journal Medical Psychology*, 1959, *32*, 50-55.

Harlow H.F., Harlow M.K., Social deprivation in monkeys, *Scientific American*, 1962, *181*, 36-39.

Harman H.H., *Modern factor analysis*, Chicago, Chicago University Press, 1960.

Hartmann H., *La psychologie du moi et le problème de l'adaptation*, Paris, PUF, 1958, (traduction française, 1968).

Hattie J., Methodology review : Assessing Unidimensionality of tests and items, *Applied Psychological Measurement*, 1985, *9*, 139-164.

Haviland J.M., Thinking and feeling in Woolf's writing : From childhood to adulthood, in : C.E. Izard, J. Kagan and R.B. Zajonc (Eds), *Emotions, Cognition and Behavior*, Cambridge, Cambridge University Press, 1984, p. 515-546.

Heider F., *The psychology of interpersonal relations*, New York, Wiley and Sons, 1958.

Heineman C.E., A forced choice form of the TMAS, *Journal of Consulting Psychology*, 1953, *17*, 447-454.

Herhsberger P.J., Self-complexity and health promotion : Promising but premature, *Psychological Reports*, 1990, *66*, 1207-1216.

Hertzog C., Nesselroade J.R., Beyond autoregressive models : Some implications of the trait-state distinction for the structural modeling of developmental change, *Child Development*, 1987, *58*, 93-109.

Higgins E.T., Self-discrepancy : A theory relating self and affect, *Psychological Review*, 1987, *94*, 319-340.

Hohman G.W., Some effects of spinal cord lesions on experienced emotional feelings, *Psychophysiology*, 1966, *3*, 143-56.

Horowitz L.M., Post D.L., French R. de, Siegelman E.Y., The prototype as a construct in abnormal psychology, 2, Clarifying disagreement in psychiatric judgments, *Journal of Abnormal Psychology*, 1981, *90*, 575-585.

Hull C.L., *Principles of behavior. An introduction of behavior theory*, New York, Appleton Center Crofts, 1943.

Hunt K.P., Hodge M.H., Category-item frequency and category-name meaningfulness : taxonomic norms for 23 categories, *Psychonomic Monograph* Supplement, 1971 (Whole No. 54).

Huret D., Discordance, expressions faciales, représentations et émotions, *Bulletin de Psychologie*, 1986, *377*, 943-947.

Huteau M., *Les conceptions cognitives de la personnalité*, Paris, PUF, 1985.

Ingram R.E., Holle C., Cognitive science and depression in : D.J. Stein and J.E. Young (Eds), *Cognitive Science and Clinical Disorders*, San Diego, Academic Press, 1992, p. 188-209.

Izard C.E., *Human Emotions*, New York, Plenum, 1977.

Jackson D.N., Messick S.J., Acquiescence and desirability as response determinants on the MMPI, *Educational and Psychological Measurement*, 1961, *21*, 777-792.

James W., What is an emotion?, *Mind*, 1884, *9*, 188-205.

James W., *Principles of Psychology*, New York, Holt, 1890.

Janet P., *L'automatisme psychologique*, Paris, Alcan, (première éd., 1889).

Jasnos T.M., Hackmiller K.L., Some effects of lesion level and emotional cues on affective expression in spinal cord patients, *Psychological Reports*, 1975, *37*, 859-70.

Jensen A.R., Rohwer W.D., The stroop color word test : A review, *Acta Psychologica*, 1966, *25*, 36-93.

Johnson M.K., Some thoughts on emotion, consciousness and MEM, in : N. Frijda (Ed), *Proceedings of the VII Conference of the International Society for Research on Emotions*, ISRE Publication, Cambridge Stors, 1994, p. 88-92.

Johnson M.K., Hirst W., MEM : Memory subsystems as processes, in : A.F. Collins, S.E. Gatercole, M.A. Conway and P.E. Morris (Eds), *Theories of memory*, Hove, Erlbaum, 1985, p. 241-286.

Johnson M.K., Multhaup K.S, Emotion and Memory, in : S.A. Christianson (Ed), *The handbook of emotion, Research and Theory*, Hillsdale, Erlbaum, 1992, p. 33-66.

Johnson-Laird P.N., *L'ordinateur et l'esprit*, Paris, Odile Jacob, traduction française, 1994, (*The computer and the Mind*, 1988).

Johnson-Laird P.N., Oatley K., The meaning of emotions : Analysis of a semantic field, *Cognition and Emotion*, 1989, *3*, 81-123.

Jordan N., The Asymmetry of Liking and Disliking : A Phenomenon Meriting Further Reflection and Research, *Public Opinion Quarterly*, 1965, *29*, 315-322.

Kahgee S.L., Pomeroy E., Miller H.R., Interpersonal judgements of schizophrenics : A golden section study, *British Journal of Medical Psychology*, 1982, *55*, 319-325.

Kappas A., *Les promesses et les limites de l'étude de l'émotion en laboratoire*, in : *La relation entre Cognition et Emotion*, XXVes journées d'études de l'Association de Psychologie Scientifique de Langue Française, Coïmbra, 1995.

Kellerman J., Laird J.D., The effect of appearance on self-perception, *Journal of Personality*, 1982, *50*, 296-315.

Kellerman J., Lewis J., Laird J.D., Looking and loving : The effects of mutual gaze on feelings of romantic love, *Journal of Research in Personality*, 1989, *23*, 145-161.

Kelley H.H., Attribution theory and social psychology in : D. Levine (Ed.), *Nebraska Symposium on Motivation*, Nebraska, Nebraska University Press, 1967.

Kelley H.H., Attribution in Social Interaction, in : E.E. Jones, D.E. Kanouse, H.H. Kelley, R.E. Nisbett, S. Valins and B. Wiener (Eds), *Attribution : Perceiving the Causes of Behavior*, Morristown, General Learning Press, 1971.

Kelly, G.A., *The Psychology of Personal Constructs*, vol. 1-2, New York, Norton, 1955.

Kendall P.C., Ingram R.E., The future for cognitive assessment of anxiety : Let's get specific, in : L. Michelson and M. Archer (Eds), *Cognitive-behavioral assessment and treatment of anxiety disorders*, New York, Guilford, 1987, p. 89-104.

Kihlstrom J.F., The psychological unconscious, in : L.A. Pervin (Ed), *Handbook of personality : Theory and research*, New York, Guilford Press, 1990, p. 445-464.

Kirouac G., *Les émotions*, Monographies de Psychologie (8), Québec, PU de l'Université du Québec, 1989.

Kirouac G., Les émotions, in : M. Richelle, J. Requin et M. Robert (Eds), *Traité de Psychologie Expérimentale*, Paris, PUF, Tome 2, 1994, p. 3-39.

Klein D.F., Anxiety reconceptualized, in : D.F. Klein and J.G. Rabkin (Eds), *Anxiety : New research and changing concepts*, New York, Raven Press, 1981.

Kleinginna P.R., Kleinginna A.M., A categorized list of emotion definitions with suggestions for a consensual definition, *Motivation and Emotion*, 1981, *5*, 345-379.

Klinger M.R., Greenwald A.G., Preference need no inference, in : P.M. Niedenthal and S. Kitayama (Eds), *The Heart's eye*, San Diego, Academic Press, 1994, p. 68-84.

Kline P., *Fact and fantasy in Freudian theory*, London, Methuen, 1972.

Kovacs M., Beck A.T., Maladaptive cognitive structures in depression, *American Journal of Psychiatry*, 1978, *135*, 525-533.

Kövecses Z., Lakoff G., The Cognitive model of anger inherent in American English, in : D. Holland and N. Quinn (Eds), *Cultural Models in Language and Thought*, Cambridge, Cambridge University Press, 1987, p. 195-221.

Lacey J.I., Lacey B.C., Verification and extension of the principle of autonomic response-stereotype, *American Journal of Psychology*, 1958, *71*, 50-78.

Lacey J.I., Lacey B.C., Some autonomic-central nervous system relationships, in : P. Black (Ed), *Physiological correlates of emotion*, New York, Academic press, 1970.

Lader M.H., Marks I., *Clinical anxiety*, London, Heinemann Medical, 1971.

Lader M.H., Tyrer P.J., Central and peripheral effects of propanolol and solatol in normal human subjects, *British Journal of Pharmacology*, 1972, *45*, 557-60.

Lader M.H., The nature of clinical anxiety in modern society, in : C.D. Spielberger and I.G. Sarason (Eds), *Stress and Anxiety*, vol. 1, New York, John Wiley and Sons, 1975, p. 3-26.

Lader M.H., Marks I., *Clinical Anxiety*, London, Heinemann Medical, 1971.

Lagache D., Vues psychanalytiques sur les émotions, *Bulletin de Psychologie*, 1957, *3*, 137-142.

Laird J.D., The real role of facial response in experience of emotion : A reply to Tourangeau and Ellsworth and others, *Journal of Personality and Social Psychology*, 1984, *47*, 909-917.

Laird J.D., Positive and negative effects of placebo, *Document roneotypé*, 1994, 23 p.

Laird J.D., Bresler C., William James and the mechanisms of emotional experience, *Personality and Social Psychology Bulletin*, 1990, *16*, 636-651.

Laird J.D., Bresler C., The process of emotional experience : A self-perception theory, in : M. Clark (Ed), *Emotion, Review of Personality and Social Psychology*, London, 1992.

Laird J.D., Cuniff M., Sheehan K., Shulman D., Strum G., Emotion Specific Effects of Facial Expressions on Memory for Life Events, in : D. Kuiken (Ed), *Mood and Memory*, London, Sage Publications, 1991, p. 87-98.

Laird J.D., Wagener J.J., Halal M., Szegda M., Remembering what you feel : The effects of emotion on memory, *Journal of Personality and Social Psychology*, 1982, *42*, 646-657.

Lakoff G., *Women, fire and dangerous things : What categories reveals about the mind*, Chicago, Chicago University press, 1987.

Lane R.D., Schwartz G.E., Levels of emotional awareness : A cognitive-developmental theory and its application to psychopathology, *American Journal of Psychiatry*, 1987, *144*, 133-143.

Lane R.D., Quinlan D.M., Schwartz G.E., Walker P., Zeitlin S.B., Levels of emotional awareness scale : A cognitive-developmental measure of emotion, *Journal of Personality Assessment*, 1990, *55*, 124-134.

Lang P.J., The application of psychophysiological methods to the study of psychotherapy and behavioral change, in : A.E. Bergin and S.L. Gardfield (Eds), *Handbook of psychotherapy and behavior change : An empirical analysis*, New York, Wiley, 1971.

Lang P.J., Anxiety : Toward a psychophysiological definition, in : H.S. Akiskal, W.L. Webb (Eds), *Psychiatric Diagnosis : exploration of biological predictors*, New York, SP Medical and Scientific Books, 1978, p. 365-389.

Lang P.J., The cognitive psychophysiology of emotion : Fear and anxiety, in : A.H. Tuma and J. Maser (Eds), *Anxiety and the anxiety disorders*, Hilldale, N.J., Lawrence Erlbaum, 1985, p. 131-170.

Lange C.G., *The emotions*, Baltimore, Williams and Wilkins, 1885.

Lazarus R.S., *Psychological Stress and the coping process*, New York, Mc Graw-Hill, 1966.

Lazarus R.S., Throughts on the relations between emotion and cognition, *American Psychologist*, 1982, *37*, 1019-1026.

Lazarus R.S., On the primacy of cognition, *American Psychologist*, 1984, *39*, 124-129.

Lazarus R.S., Folkman S., *Stress, appraisal and coping*, New York, Springer, 1984.
Lazarus R.S., Smith C.A., Knowledge and appraisal in the cognition-emotion relationship, *Cognition and Emotion*, 1988, 2, 281-300.
LeDoux J.E., Cognitive-Emotional interactions in the brain, *Cognition and Emotion*, 1989, 3, 267-289.
Lehnert W.G., Dyer M.G., Johnson P.N., Yang C.J., Harley S., Boris, An experiment in In-Depth understanding of narratives, *Artificial Intelligence*, 1983, 20, 15-62.
Lehnert W.G, Vine E.W., The role of affect in narrative structure, *Cognition and Emotion*, 1987, 1, 299-322.
Le Ny J.F., A quels risques peut-on inférer des représentations?, in : M. Siguan (Ed), *Comportement, Cognition, Conscience. La psychologie à la recherche de son objet*, Paris, PUF, 1987, p. 161-179.
Le Ny J.F., *Science cognitive et compréhension du langage*, Paris, PUF, 1989.
Leventhal H., Tomarken J., Emotion : Today's problems, *Annual Review of Psychology*, 1986, 37, 565-610.
Levinson H.H., Abnormal optokinetic and perceptual span parameters in cerebellar-vestibular dysfunction and related anxiety disorders, *Perceptual and Motor Skills*, 1989, 68, 471-484.
Lewinsohn P.M., A behavioral approach to depression, in : R.J. Friedman and M.M. Katz (Eds), *Depression : Contemporary theory and research*, Wahington DC, Wiley, 1974.
Lewis A., The ambiguous word anxiety, *International Journal of Psychiatry*, 1970, 9, 62-79.
Lida H., Bonis M. de, Féline A., Structure du self-concept et schizophrénie, *European Review of Applied Psychology*, 1992, 42, 159-160.
Lindsley D.B., Emotion and the electroencephalogram, in : M.R. Reymert (Ed), *Feelings and Emotions*, 1951, p. 238-246 (*a*).
Lindsley D.B., Emotion, In : S.S. Stevens (Ed), *Handbook of experimental psychology*, 1951, New York, Wiley, p. 473-516 (*b*).
Linville P.W., Self-complexity and affective extremity : Don't put all your eggs in one cognitive basket, *Social cognition*, 1985, 3, 94-120.
Linville P.W., Self-complexity as a cognitive buffer against stress-related illness and depression, *Journal of Personality and Social Psychology*, 1987, 52, 663-676.
Lloyd G.G., Lishman W.A., Effect of depression on the speed of recall of pleasant and unpleasant experiences, *Psychological Medicine*, 1975, 5, 173-180.
Loeb A., Beck A.T., Diggory J., Differential effects of success and failure on depressed and non depressed patients, *Journal of Nervous and Mental Diseases*, 1971, 152, 106-114.
Loehlin J.C., A computer program that simulates personality, in : S.S. Tomkins, S. Messick (Eds), *Computer Simulation of Personality*, New York, Wiley and Sons, 1963, p. 184-220.
Magnusson D., Endler N.S., (Eds), *Personality at the crossroads : Current issues in interactional psychology*, New York, Wiley, 1977.
Magnusson D., Endler N.S., Interactional psychology : present status and future prospects, in : D. Magnusson and N.S. Endler (Eds), *Personality at the Crossroads : Current Issues in Interactional Psychology*, Hillsdale, New Jersey, 1977, p. 3-36.
Malmo R.B., Anxiety and behavioral arousal, *Psychological Review*, 1957, 64, 276-287.
Malmo R.B., Measurement of drive : An unsolved problem, in : *Psychology, Nebraska Symposium on Motivation*, 1958, p. 229-265.
Malmo R.B., Activation : A neuropsychological dimension, *Psychological Review*, 1959, 66, 667-86.
Malmo R.B., Overviews and indexes, in : N.S. Greenfield (Ed), *Handbook of Psychophysiology*, New York, Holt, 1972, p. 967-978.
Mandler G., *Mind and emotion*, New York, Wiley, 1975.
Mandler G., The structure of value : Accounting for taste, in : M.S. Clark and S.T. Fiske (Eds), *Affect and Cognition*, Hillsdale, New Jersey, Lawrence Erlbaum, 1982, p. 3-36.
Mandler G., *Mind and body : Psychology of emotion and stress*, New York, Norton, 1984.

Mandler G., A constructivist Theory of Emotion, in : N.L. Stein, B. Leventhal and T. Trabasso (Eds), *Psychological and Biological approaches to emotion*, Hillsdale, Lawrence Erlbaum, 1990, p. 21-43.

Mandler G., Cognition and Emotion : Extensions and Clinical Applications, in : D.J. Stein and J.E. Young (Eds), *Cognitive Science and Clinical Disorders*, San Diego, Academic Press, 1992, p. 61-78.

Mandler G., Mandler J.M., Uviller E.T., Autonomic feedback : The perception of autonomic activity, *Journal of Abnormal and Social Psychology*, 1958, 56, 367-373.

Mandler G., Nakamura Y., Shebo-Van Zandt B.J., Non specific effects of exposure on stimuli that cannot be recognized, *Journal of Experimental Psychology* (Learning, Memory and Cognition), 1987, 13, 646-648.

Mapother E., Discussion on manic-depressive psychosis, *British Journal of Medical Psychology*, 1926, 2, 272-876.

Marañon G., Contribution à l'étude de l'action émotive de l'adrénaline, *Revue Française d'Endocrinologie*, 1924, 2, 301-25.

Marcel A.J., Conscious and unconscious perception : An approach to the relations between phenomenal experience and perceptual processes, *Cognitive Psychology*, 1983, 15, 238-300.

Marshall G.D., Zimbardo P.G., Affective consequences of inadequately explained physiological arousal, *Journal of Personality and Social Psychology*, 1979, 37, 970-88.

Martins D., *Les facteurs affectifs dans la compréhension et la mémorisation des textes*, Paris, PUF, 1993.

Marty P., M'Uzan M. de, La pensée opératoire, *Revue Française de Psychanalyse*, 1963 (supplément), 27, 1345-1356.

Marx E.M., Williams J.M.G., Claridge G.C., Depression and Social problem solving, *Journal of Abnormal Psychology*, 1992, 101, 78-86.

Marx E.M., Williams J.M.G., Claridge G.C., Social Problem-solving in Depression, in : M. de Bonis et M. Huteau (Guest Eds), *European Review of Applied Psychology*, 1994, (Special Issue), 44, 271-279.

Maslash C., Negative emotional biasing of unexplained arousal, *Journal of Personality and Social Psychology*, 1979, 37, 953-969.

Mathews A., Mc Leod C., Selective processing of threat cues in anxiety states, *Behavior Research Therapy*, 1985, 23, 563.

Mathews A., Mc Leod C., Discrimination of threat cues without awareness in anxiety states, *Journal of Abnormal Psychology*, 1986, 95, 131-138.

Mc Ardle J.J., Nesselroade J.R., Using multivariate data to structure developmental change, in : S.H. Cohen and H.W. Reese (Eds), *Life-span developmental Psychology. Methodological Contribution*, Hillsdale, N.J., Lawrence Erlbaum Associates, p. 223-267.

Mc Lean P.D., The triune brain, emotion and scientific bias, in : F.O. Schmidt (Ed), *The neurosciences : Second study program*, New York, Rockfeller University Press, 1970, p. 336-49.

Mc Leod C., Half century of research on the Stroop effect. An integrative review, *Psychological Bulletin*, 1991, 109, 163-203.

Mc Leod C., Mathews A., Tata P., Attentional bias in emotional disorders, *Journal of Abnormal Psychology*, 1986, 95, 15-20.

Mc Nally R.J., Kaspi S.P., Riemann B.C., Zeitlin S.B., Selective processing of threat cues in post-traumatic stress disorder, *Journal of Abnormal Psychology*, 1990, 99, 398-402.

Mc Reynolds P., *Advances in Psychological assessment*, Palo-Alto, Science and Behavior Book, 1968.

Masserman J., *Principes de Psychiatrie* (traduction française, Colette Thomas), Paris, PUF, 1956.

Miall D.S., Beyond the schema given : Affective comprehension of literary narratives, *Cognition and Emotion*, 1989, 3, 55-78.

Mikulinger M., Kedem P., Paz D., Anxiety and categorization 1, The structure and boundaries of mental categories, *Personnality and Individual Differences*, 1990, 11, 805-814 (a).

Mikulinger M., Kedem P., Paz D., Anxiety and categorization 2, Hierarchical level of mental categories, *Personality and Individual Differences*, 1990, *8*, 815-821 (b).

Miller G.A., *Psychology : The science of mental life*, London, Penguin Books, 1962.

Miller N.E., Learnable drives and rewards in : S.S. Stevens (Ed), *Handbook of experimental Psychology*, New York, Wiley, 1951, p. 435-472.

Mineka S., Suomi S.J., Social separation in monkeys, *Psychological Bulletin*, 1978, *85*, 1376-1400.

Mischel W., *Introduction to personality*, New York, Holt Rinehart, and Winston, 1976 (second edition).

Mogg K., Mathews A., Weinman J., Memory bias in clinical anxiety, *Journal of Abnormal Psychology*, 1987, *96*, 94-98.

Montbrun B.G. de, Craighead W.E., Distortion of perception and recall of positive and neutral feedback in depression, *Cognitive Therapy and Research*, 1977, *1*, 311-329.

Mowrer O.H., *Learning theory and personality dynamics*, New York, Ronald Press, 1950.

Naveteur J., Freixa I Baqué E., Individual differences in electrodermal activity as a function of subject's anxiety, *Personality and Individual Differences*, 1987, *8*, 615-626.

Nebylitsyn V.D., Gray J.A., *Biological bases of individual behavior*, New York, Academic Press, 1972.

Neimeyer R., Personal constructs in depression : Research and clinical implications, in : E. Button (Ed), *Personal Construct Theory and Mental Health. Theory, Research and Practice*, 1982, London, Croom Helm, p. 82-102.

Nesselroade J.R., The definition and the measurement of psychological states, in : R.B. Cattell (Ed), *Handbook of modern personality theory*, Chicago, Illinois, Aldine Press, 1971.

Nesselroade J.R., Featherman D.L., Intraindividual variability in older adults depression scores : Some application for developmental theory and longitudinal research, in : D. Magnusson, L.R. Bergman, G. Rudiger and B. Törestad (Eds), *Problems and methods in longitudinal research : Stability and change*, Cambridge, Cambridge University Press, 1991, p. 47-66.

Nisbett R.E., Schachter S., The cognitive manipulation of pain, *Journal of Experimental and Social psychology*, 1966, *2*, 227-36.

Nisbett R.E., Valins H.H., Perceiving the causes of one's own behavior, in : E.E. Jones, D.E. Kanouse, H.H. Kelley, R.E. Nisbett, S. Valins and B. Wiener (Eds), *Attribution : Perceiving the causes of behavior*, Morristown, General Learning Press, 1971, p. 63-78.

Nisbett R.E., Wilson T.D., Telling more than we can know : Verbal reports of mental processes, *Psychological Review*, 1977, *84*, 231-59.

Norman D.A., What is cognitive science?, in : *Perspective on cognitive science*, Hillsdale, Lawrence Erlbaum, 1981, p. 265-295.

Nowlis V., Methods for studying mood changes produced by drugs, *Review Applied Psychology*, 1961, *11*, 373-386.

Nuttin J., *Théorie de la motivation humaine*, Paris, PUF, 1980.

Oatley K., Editorial : Cognitive science and the understanding of emotions, *Cognition and Emotion*, 1987, *1*, 209-216.

Oatley K., *Best Laid Schemes : The psychology of emotions*, Cambridge, Cambridge University Press, 1992 (a).

Oatley K., Integrative action of narrative, in : D.J. Stein and J.E. Young (Eds), *Cognitive Science and Clinical Disorders*, San Diego, Academic Press, 1992, p. 151-170 (b).

Oatley K., Johnson-Laird P.N., Towards a cognitive theory of emotions, *Cognition and Emotion*, 1987, *3*, 125-137.

O'Connor J., Lorr M., Stafford J.W., Some patterns of manifest anxiety, *Journal of Clinical Psychology*, 1956, *12*, 160-163.

Öhman A., Evolution, Learning and Phobias : An interactional analysis, in : D. Magnusson and A. Öhman (Eds), *Psychopathology : An interactional perspective*, New York, Academic Press, 1987, p. 143-158.

Öhman A., Dimberg U., Facial expressions as conditioned stimuli for electrodermal responses : A case of «preparedness»?, *Journal of Personality and Social Psychology*, 1978, *36*, 1251-1258.

Olweus D., A critical analysis of the «modern» interactionist position, in : D. Magnusson and N.S. Endler (Eds), *Personality at the crossroads : Current Issues in Interactional Psychology*, Hillsdale, New Jersey, Lawrence Erlbaum, 1977, p. 221-235.

Ortony A., Clore G.L., Collins A., *The cognitive structure of emotions*, Cambridge, Cambridge University Press, 1988.

Ortony A., Turner T.J., What's Basic About Basic Emotions?, *Psychological Review*, 1990, *97*, 315-331.

Osgood C.E., From Yang and Yin to and or but, cross cultural perpective, *International Journal of Psychology*, 1979, *14*, 1-35.

Overmier J.P., Seligman M.E.P., Effects of shock upon subsequent escape and avoidance learning, *Journal of Comparative and Physiological Psychology*, 1967, *63*, 28-33.

Pacherie E., L'hypothèse de la structuration des connaissances par domaines et la question de l'architecture fonctionelle de l'esprit, *Revue Internationale de Psychopathologie*, 1993, *9*, 63-89.

Panksepp J., Toward a general psycholobiogical theory of emotion, *The Behavioral and Brain Sciences*, 1982, *5*, 407-467.

Panskepp J., A critical Role for «Affective Neuroscience», in : Resolving What is Basic About Basic Emotions, *Psychological Review*, 1992, *99*, 554-560.

Papez J.W., A proposed mechanism of emotion, *Archives of Neurology and Psychiatry*, 1937, *38*, 725-44.

Peabody D., Traits inferences : Evaluative and descriptive aspects, *Journal of Personality and Social Psychology*, 1967, *7*, 1-18.

Peabody D., Evaluative and descriptive aspects in personality perception : A reappraisal, *Journal of Personality and Social Psychology*, 1970, *16*, 639-646.

Piédinielli J.L., Bonis M. de, Somogyi M., Lebart L., Alexithymie et récit de la maladie. Contribution de la statistique textuelle à l'analyse des conduites langagières en psychopathologie, *Revue de Psychologie Appliquée*, 1989, *39*, 51-68.

Persons J.B., Foa E.B., Processing of fearful and neutral information obsessive-compulsive, *Behavioral Research and Therapy*, 1984, *22*, 26-265.

Peterson R., Sushinsky L., Demark S., Are locus of control and depression related?, *Psychological Reports*, 1978, *43*, 727-731.

Peterson C., Villanova P., Raps C.S., Depression an attribution factor theory for inconsistent results in the published literature, *Journal of Abnormal Pychology*, 1985, *94*, 165-168.

Pezoud A.M., Reinert M., Auby Ph., Schmitt L., Moron P., Application d'Alceste à une œuvre de Virginia Woolf : «Instants de vie», *Secondes Journées Internationales d'Analyse Statistique de Données Textuelles*, Montpellier, 1993, p. 429-436.

Pichot P., *Les voies nouvelles de la dépression*, Paris, Masson, 1978.

Platt J.J., Spitvack G., Problem-solving thinking of psychiatric patients, *Journal of Consulting and Clinical Psychology*, 1975, *1*, 148-151.

Ploeger A., A 10-year follow up of miners trapped for 2 weeks under threatening circumstances, in : C.D. Spielberger and I.G. Sarason, *Stress and anxiety*, vol. 4, New York, Wiley and Sons, 1977, p. 23-28.

Plutchik R., The affective differential : Emotion profiles implied by diagnostic concepts, *Psychological Reports*, 1967, *20*, 19-25.

Plutchik R., *Emotion : A Psycho-evolutionary synthesis*, New York, Harper and Row, 1980.

Plutchik R., Ax A.F., A critique of determinants of emotional state by Schachter and Singer, *Psychobiology*, 1967, *74*, 9-82.

Porot A., *Manuel alphabétique de psychiatrie*, Paris, PUF, 1984 (6e édition).

Quillian M.R., Semantic memory, in : M.L. Minsky (Ed), *Semantic Information Processing*, Cambridge, Mass, MIT Press, 1968.

Rachman S., Seligman M.E.P., Unprepared phobias, *Behavior and Research Therapy*, 1976, *14*, 333-338.

Rapaport D., *Emotions and Memory*, New York, New York International University Press, 1950.

Rasch G., *Probabilistic models for some intelligence and attainment tests*, Chicago, Chicago University Press, 1960.

Reed G.F., Under Inclusion - a characteristic of obsessional personality, *British Journal of Psychiatry*, 1966, *115*, 787-790.

Reed G.F., *Obsessional Experience and Compulsive Behavior : A Cognitive-Structural Approach*, New York, Academic Press, 1985.

Reinert M., Alceste, une méthodologie d'analyse des données textuelles et une application : Aurélia de Gérard de Nerval, *Bulletin de Méthodologie Sociologique*, 1990, *26*, 24-53.

Reisenzein R., The Schachter theory of emotion : Two decades later, *Psychological Bulletin*, 1983, *94*, 239-64.

Reisenzein R., Hofmann T., An investigation of dimensions of cognitive appraisal in emotion using the repertory grid technique, *Motivation and Emotion*, 1990, *14*, 1-26.

Richelle M., Seron X., Le champ de la psychologie expérimentale : aspects historiques et épistémologiques, in : M. Richelle, J. Requin et M. Robert (Eds) *Traité de psychologie expérimentale*, Paris, PUF, 1994, vol. 1, p. 3-42.

Rickels K., Baumm C., Raab E., Taylor W., Moore E., A psychopharmalogical evaluation of chlordiazepoxide, LA-1 and placebo, carried out with anxious neurotic medical clinical patients, *Medical Times*, 1965, *93*, 238-242.

Rickels K., Lipman R., Raab E., Previous medication, duration of illness and placebo response, *Journal of nervous and mental diseases*, 1966, *142*, 548-554.

Rosaldo M., *Knowledge and Passion*, Cambridge, Cambridge University Press, 1980.

Rosch E., Principles of Categorization, in : E. Rosch and B. Lloyd (Eds), *Cognition and Categorization*, Hillsdale, Lawrence Erlbaum, 1978.

Roseman I.J., Appraisal determinants of discrete emotions, *Cognition and Emotion*, 1991, *5*, 161-200.

Rosenberg S., New approaches to the analysis of personal constructs in person perception, in : J.K. Cole and A.W. Landfield (Eds), *Nebraska Symposium on Motivation*, Lincoln, University of Nebraska Press, 1977, p. 174-242.

Rosenberg S., Jones R., A method of investigating and representing a person implicit theory of personality. Theodore Dreiser's view of people, *Journal of Personality and Social Psychology*, 1972, *22*, 372-386.

Roth M., Gurney C., Garside R.F., Studies in the classification of affective disorders. The relationship between anxiety states and depressive illness, *British Journal of Psychiatry*, 1972, *121*, 147-161.

Roth D., Rehm L.P., Relationships among self-monitoring processes memory and depression, *Cognitive Therapy Research*, 1980, *4*, 149-157.

Rotter J.B., Generalized expectancies for internal versus external control of reinforcement, *Psychological Monographs*, 1966, *80*, (Whole n° 609).

Russell J.A., Bullock M., Fuzzy concepts and the perception of emotion in facial expressions, *Social Cognition*, 1986, *4*, 309-341.

Salovey P., Mayer J.D., Emotional Intelligence, *Imagination, Cognition and Personality*, 1990, *9*, 185-211.

Salovey P., Mayer J.D., Final Thoughts about personality and intelligence in : R.J. Sternberg and P. Ruzgis (Eds), *Personality and Intelligence*, Cambridge, Cambridge University Press, 1994, p. 303-318.

Santibanez H.G., Bloch S., A qualitative analysis of emotional effector patterns and their feedback, *Pavlovian Journal of Biological Science*, 1986, *21*, 108-16.

Schachter S., Singer J., Cognitive, social and physiological determinants of emotional state, *Psychological Review*, 1962, *63*, 379-99.

Schalling D., Cronholm B., Åsberg M., Ratings of psychic and somatic anxiety indicants. Inter-rater reliability and relation to personality and arousal, in : L. Levi (Ed), *Emotions their parameters and measurement*, New York, Raven press, 1975.

Scherer K.R., *Emotion as a multicomponent process : A model and some cross-cultural data*, in : P. Shaver and L. Wheeler (Eds), Beverly Hills, CA : Sage, 1984, p. 37-63 (a).

Scherer K.R., Les émotions fonctions et composantes, in : *Les émotions*, E. Rimé et K. Scherer (Eds), Neuchatel, Delachaux et Niestlé, 1984, p. 97-133 (b).

Scherer K.R., Les émotions fonctions et composantes, *Cahiers de Psychologie Cognitive*, 1984, *4*, 9-39 (c).

Scherer K.R., On the nature and function of emotion : A component process approach, in : K.R. Sherer and P. Ekman (Eds), *Approaches to emotion*, Hillsdale, N.J., Erlbaum, 1984 (d), p. 293-328.

Scherer K.R., Studying the Emotion-Antecedent Appraisal Process : An Expert System Approach, *Cognition and Emotion*, 1993, *7*, 325-355.

Scott W.A., Structure of natural cognitions, *Journal of Personality and Social Psychology*, 1969, *12*, 261-278.

Scott W.A., Osgood C.E., Paterson D.W., *Cognitive Structure*, A Halsteed Pressbook, Washington D.C., John Wiley and Sons, 1979.

Seligman M.E.P., Phobias and preparedness, *Behavioral Therapy*, 1971, *2*, 307.

Seligman M.E.P., Depression and learned helplessness, in : R.J. Friedman and M.M. Katz (Eds), *Depression : Contempory Theory and Research*, Washington DC, Wiley, 1974, p. 83-113.

Seligman M.E.P., *Helplessness. On depression development and death*, San Francisco, Friedman, 1975.

Selye H., *The stress of life*, New York, Mc Graw-Hill, 1956.

Shapiro K.L., Lim A., The impact of anxiety on visual attention to central and peripheral events, *Behaviour and Research Therapy*, 1989, *27*, 345-351.

Shaver P., Schwartz J., Kirson D., O'Connor C., Emotion knowledge : Further exploration of a prototype approach, *Journal of Personality and Social Psychology*, 1987, *52*, 1061-1086.

Sheehan M.J., Constructs and conflict in depression, *British Journal of Psychology*, 1981, *72*, 197-209.

Schneider D.J., Implicit personality theory : A review, *Psychological Bulletin*, 1973, *79*, 294-309.

Schwartz R.M., Garamoni G.L., Cognitive balance and psychopathology : Evaluation of an information processing model of positive and negative states of mind, *Clinical Psychology Review*, 1989, *9*, 271-294.

Shweder R.A., Likeness and likehood in everyday thought : Magical thinking in judgments about personality, *Current Anthropology*, 1977, *18*, 637-648.

Sifneos P.E., The prevalence of «alexithymic» characteristics in psychosomatic patient, *Psychotherapy and Psychosomatics*, 1973, *22*, 255-262.

Silverstein A.B., Fischer G., Estimated variance components in the S-R inventory of anxiousness, *Perceptual and Motor Skills*, 1968, *27*, 740-742.

Simon H.A., Motivational and emotional controls of cognition, *Psychological Review*, 1967, *74*, 29-39.

Slade P.D., Sheehan M.J., The measurement of conflict in repertory grids, *British Journal of Psychology*, 1979, *70*, 519-524.

Slater P., *The measurement of intrapersonal space by grid technique* (vol. 1, 2), New York, Wiley and sons, 1976 et 1977.

Smith C.A., Ellworth P.C., Patterns of cognitive appraisal in emotion, *Journal of Personality and Social Psychology*, 1985, *48*, 813-838.

Space L.G., Cromwell R.L., Personal Constructs among depressed patients, *Journal of Nervous and Mental Disease*, 1980, *16*, 150-158.

Spielberger C.D., *Anxiety and behavior*, New York, Academic Press, 1966.

Spielberger C.D., Gorsuch R.L., Lushene R.E., *The state-trait inventory test manual for form X*, Consulting Psychology Press, Palo-Alto, California, 1969, 64 p.

Spielberger C.D., Anxiety as an emotional state, in : C.D. Spielberger (Ed), *Anxiety : Current trends in theory and research*, vol. 1, New York, Academic Press, 1972 (a).

Spielberger C.D., *Anxiety : Current Trends in Theory and Research*, vol. 2, New York, Academic Press, 1972 (b).

Spielberger C.D., Anxiety : state-trait-process, in : C.D. Spielberger and I.G. Sarason (Eds), *Stress and Anxiety*, New York, John Wiley and Sons, 1975, p. 115-143.

Stein N.L., Levine L.J., Thinking about feelings : The development and organization of emotional knowledge, in : R.E. Snow and M. Farr (Eds), *Aptitude, Learning and Instruction : Cognition, conation and Affect*, Hillsdale, NJ, Lawrence Erlbaum, 1987, vol. 3, p. 165-198.

Stein N.L., Levine L.J., The causal organization of emotional knowledge : A developmental study, *Cognition and Emotion* (Special Issue on the Development of Emotion), 1989, *3*, 343-378.

Stein N.L., Levine L.J., Making Sense Out of Emotion : The Representation and Use of Goal-structured Knowledge, in : N.L. Stein, B. Leventhal and T. Trabasso (Eds), *Psychological and Biological Approaches to Emotions*, Hilldale, Lawrence Erlbaum, 1990, p. 45-72.

Stein N.L., Trabasso T., Children's understanding of changing emotional states, in : P. Harris and C. Saarni (Eds), *The development of emotional understanding*, Cambridge, Cambridge University Press, 1989, p. 45-73.

Stein D.J., Young J.E., *Cognitive Science and Clinical Disorders*, New York, Academic Press, 1992.

Stephenson W., *The study of behavior Q-technique and its methodology*, Chicago, Aldine, University Chicago Press, 1953.

Storms M.D., Nisbett R.B., Inomnia and the attribution process, *Journal of Personality and Social Psychology*, 1970, *16*, 319-328.

Stroop J.R., Studies of interference in serial verbal reactions, *Journal of Experimental Psychology*, 1935, *18*, 643-661.

Taggart P., Carruther M., Suppression by oxprenolol of adrenergic responses to stress, *Lancet*, 1972, 2, 256-258.

Tap P., Malewska-Peyre H., *Marginalités et troubles de la socialisation*, Paris, PUF, 1993.

Tariot P.N., Weingartner H., A psychobiological analysis of cognitive failure, *Archives of General Psychiatry*, 1986, *43*, 1183-1188.

Taylor J.A., A personality scale of manifest anxiety, *Journal of Abnormal and Social Psychology*, 1953, *48*, 285-290.

Teasdale J.D., Negative thinking in depression : Cause, effect or reciprocal relationship?, *Advances in Behaviour Research and Therapy*, 1983, *5*, 3-25.

Teasdale J.D., Emotion in two kinds of meaning : cognitive therapy and applied cognitive science, *Behavior Research and Therapy*, 1993, *31*, 339-354.

Teasdale J.D., Selective effects of emotion on information processing, in : A.D. Baddeley and L. Weiskrantz (Eds), *Attention : Selection, awareness and control, a tribute to Donald Broadbent*, Oxford, Oxford University Press, 1993.

Teasdale J.D., Barnard P.J., Interacting Cognitive Subsystems : A systemic approach to cognitive-affective interaction and change, *Cognition and Emotion*, 1991, *5*, 1-39.

Teasdale P.J., Barnard P.J., *Affect, cognition and change*, Hove, Lawrence Erlbaum, 1993.

Teasdale P.J., Taylor M.J., Fogarty S., Induced mood and accessibility of memory : An effect of mood state or of induction procedure?, *Behavior Research and Therapy*, 1980, *18*, 339-346.

Teasdale P.J., Taylor M.J., Cooper Z., Hayhurst H., Paykel E., Depressive Thinking : Shifts in Construct Accessibility or in Schematic Mental Models, *Journal of Abnormal Psychology*, 1995, *104*, 500-507.

Tenhouten W.D., Hoppe K.D., Bogen J.E., Walter D.O., Alexithymia and the split brain IV-Gottschalk-Gleser content analysis, an overview, *American Journal of Psychiatry*, 1985, *44*, 113-121.

Tomkins S.S, *Affect, imagery and conciousness : The positive affects* (vol. 1), New York, Springer, 1962.

Tomkins S.S, *Affect, imagery and consciousness : The negative affects* (vol. 2), New York, Springer, 1963.

Tomkins S.S, Script theory : Differential magnification of affects in : *Nebraska Symposium on Motivation, Human emotion*, Nebraska, Nebraska University Press, 1979, p. 201-236.

Tomkins S.S., Messick S., *Computer Simulation of Personality*, New York, John Wiley and Sons, 1963.

Tourangeau R., Ellsworth P., The role of facial response in the experience of emotion, *Journal of Personality and Social Psychology*, 1979, *37*, 1519-1531.

Tyrer P.J., *The role of bodily feelings in anxiety*, Oxford, Oxford University Press, 1976.

Valins S., Cognitive effects of false heart-rate feedback, *Journal of Personality and Social Psychology*, 1966, *4*, 400-408.

Valins S., Nisbett R.E., Attribution processes in the development and treatment of emotional disorders, in : E.E. Jones, D.E. Kanouse, H.H. Kelley, R.E. Nisbett, S. Valins and B. Wiener (Eds), *Attribution : Perceiving the Causes of Behavior*, Morristown, General Learning Press, 1971, p. 137-150.

Valins H.H., Ray A., Effects of cognitive desensitization on avoidance behavior, *Journal of Personality and Social Psychology*, 1967, *7*, 345-350.

van Mechelen I., Hampton J., Michalski R.S., Theuns P., *Categories and Concepts*, Cognitive Science Series, London, Academic Press, 1993.

Vinogradova S., King R.J., Huberman B.A., An associationist model of the paranoid process : Application of phase transitions in spreading activation networks, *Psychiatry*, 1992, *55*, 79-94.

von Rad M., Lalucat L., Lolas L., Differences in verbal behavior in psychosomatic and psychoneurotic patients, *Psychotherapy and psychosomatic*, 1977, *28*, 83-97.

Vrignaud P., Méthodologie de l'évaluation, in : *Les techniques psychologiques d'évaluation des personnes*, M. Huteau (Ed), Paris, EAP, 1994, 62-67.

Wallon H., *Les origines du caractère chez l'enfant*, Paris, PUF, 1954.

Weinstein J., Averill J.R., Opton E.M., Lazarus R.S, Defensive style and physiological indexes of stress, *Journal of Personality and Social Psychology*, 1968, *10*, 406-413.

Weissman A., Beck A.T., Development and validation of the dysfunctional attitude scale, *Annual Convention of the Association for Advancement of Behavior Therapy*, Chicago, 1978.

Weltman G., Smith J.E., Ergstrom G.H., Perceptual narrowing during simulated pressure-chamber exposure, *Human Factors*, 1971, *13*, 99-107.

Wenger M.A., The measurement of individual differences in autonomic balance, *Psychosomatic Medicine*, 1941, *4*, 427-434.

Widlöcher D., *Le ralentissement dépressif*, Paris, PUF, 1983.

Wiener B., *Achievement motivation and attribution theory*, Morristown, NJ, General Learning Press, 1974.

Wiener B., *Human Motivation*, New York, Holt, Rinehart and Winston, 1980.

Wiener B., The emotional consequences of causal ascriptions, in : M.S. Clark and S.T. Fiske (Eds), *Affect and cognition*, Hillsdale, NJ : Lawrence Erlbaum, 1982, 185-210.

Wiener B., Graham S., An attributional approach to emotional development, in : C. Izard, J. Kagan and R.B. Zajonc (Eds), *Emotion, Cognition and Behavior*, Cambridge, Cambridge University Press, 1984, p. 167-191.

Wierzbicka A., *Semantic primitives*, Frankfurt, Athenaüm, 1972.

Wierzbicka A., Human emotions : Universal or culture-specific?, *American Anthropologist*, 1986, *88*, 584-594.

Wierzbicka A., L'amour, la colère, la joie, l'ennui : la sémantique des émotions dans une perspective transculturelle, *Langages*, 1988, *89*, 97-101.

Wierzbicka A., The meaning of color terms : semantics, culture and cognition, *Cognition Linguistics*, 1990, *1*, 99-150 (a).

Wierzbicka A., The semantics of emotions : Fear and its relatives, *Australian Journal of Linguistics*, 1990, *10*, 133-138 (b).

Wierzbicka A., Talking about emotions : Semantics, Culture, and Cognition, *Cognition and Emotion*, 1992, *6*, 285-319.

Williams J.M.G., Watts F.N., Mc Leod C., Mathews A., *Cognitive Psychology and Emotional Disorders*, Chichester, John Wiley and Sons, 1988.

Woolfolk R.L., Novalany J., Gara M.A., Allen L.A., Polino M., Self complexity and self evaluation : An examination of form and content within the self-schema, (submitted).

Wundt W., *Grundriss der psychologie*, Stuttgart, Engelmann, 1903.

Yerkes R.M., Dodson J.D., The relation of the strength of stimulus to rapidity of habit formation, *Journal of Comparative Neurology and Psychology*, 1908, *18*, 459-482.

Zajonc R.B., Attitudinal effects of mere exposure, *Journal of Personality and Social Psychology, Monograph, suppl.*, 1968, *9*, 1-27.

Zajonc R.B., Feeling and thinking : Preferences need no inferences, *American Psychologist*, 1980, *35*, 151-175.

Zajonc R.B., Markus H., The hard interface, in : C.E. Izard, J. Kagan and R.B. Zajonc (Eds), *Affects and Cognition*, 1984, p. 73-102.

Zajonc R.B., Rajecki D.W., Exposure and affect : A field experiment, *Psychonomic Science*, 1969, *17*, 216-217.

Index des auteurs

Abelson R.P., 170, 181
Abramowitz S.I., 141
Abramson L.Y., 141
Adams-Weber J.R., 165
Adcock C.J., 103
Alker H.A., 114
Alloy L.B., 143
Allport G.W., 101
Andrich D., 130
Aristote, 11, 211
Ashworth C.M., 159
Averill J.R., 13, 14, 37, 39, 74, 177, 207

Bandura A., 83
Bannister D., 159
Bard P., 45
Bartlett F., 74, 181
Bass B.M., 105
Bazin N., 53, 154
Beck A.T., 129, 139, 144, 145, 156
Bem D.J., 51
Bendig A.W., 110
Bentall R., 142
Berlyne D.E., 76, 83, 165
Bermond B., 47
Bieri J., 160
Blaney P., 140, 154
Block J., 103, 105, 106
Bonis M. de., 43, 54, 55, 65, 90, 92, 94, 99, 101, 106, 107, 110, 115, 119, 122, 130, 132, 133, 139, 141, 150, 194, 199
Bornstein R.F., 79

Bortner R.W., 184
Boucher J., 153
Bower G.H., 53, 152, 154
Bowlby J., 135
Brenitz Sh., 66
Breslow R., 154
Brickman P., 82
Broadbent D.E., 121
Bruner J., 78, 83, 114
Buchanan D.D., 191
Bullington J.C., 154
Buss D.M., 21
Button E., 159
Byrne D., 122

Cannon W.B., 44, 45, 50
Cantor N., 21, 124, 183, 190
Carver C.S., 166
Cattell R.B., 100, 102, 108
Chiba H., 54
Chwalisz K., 47
Claridge G.S., 106
Clark D.M., 152
Clifford P.L., 157
Clore G.L., 29, 34
Colby K.M., 195
Comiskey F., 85, 140
Craighead W.E., 147

Dana C.L., 46
Darcourt G., 88, 132
Darwin Ch., 43

Davis H., 165
Davison G.C., 62
Davitz J.R., 13
De Boeck P., 161
De Sola Pool I., 66
De Souza R., 37, 181
Delay J., 50, 56, 90
Derry P.A., 157
Diderot D., 55
Dixon N.F., 116, 122
Dubois D., 22
Duffy E., 89, 205
Dumas G., 12, 45
Dunbar G.C., 154
Dyer M.G., 196, 199

Easterbrook J.A., 116
Ekehammar B., 113
Ekman P., 43, 54, 90, 172
Ellis H.C., 120
Ellsworth P.C., 70
Endler N.S., 112
Erdelyi M.H., 83, 116
Ericson K.A., 64, 170
Eysenck H.J., 103, 104, 108
Eysenck M.W., 32, 115, 119, 120, 149

Favez-Boutonnier J., 125
Fehr B., 22
Féline A., 134
Felipe A.I., 80
Fenton G.W., 88
Fenz W.D., 91, 99
Folkman S., 66
Fraisse P., 44
Fransella F., 159
Frijda N.H., 12, 51, 72, 194
Frith C.D., 154

Gara M.A., 163
Gaver W.W., 76
Gellhorn E., 106
Gibbons R.D., 130
Goleman D., 190
Gong-Guy E., 140
Gordon R.M., 60
Gosselin P., 55
Graf P., 121
Gray J.A., 89, 93, 96, 104, 166
Gréco P., 181
Green A., 125
Greenwald A.G., 83
Greimas A.J., 181, 183
Guilford J.P., 99
Guttman L., 16, 130

Haaga D.A.F., 157
Haan N., 161

Hamilton M., 99
Harlow H.F., 135
Harman H.H., 65, 130
Hattie J., 130
Haviland J.M., 182
Heider F., 83, 163, 165
Heineman C.E., 106
Hershberger P.J., 160
Hertzog C., 111
Higgings E.T., 165
Hohman G.W., 46, 47
Horowitz L.M., 41, 123, 133
Hull C., 97, 107
Hunt K.P., 13
Huret D., 172
Huteau M., 101, 139

Ingram R.E., 134
Izard C.E., 90, 163

Jackson D.N., 100, 105
James W., 12, 43, 44, 46
Janet P., 46
Jasnos T.M., 46
Jensen A.R., 120
Johnson M.K., 81, 82
Johnson-Laird P.N., 28, 173, 174
Jordan N., 17

Kahgee S.L., 165
Kappas A., 118
Kellerman J., 56
Kelley H.H., 83, 142
Kelly G.A., 71, 144, 157
Kendall P.C., 156
Kihlstrom J.F., 116
Kirouac G., 67
Klein D.F., 88
Klinger M.R., 81, 82
Kleinginna P.R., 12
Kovacs M., 148
Kövecses Z., 174

Lacey J.I., 55, 107
Lader M.H., 49, 106
Lagache D., 125
Laird J.D., 44, 52, 53, 55, 57, 63
Lakoff G., 174
Lane R.D., 191, 192
Lang P.J., 43, 50, 59, 89
Lange C.G., 45
Lazarus R.S., 64, 66, 78, 179
Le Ny J.F., 167, 170
Ledoux J.E., 78, 79
Lehnert W.G., 196, 198
Leventhal H., 66
Levinson H.H., 116
Lewinsohn P.M., 137

Lewis A., 99, 108
Lida H., 159
Lindsley D.B., 44, 45, 89, 106
Linville P.W., 159
Lloyd G.G., 151
Loeb A., 146
Loehlin J.C., 194

Mac Ardle J.J., 111
Mac Lean P.D., 50
Mac Leod C., 118, 119
Mac Nally R.J., 123
Mac Reynolds P., 106
Malmo R.B., 57, 89, 106
Mandler G., 12, 71-73, 76, 77, 82, 115, 149, 166
Mapother E., 128
Marañon G., 50
Marcel A.J., 123
Marshall G.D., 60
Martins D., 153
Marty P., 191
Marx E.M., 124
Maslasch C., 60
Masserman J., 92
Matthew A., 122
Miall D.S., 182, 183
Mikulinger M., 117
Miller G.A., 11
Miller N.E., 17, 91
Mineka S., 135
Mischel W., 139
Mogg K., 118
Montbrun B.G. de, 147
Mowrer O.H., 92

Naveteur J., 97, 115
Nebylitsyn V.D., 103
Neimeyer R., 164
Nesselroade J.R., 111
Nisbett R.E., 49, 53, 61, 139
Norman D.A., 167, 182
Nowlis V., 110
Nuttin J., 140

O'Connor J., 99
Oatley K., 28, 29, 127, 168, 181, 183, 186, 198
Öhman A., 95
Olweus D., 113
Ortony A., 14, 27, 28
Osgood C.E., 153
Overmier J.P., 136

Pacherie E., 22
Panksepp J., 14, 20
Papez J.W., 50
Peabody D., 80

Pédinielli J.L., 190
Persons J.B., 117
Peterson C., 85, 140, 141
Pezoud A.M., 182
Pichot P., 128
Platt J.J., 124
Ploeger A., 123
Plutchick R., 12, 14, 15, 18, 19
Porot A., 46, 47

Quillian M.R., 155

Rachman S., 95
Rasch G., 130
Rapaport D., 125
Reed G.F., 117
Reinert M., 182
Reisenzein R., 60, 71
Richelle M., 205
Rickels K., 49, 63
Rosaldo M., 36
Rosch E., 22, 117
Roseman I.J., 67, 70, 196
Rosenberg S., 158, 182
Roth M., 128
Rotter J.B., 83, 85, 140
Russell J.A., 21

Salovey P., 189
Santibanez H.G., 55
Schachter S., 57
Schalling D., 99
Scherer K.R., 67, 69, 70, 194
Schneider D.J., 101
Schwartz R.M., 165
Schweder R.A., 101
Scott W.A., 160
Seligman M.E.P., 95, 136, 139
Selye H., 64
Shapiro K.L., 118
Shaver P., 25, 38, 39
Sheehan M.J., 159, 164
Sifneos P.E., 190
Silverstein A.B., 113
Simon H.A., 78, 170, 195
Slade P.D., 163
Slater P., 158
Smith C.A., 67
Space L.G., 164
Spielberger C.D., 108, 110
Stein D.J., 169
Stein N.L., 186
Stephenson W., 103
Storms M.D., 63
Stroop J.R., 119

Taggart P., 49
Tap P., 66

Tariot P.N., 154
Taylor J.A., 98
Teasdale P.J., 53, 80, 148, 152, 155, 156
Tenhouten W.D., 191
Tomkins S.S., 178, 180, 181, 194, 199
Tourangeau R., 54
Tyrer P.J., 48

Valins H.H., 61, 63
Van Mechelen I., 128
Vinogradova S., 202
Von Rad M., 190
Vrignaud P., 130

Wallon H., 171

Weiner B., 43, 83
Weinstein J., 66
Weissman A., 149
Weltman G., 118
Wenger M.A., 106
Widlöcher D., 171
Wiener B., 43, 85
Wierzbicka A., 14, 28, 34, 35, 38
Williams J.M.G., 99, 115, 119, 123
Woolfolk R.L., 163
Wundt W., 11

Yerkes-Dodson R.M., 98, 115

Zajonc R.B., 43, 55, 76, 78, 79, 171, 172

Table des matières

Introduction 5

Premier chapitre
Décrire, classer et catégoriser les émotions

Un modèle descriptif bidimensionnel : le circumplex 14
Le modèle du circumplex 14
Les propriétés géométriques 15
Asymétrie des sous-ensembles émotions positives et négatives 17
La combinatoire des émotions dans le modèle du circumplex 18
Continuités et discontinuités 18
Des combinaisons impossibles, des reconstructions manquantes 19
*Extension du modèle du circumplex à l'étude du profil émotionnel
dans les troubles affectifs* 19
Remarques 20
Catégorisation des émotions et théorie des prototypes 21
L'hypothèse de prototypicalité des émotions à l'épreuve des faits ... 21
Procédures expérimentales, bons et mauvais exemplaires 22
Le lexique des émotions comme outil d'analyse 23
Le lexique des émotions : un ensemble flou ou hiérarchisé ? 25
La structure hiérarchique du lexique des émotions 25
Taxonomie, lexique et sémantique des émotions 27
*La dichotomie entre mots-émotion et mots-non émotion à l'épreuve
des tests linguistiques* 28
Le modèle d'Oatley et Johnson-Laird 29
Les limites de la taxonomie sémantique 34

Au-delà des unités lexicales et sémantiques : la taxonomie des récits d'expériences émotionnelles 38
Extension de la théorie des prototypes à la taxonomie des troubles dépressifs 41

Deuxième chapitre
Expliquer l'expérience des émotions

Actualisation de la théorie de William James 44
L'expérience de l'émotion se construit sur la perception de changements corporels 44
Les arguments apportés par l'observation de cas neurologiques et psychiatriques 46
Les arguments apportés par l'étude des effets des bétabloquants 48
Importance de la perception et importance des facteurs périphériques, une hypothèse réfutée ? 50

L'héritage de James : la diversité d'une descendance 51
Les héritages directs 51
    Laird et la théorie de l'auto-perception 51
    Schachter et la théorie de l'étiquetage de l'expérience émotionnelle 57
    Valins, la perception de l'éveil ou la perception des causes de l'éveil ? 61
Les héritages indirects 63
    Lazarus, la théorie de l'appréciation et les modalités d'évaluation de l'expérience émotionnelle 63
    Scherer, Ellsworth, Smith et Roseman et les composants cognitifs des émotions 67
    Mandler, l'expérience émotionnelle comme structure cognitive 71

Les dissidences et les oppositions 77
Carver et Scheier. Interruption et auto-régulation 77
Zajonc, la controverse. Emotion, cognition et conscience 78
Wiener et les processus d'attribution des émotions. Vers une théorie mentaliste des émotions 83

Troisième chapitre
Les théories psychologiques de l'anxiété

Introduction 87

L'anxiété et la perspective néo-behavioriste 89
La distinction entre peur et anxiété. L'anxiété réponse acquise par conditionnement classique 90
L'anxiété comme produit de forces antagonistes d'approche et d'évitement 90
La théorie des deux processus d'acquisition 92
Du modèle comportemental de l'anxiété au modèle conceptuel. Gray et le système d'inhibition comportementale 94

L'anxiété et la perspective personnologique	97
L'anxiété comme trait de personnalité. De la théorie de l'apprentissage à l'étude des différences individuelles	97
L'école d'Iowa. Les travaux de Spence et Taylor-Spence	97
L'anxiété dans la sphère de la personnalité. Le modèle de Cattell	101
L'anxiété dans le modèle hiérarchique de la personnalité d'Eysenck	102
La solution de Gray	104
L'anxiété-trait. Un phénomène dépendant d'une méthode de mesure ?	105
La dissociation entre anxiété-trait et anxiété-état	107
L'anxiété et le problème de la spécificité situationnelle. L'approche interactionniste	112
L'anxiété et la perspective cognitive	114
La perspective cognitive	114
Hypervigilance et restriction de l'activité cognitive	116
Anxiété et structuration des connaissances	117
Anxiété, attention centrale et attention périphérique	118
Un paradigme expérimental d'analyse de l'attention sélective. Le test de Stroop	119
Le contrôle et la répartition des ressources	121
Anxiété et perception subliminale	121
Anxiété et stratégies cognitives. L'exemple de la résolution de problèmes	123
Conclusion	125

Quatrième chapitre
Les théories psychologiques de la dépression

Introduction	127
Les modèles psychométriques et la dépression	128
Dimensions, catégories et prototypes	128
L'hypothèse d'unidimensionnalité. Un exemple	129
La représentation de la dépression chez les experts et la question des prototypes	132
L'analyse des données d'observations psychiatriques en langage naturel	133
Les modèles comportementalistes	135
La résignation acquise. Un modèle néo-behavioriste de la dépression	135
Résignation acquise et découverte d'une absence de lien entre une réponse et son issue	136
La reformulation du modèle et l'invocation de variables intermédiaires	137
Les preuves expérimentales du modèle révisé. Etudes corrélationnelles entre dépression et styles d'attribution	138
Modèles cognitifs et modèles conceptuels	144
La théorie cognitive de Beck ou la dépression comme conséquence de dysfonctionnement cognitif	144

Modèle clinique et modèle psychologique de Beck à Bower 152
Concept de soi et structures conceptuelles personnelles dans la dépression 157

Cinquième chapitre
Se représenter et modéliser l'expérience des émotions

Introduction 167
Des appréciations cognitives aux représentations mentales 168
Représentations motrices et cognitions «dures» 171
Les modèles représentationnels 173
Les émotions comme représentations mentales. Nature et formes de ces représentations 173
L'inscription des représentations mentales des émotions dans le lexique .. 173
L'inscription des représentations conceptuelles et symboliques dans le langage figuré. Les métaphores de la colère 174
Au-delà des expressions langagières, l'exploration systématique de l'expérience de la colère dans la vie quotidienne 176
Le script comme description formelle des événements générateurs d'émotions. La notion de scénario-paradigme 178
L'étude «in vivo» des émotions et la microanalyse des «tranches de la vie quotidienne» 183
Les émotions comme représentations d'actions-orientées vers un but 185
La question des différences individuelles dans la structuration cognitive des expériences émotionnelles 189
Le concept d'intelligence émotionnelle 189
Le concept d'alexithymie 190
Les approches computationnelles 193
ALDOUS. Un prototype 193
ACRES. Un modèle computationnel ou un système expert ? 195
BORIS, OpED et DAYDREAMING. Trois exemples 196
PARRY et la théorie de la honte 199

Conclusions 205
Bibliographie 213
Index des auteurs 233